知行致远

——上好新时代北航青年社会实践必修课

◎庄岩 丁瑞云 主编

北京航空航天大学出版社
BEIHANG UNIVERSITY PRESS

图书在版编目（CIP）数据

知行致远：上好新时代北航青年社会实践必修课 /
庄岩，丁瑞云主编. -- 北京 ： 北京航空航天大学出版社，
2022.12

  ISBN 978-7-5124-3982-5

Ⅰ．①知… Ⅱ．①庄… ②丁… Ⅲ．①高等学校－大
学生－社会实践－中国 Ⅳ．①G642.45

中国国家版本馆CIP数据核字（2023）第000997号

知行致远——上好新时代北航青年社会实践必修课

责任编辑： 王　素
责任印制： 秦　赟
出版发行： 北京航空航天大学出版社
地　　址： 北京市海淀区学院路37号（100191）
电　　话： 010-82317023（编辑部）　　　010-82317024（发行部）
　　　　　　010-82316936（邮购部）
网　　址： http://www.buaapress.com.cn
读者信箱： bhxszx@163.com
印　　刷： 北京雅图新世纪印刷科技有限公司
开　　本： 710mm × 1000mm　1/16
印　　张： 19.25
字　　数： 286千字
版　　次： 2022年12月第1版
印　　次： 2022年12月第1次印刷
定　　价： 96.00元

编委会

主　编：庄　岩　丁瑞云

副主编：张晓磊　张如晗　吕子良

编委会成员

　　　　袁浩宇　王广琛　王俊瀚

　　　　刘懿祺　李占伟　杨佳贤

　　　　张季娆　黄　蕊　张铭轩

　　　　李富霖　王　雨

前 言

2022年4月25日，习近平总书记在中国人民大学考察调研时勉励广大青年"用脚步丈量祖国大地，用眼睛发现中国精神，用耳朵倾听人民呼声，用内心感应时代脉搏，把对祖国血浓于水、与人民同呼吸共命运的情感贯穿学业全过程、融汇在事业追求中"。党的十八大以来，习近平总书记高度关心和重视青年学生、始终支持青年学生的成长发展。社会实践这堂"必修课"，为青年学生学习理论、认知国情、砥砺情怀、增长才干提供了宝贵契机。

北京航空航天大学始终高度重视学生社会实践工作，以习近平新时代中国特色社会主义思想为指导，深入贯彻习近平总书记关于青年发展与实践育人的重要论述，扎实开展日常、假期、国际、专项四位一体实践活动，越来越多的青年学生结合所学专业、深入基层一线，在实践中受教育、长才干、作贡献。

特别是近年来，学校每年组织近万名学生开展红色教育、乡村振兴、科普支教、行业调研、专业服务等实践活动，他们以挑战自我的锐气、报效祖国的志气和面向未来的朝气，深入基层一线，自觉担当作为，奋力谱写了新时代青年甘于奉献、奋发有为的青春篇章。学校多次获得"全国最佳实践大学"、团中央"三下乡"社会实践先进单位、北京市"青年服务国家"社会实践先进单位等荣誉。

为更好总结学生社会实践工作经验成果，擦亮北航社会实践品牌，激励和引领更多青年学子投身扎根祖国大地的生动实践，本书整合学校工作体系和特色成效，并摘选22支典型社会实践团队、9位实践团队骨干访谈实录和4位优秀社会实践指导教师文章，分录在"肩负时代使命 书写青春华章""实践中历练 行好万里路""实践中成长 练好真本领""实践中思考 上好大思政"4个篇章，全方位多维度展示近年来北航学生社会实践先进事迹和优秀成果，为读者提供实践育人的示范性、引领性参考读物。

"好儿女志在四方，有志者奋斗无悔。"期待并相信，本书能够充分总结过往的实践经验，激励更多青年学子在全面建设社会主义现代化国家新征程上，引领青年学子走出校门、走向社会，深入基层、深入人民，实践担当、淬火成钢，成长为堪当民族复兴重任的时代新人，响亮回答第二个百年奋斗目标由谁实现的时代之问。

编　者

于北京航空航天大学

2022年10月

知行致远

——上好新时代北航青年社会实践必修课

目 录
CONTENTS

知行致远

——上好新时代北航青年社会实践必修课

第二章 实践中成长 练好真本领

第三章 实践中思考 上好大思政

肩负时代使命　书写青春华章

——北京航空航天大学社会实践工作介绍

社会实践作为人才培养的大课堂，是大学生身体力行、观察与认知世界的重要窗口，是磨砺求真务实、实事求是高尚品格的现实来源，更是厚植家国情怀、提高责任意识、锻炼创新能力与实践技能不可或缺的力量之本。"待入尘寰，与众悲欢，始信丛中另有天。"唯有向人民群众学习、在劳动实践中学习，以社会为学校、以实践为教育，才能够不断提升自我理论深度与实践能力，一代又一代的北航人，就是在这样的精神指引下，始终保持与祖国同振同频，将学校前进方向与国家发展战略紧密相连，从《东方红》响彻寰宇到"嫦五"带回月壤；从"北京一号"掠过碧空至"歼-15"威震苍穹，把永不磨灭的红色基因融入血液，将"空天报国"的远大志向写入人生。北航学子深知，肩负时代重任行胜于言，唯有将庠序之养与躬行之教有机结合，才能成为负鲲鹏志、怀松竹德、备卓荦才、具报国愿的新时代栋梁，为实现中华民族伟大复兴的中国梦、提升综合国力的积蓄人才能量，让青春在为祖国、为

■ 北京航空航天大学获评暑期最佳实践大学现场

001

民族、为人民的不懈奋斗中绽放绚丽之花。

一、传承红色基因，领悟时代责任

为国而生，与国同行。建校七十年来，北航始终坚持"培养红色工程师"的初心，引导学生将爱国情、强国志、报国行自觉融入奋斗征程，培养堪当民族复兴大任的时代新人，积极推进以"感悟空天报国北航魂""播撒薪火相传空天梦"等航空航天领域相关主题的社会实践，打造航空航天主题社会实践金课课程体系，并在航空航天企事业单位建立定点化、常态化社会实践基地。我校每年有近50支团队、200余人次前往航空航天科研院所，走进行业企业，深入了解国家航空航天事业的筚路蓝缕与辉煌历程；通过寻访各岗位上默默奉献、勤恳坚守的平凡北航人，了解他们朴实纯真的蓝天梦想和艰苦卓绝的奋斗历程，探寻他们在各自工作岗位上的励志故事，感受独属于北航人的高尚品格，在实践之中将"空天报国"的红色基因与家国情怀薪火相传。

我校"心起点""翼缕碧空"等实践队，持续关注航空发动机领域，深入各地航发院所调研，形成调研报告、政策建议等广泛成果。"心起点"实践队自2017年起，累计进行31次实践研讨活动，足迹遍布中国航发集团、航天31所、西北工业大学等16家航空航天研制单位，在多家航空航天企事业单位建立北航社会实践基地，为中国航空航天事业发展贡献北航智慧。

二、担负重大使命，展现青年作为

2020年，新冠肺炎疫情突如其来、第一个百年目标实现任务艰巨，北京航空航天大学积极围绕国家重大战略部署，号召和引领各学院、书院同学扎根中国大地，充分发挥专业特长，充分挖掘社会实践的实用价值和学术价值，与祖国发展同呼吸、共命运、共成长，我校以"我和我的祖国"及"战'疫'中国力量，决胜全面小康"为主题，引导青年学子深入学习宣传贯彻习近平新时代中国特色社会主义

思想和党的十九大精神，助力全面建成小康，讲好"战疫"故事。各学院、书院同学敢于担当，毫不退缩，誓与国家同甘共苦，全年共有1589支团队、5211人次，前往全国30个省级行政区，参加实践活动。

各实践队以调研防疫政策效果、分享疫情防范知识、研究疫情下的社会、加入防疫抗"疫"一线等形式投身其中，涌现出众多如"最美大学生"余汉明一样的青年抗"疫"榜样，用实际行动写就了北航人的战"疫"故事。他们深入基层，在乡村教育、社区服务、基层调研等多个领域开展活动——"传承之焰"支教团、"蓝天之梯"实践队对接山西省中阳县、山西省长治市学校开展支教活动，扎根基层、教书育人，为孩子们打开通往外界的窗，带去外界的阳光；"赤脚红心"实践队立足"乡村振兴"的国家发展背景，以"医疗扶贫"中的乡村家庭医生为切入点，开展田野调查，深入探究乡村医疗，在实践报告中书写助力解决乡村医疗问题的大学生力量。

三、探索实践育人，搭建多元平台

北京航空航天大学重视在实践中拓展思政课的课堂广度，正如习近平总书记指出："思政课不仅应该在课堂上讲，也应该在社会生活中来讲。"学校强调以实践启迪青年、以劳动培育青年，让青年学子深入生产生活一线，在实践与劳动紧密结合的社会环境中践行知行合一的理念。通过"第一课程""第二课堂"紧密结合，统筹各方教育资源，推进实现五育并举人才培养战略，并将学生社会实践参与情况纳入"第二课堂成绩单"（博雅成长记录），不断完善社会实践"立德树人"的长效育人机制。同时全面落实社会实践"双导师制"，发挥思政导师的思想引领作用与专业导师的学科推动作用，提高社会实践科学化、专业化水平。

同时通过建立和完善社会实践指导帮扶平台，贯彻厚植情怀、强化基础、突出实践、科教融通的人才培养方针，以期以社会实践引领学生思潮、以社会实践融入学科教育、以社会实践打造学校特色。

在实践基地建设方面，北航分别与政府部门、国有企事业单位、部队、乡镇、学校等多方达成合作，至今已建立50多个大学生社会实践基地，让学生走出校门，在实践中体悟政策关怀、锤炼坚强品格、感悟人民力量，为学生社会实践提供了有力的基础保障，完善了高等学校、企业社区、地方政府对学生"多方共育"模式，拓展人才培养

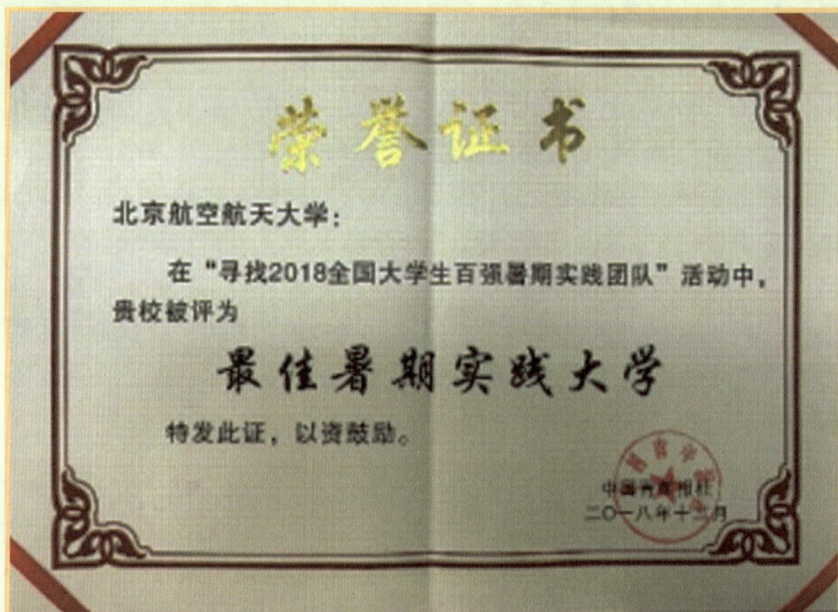

■ 2018 年、2020 年、2021 年获评"最佳实践大学"（全国 10 所）

的大课堂，推动大学生深入社会、了解国情、磨炼意志、增长才干，成长为能够助推国家发展的高层次人才。

在实践激励方面，推动形成"日常、假期、国际、专项"四位一体的社会实践格局，实现社会实践的常态化、长效化。积极开展各类社会实践科技竞赛、评奖评优，以提高学生参与社会实践的热情，激发学生在社会实践中的主观能动性，提升其论文撰写、学术研究、人际交往等能力，使其在实践中感悟奉献、收获成长、增长才干，全方面培养学生的创新意识与实践精神，着力提升实践育人成效。并通过校内报纸杂志、新闻网站、微信公众号等多个官方媒体平台宣传优秀实践成果，开放共享先进实践经验，打造北航特色社会实践品牌，为打造中国特色下的"双一流"大学添砖加瓦。

四、践行初心使命，实践争创佳绩

近年来，在校方的积极倡导与大力支持下，北航学子掀起参与社会实践的热潮，每年近万名学生参与社会实践，将足迹踏遍祖国三十几个省级行政区，用双脚测量960万平方公里的土地，多次在"青年服务国家"首都大中专学生暑期社会实践活动、全国大中专学生志愿者暑期"三下乡"社会实践活动、寻找全国大学生百强暑期社会实践团队等活动中创造佳绩。我校在2018年、2020年、2021年三次活动获评全国"最佳实践大学"，多支实践队入选全国"优秀实践团队"及"百强实践团队"，以实际行动谱写了新时代的青春之歌。

第一章

实践中历练　行好万里路

科技筑梦，光亮未来

——北航大学生科技志愿服务队

北航大学生科技志愿服务队成立于2019年，是北航定点帮扶计划重要组成部分、首批首都高校科技志愿服务总队成员。以"点亮科学梦想，培养爱国情怀，增长知识才干，担负时代使命"为初心，开展乡村中小学科创教育。

2021年是建党100周年，是十四五规划开局之年。2035年远景目标提出，要"建成教育强国、人才强国，国民素质和社会文明程度达到新高度"。6月国务院印发《全民科学素质行动规划纲要（2021—2035年）》，提出实施青少年科学素质提升行动。为提升乡村中小学生科学素养，巩固脱贫攻坚成果，助力教育强国建设，北航大学生科技志愿服务队用"聚科创、助振兴、悟脱贫、传精神"实践，在乡村振兴中"立大志、明大德、成大才、担大任"。

■ 实践队系列活动

一、实践内容：聚科创、助振兴、悟脱贫、传精神

（一）聚科创：为中阳县阳坡塔学校90名学生开展为期12天的科创训练营

科创训练营围绕"发现问题、提出问题、分析问题、解决问题"的科学思维，设计了全套的科创实践教学课程，形成了约10万字的全套教学素材（教案、教学PPT、学生用书等）。3个年级科创教育时长累计超过300小时，中小学生以手抄报、

■ 科创训练营课程设计

PPT等多种形式呈现"万能耳塞、智能课桌、智能防滑厕所"等90项蕴含丰富科技元素、脑洞大开的创意设计作品。

（二）助振兴：多渠道助农产品宣传、围绕企业需求开展技术咨询

■ 助农产品宣传

为助农产品广开渠道：制作山西碗团、中阳核桃、中阳剪纸等系列原创宣传作品80多个，累计受众超过3.7万人次；开展系列"网销中阳小木耳 做好产业大文章"木耳直播，观看量峰值高达2000余人次。充分发挥队员学科优势，在指导老师带领下调研中钢生产问题及需求，洽谈形成"智能配矿""焦化水处理"等多项技术服务项目。大学生为持续性开展科学研究，助力企业解决难题。

（三）悟脱贫：调研脱贫攻坚成果，开展大学生助力乡村振兴组织模式研究

在山西省中阳县深入扶贫办、孵化基地、第一书记扶贫村等多维度开展脱贫攻坚调研，邀请中阳副县长做"脱贫攻坚"主题报告，感悟脱贫攻坚精神。开展大学生助力乡村振兴组织模式研究，形成2万字研究报告，为北航定点帮扶计划制定及社会实践组织提供了数据支撑和理论参考。

■ 调研脱贫攻坚成果

（四）弘扬建党精神：红色文化基地参观学习，伟大精神融入课程教学

在中共中央西北局旧址、碛口古镇深入学习，思悟中国共产党生生不息的精神血脉，通过微信公众号、bilibili等多种媒体渠道讲述吕梁红色故事，传播红色基因；大学生将伟大精神深刻融入课程教学中，用生动的人物事迹引导孩

■ 红色文化基地参观学习

子们"立大志"，赓续传承红色血脉。

二、实践成果：立初心、动真情、悟真理、行使命

（一）首创"学习型社会实践"理念，4年迭代形成了"有组织、有准备、有主题、学习型"社会实践模式

有组织：实践队得到中国科协、北京团市委、北航大力支持，是首批首都高校科技志愿服务总队成员，是北航对口帮扶计划重要组成部分。时任中国科协党组书记怀进鹏为服务队授旗并致信勉励服务队；2021年作为全国大学生队伍代表参加全国科普日北京主场，时任中宣部部长黄坤明、中国科协主席万钢、时任中国科协党组书记张玉卓听取了服务队汇报并为服务队点赞；校领导连续3年亲历出征、结营仪式并给予服务队高度评价；中阳县领导亲切关怀，安排落实对接工作；6位资深专业教师和思政工作教师倾情投入，全程指导。

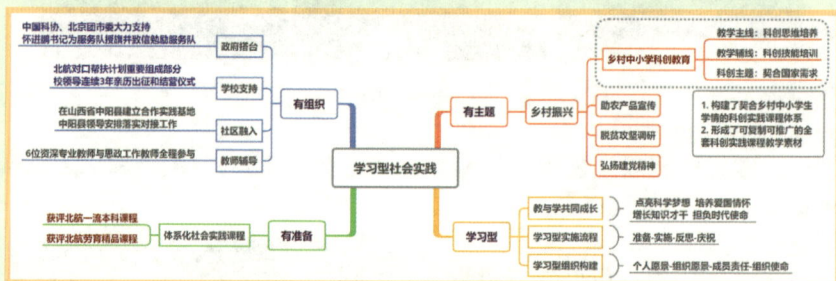

■ "学习型社会实践"理念

有主题：聚焦乡村振兴开展乡村中小学科创教育，着力破解乡村科创实践教育薄弱难题，构建了契合乡村中小学生学情的科创实践课程体系，形成约10万字可复制推广的全套教学素材。延伸助农产品宣传、脱贫攻坚调研、企业技术咨询，多维度学以致用助力乡村振兴。

有准备：《大学生社会实践：面向乡村中小学生的科创教育》课程获评北航校级一流本科课程、北航劳动教育精品课程，为科创教育质量提供全方位保障。

学习型：在充分调研的基础上，精心设计"准备—实施—反思—

激励"学习型社会实践流程，让队员们"从做中学"，内化成长；服务队以"共同愿景—骨干队伍—组织氛围—团队学习"模式构建学习型社会实践组织队伍，保持了团队昂扬向上的战斗力，破解了大学生社会实践学生获得感低的难题。队员每日撰写反思，近500份总结超过30万字；撰写"大学生助力乡村振兴组织模式研究"研究报告近2万字，论文拟于今年发表。

（二）科创教育点亮科学梦想，破解乡村科学教育实践环节薄弱难题

1. 构建了契合乡村中小学生学情的结构化科创实践课程体系

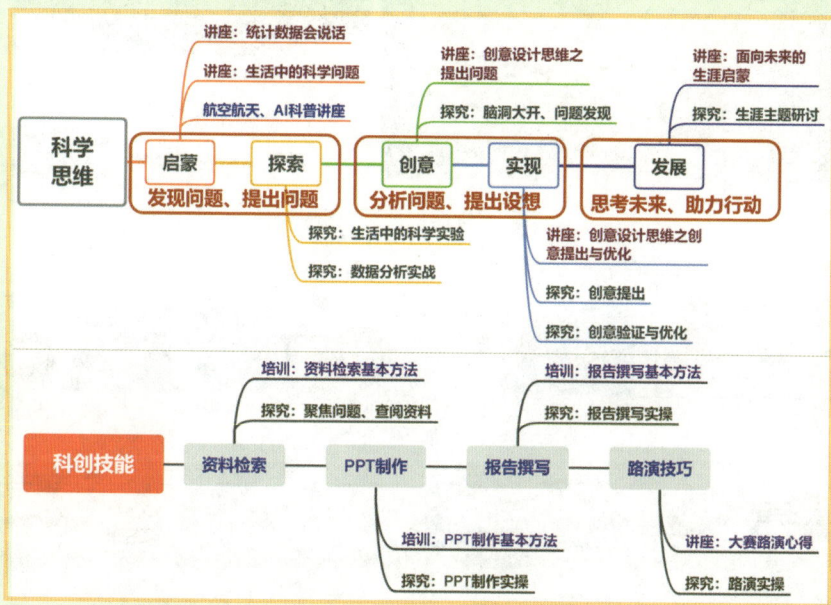

■ 结构化科创实践课程体系

课程设计紧密围绕"发现问题—提出问题—分析问题—解决问题"科学思维基本逻辑展开。首先，引导学生从生活中发现问题，提出假设，并学会运用实验的方法对问题进行探究，掌握对实验现象和数据进行分析归纳的能力；其次，在实验探究的基础上创新性地提出创意并不断验证和优化；最后，思考未来发展，助力科创行动，着力提升学生科学素养。

2. 4年迭代形成全套可复制推广的科创实践教学素材

服务队已形成了10万字的科创实践教育全套教师教案、学生用书以及教学PPT。学生用书共5个板块（《生活中的科学问题》《统计数据会说话》《创意设计思维》《科创信息素养》《面向未来的生涯启蒙》）共计150余页，约5万字；教案配套共计100余页，约2.5万字；教学用PPT共计350余页。系列学生用书预计1年左右完成出版。课程微课视频也已在bilibili同步上线。

■ 课程微课视频举例

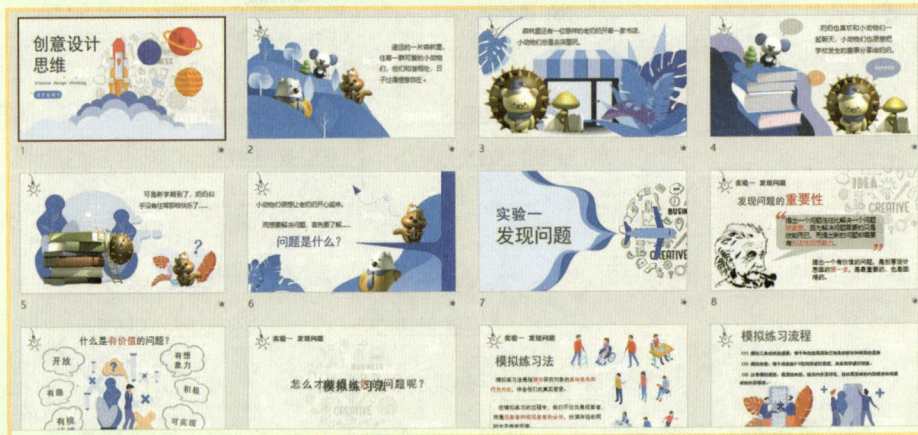

■ 教学PPT举例

3. 点亮了中小学生的科学梦想，促进了乡村中小学理念提升

三年来，服务队在山西省中阳县（北航定点帮扶）、临县（中国科协定点帮扶）开展科创教育超过1000小时，覆盖乡村中小学学生400余人。

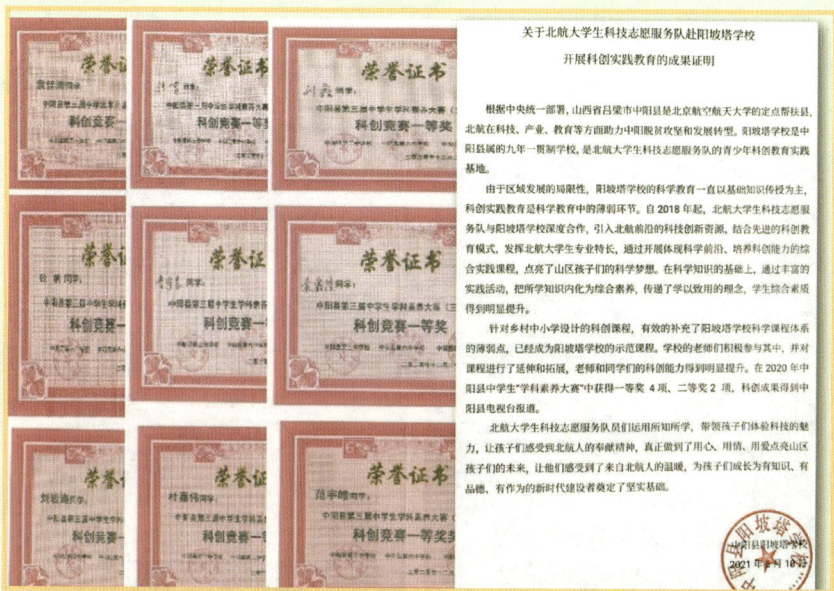

关于北航大学生科技志愿服务队赴阳坡塔学校
开展科创实践教育的成果证明

根据中央部署，山西省吕梁市中阳县是北京航空航天大学的定点帮扶县，北航在科技、产业、教育等方面助力中阳脱贫攻坚和发展转型，阳坡塔学校是中阳县属的九年一贯制学校，是北航大学生科技志愿服务队的青少年科创教育实践基地。

由于区域发展的局限性，阳坡塔学校的科学教育一直以基础知识传授为主，科创实践教育是科学教育中的薄弱环节。自2018年起，北航大学生科技志愿服务队与阳坡塔学校深度合作，引入北航前沿的科技创新资源，结合先进的科创教育模式，发挥北航大学生专业特长，通过开展体现科创前沿、培养科创能力的综合实践课程，点亮了山区孩子们的科学梦想。在科学知识的基础上，通过丰富的实践活动，把所学知识内化为综合素养，传递了学以致用的理念，学生综合素养得到明显提升。

针对乡村中小学设计的科创课程，有效的补充了阳坡塔学校科学课程体系的薄弱点，已经成为阳坡塔学校的示范课程。学校的老师们积极参与其中，并对课程进行了延展和拓展，老师和同学们的科创能力得到明显提升。在2020年中阳县中学生"学科素养大赛"中获得一等奖4项、二等奖2项，科创成果得到中阳县电视台报道。

北航大学生科技志愿服务队员们运用所知所学，带领孩子们体验科技的魅力，为孩子们感受到北航人的奉献精神，真正做到了用心、用情、用爱点亮山区的未来，让他们感受到了来自北航人的温暖，为孩子们成长为有知识、有品德、有作为的新时代建设者奠定了坚实基础。

（盖章：中阳县阳坡塔学校
2021年 月 10日）

■ 促进乡村中小学理念提升

该科创课程已成为中阳县阳坡塔学校示范课程，选课学生在2020年中阳县中学生"学科素养大赛"中表现突出，阳坡塔学校学生获奖项目数和名次在当地中小学中遥遥领先，得到地方电视台特别报道。

（三）"学习型社会实践"经验起到引领示范作用，引发社会广泛关注

1. 实践经验得到中国科协的充分肯定

时任中国科协党组书记怀进鹏为服务队授旗并向服务队成员写信给予勉励，称赞实践队队员"把个人理想追求融入党和国家事业之中，用智慧点亮了孩子们的科学梦想"。中国科协科普部部长白希称赞志愿队"是全国队伍中的优秀代表，是千千万万大学生志愿服务活动的典范"，中国科协科普部副部长廖红要求服务队在志愿服务中"要充分展现爱国为民的情怀、无私奉献的精神，让科普和爱心通过网络源源不断地播撒"。

2021年作为全国大学生队伍代表参加全国科普日北京主场，时任中宣部部长黄坤明、中国科协主席万钢、时任中国科协党组书记张玉

卓听取了服务队汇报，为服务队点赞，嘱咐服务队要持续做，惠及更多的乡村中小学生。

■ 实践经验得到中国科协的充分肯定

■ 全国科普日北京主场

2. 实践经验得到北航、地方政府领导的高度评价

时任北航校党委书记曹淑敏在出征仪式寄语服务队"运用所知所学带领孩子们体验科技的魅力，通过讲述科学故事、北航故事，让孩子们感受到北航人'空天报国'的家国情怀和奉献精神"；时任北航校党委副书记赵罡称赞志愿服务队员们运用所知所学，带领孩子们体验科技的魅力，为孩子们答疑解惑，传递科普知识，真正做到了用心、用情、用爱点亮山区孩子们的未来；北航校党委副书记程波在2020年出队后为志愿服务队给予高度评价：围绕"常态化新冠肺炎疫情防控"线上科普教学活动是有实际意义的，是符合社会需求的，是能在学习科学知识的同时培养社会责任感的。

中阳县县长孙燕飞在观看中小学生科创作品汇报后，对参营学生的优秀项目给予了高度评价，对服务队的工作给予了肯定；中阳县政府称赞服务队"科创教育勇担当，情洒山区爱无疆"；中阳县副县长田原评价服务队促进学生立长志、立远志，改变贫穷的代际传播，一定程度上巩固脱贫攻坚战的丰硕成果，同时为乡村振兴积蓄力量。

■ 北航及地方政府领导高度评价

3. 科创教育经验得到媒体广泛报道，并引发社会关注

相关成果得到新华网、中国教育电视台、中国青年网、《人民日

报》（海外版）、中国科协、CETV全国教育新闻联播等社会重点媒体及《吕梁日报》、吕梁新闻网等地方媒体40余次特别报道，引发社会广泛关注。

■ 各重点媒体广泛报道

（四）实践队宣传成果丰硕，引发广泛关注

实践队以微信公众号"致真AI科创"、bilibili平台"AI科创吖"、微博账号"AI科创少年团"和抖音账号"航者在晋"为宣传阵地，将实践内容进行了多媒体深度宣传，共计发表推文56篇，阅读次数达2.3万；发布视频10个，

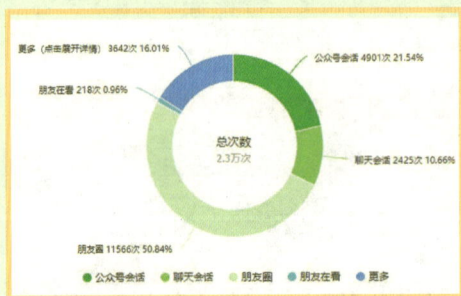

■ 校内各新媒体平台宣传成果丰硕

播放量超过1800余次。北京航空航天大学官方微信公众号对实践队做了专题报道，单篇推送阅读量超过1.4万。

（五）大学生和中小学生都收获了发自内心的成长和感悟

小朋友在写给实践队的信中提道："那十天时间，你们让我认识到，自己也可以是一颗发光的星！"

"学习型社会实践"知行合一的实践模式，激发大学生"立初心、动真情、悟真理、行使命"。志愿服务队队员每日撰写反思，三年累计收集近500份总结，总字数超过30万字。

1. 实践催生大学生将个人理想追求融入国家和民族事业

乡村的飞速发展，小朋友们的飞速成长，解答了我是否要选择读博的疑惑，我相信，只要是有本领干实事的人，干着自己热爱的事业的人，无关于读硕读博，未来都能将论文写在幅员辽阔的祖国大地上。

——志愿服务队队员　武相铠

我忽然想起我们最初的口号
点亮科学梦想
培养爱国情怀
增长知识才干
担负时代使命
我们总会提到一些空话
但后来我们明白了
原来空的不是那些文字
而是我们自己的经历与感悟

曾经早起的每一节培训课
曾经深夜进行的每一次讨论会
曾经走过的每一寸黄土
曾经望见的每一方人间
曾经课上的每一句言语
曾经傍晚的每一次反思
……
所有这一切
都让这四句话变得
无比饱满！

——闫纪阜（18级致真书院）

暑期社会实践，让我在不断思考青年人到底应该如何实现自己的价值。在我做科创营志愿者帮助孩子们提升科创思维的时候，发现自己的所学正在慢慢与国家需要结合在一起。自己的所做是有价值的，是在服务大众的。我正在收获纯粹的愉悦感和成就感。至于该如何实现价值，我想"将个人理想与国家需要、民族前途紧密结合在一起"，"把论文写在祖国的大地上"已经给了我答案。

——方星龙（18级守锷书院）

■ 实践队成员的感想

我相信，那颗由我在孩子们心底种下的种子，终有一天会发芽生根，绽放异彩。这是一场以坚持磨炼意志的旅程，也是一段以热情追求教学相长的机遇，更是一段以爱心换取真心的经历！

——志愿服务队队员　王梓硕

八天与孩子们相处的时光，他们从零开始，点滴进步成长的瞬间令我动容。我忘不了他们一双双求知的眼睛，忘不了他们一张张生动的笑脸，更忘不了他们一声声充满温度的"老师好"。我感受到了他们对科学的蓬勃热情，科创的梦想因此在他们心中生根发芽。当然，我不仅仅想在他们心中埋下一颗科创的种子，更想通过倾听、交流与陪伴走入他们的世界。教育是一棵树摇动一棵树，一朵云推动一朵云，一个灵魂撼动另一个灵魂。这个夏天，我深刻地领悟到了这句话的含义。

——志愿服务队队员　温心

2. 实践催生大学生主动思考、积极研究，将深切的实践体会内化为学术成长

吕梁是革命老区，深厚的红色底蕴与丰富的红色资源是革命老区全面脱贫的重要支撑，也必将会成为革命老区乡村振兴的不竭动力。作为北航大学生科技志愿服务队的一员，能有机会面向吕梁乡村中小学生开展科创教育，点亮科学梦想，助力乡村教育振兴，是何其有幸。因初心相聚，因匠心相识，因真心相知，在"点亮"孩子们的同时，我自己也被"照亮"。我开始思考孩子们的组织行为，开始为了这支队伍向自己陌生的领域尝试。这段相互给予光明的日子，我会永远珍藏。

——志愿服务队队员　赵芮箐

"碗团"的团魂是迎难而上，一遍遍推翻重演课程，一项项根据孩子们实际更改的班规，一次次反思会上的思想碰撞、互解疑难。"碗团"的团魂更是一种凝聚、乐观和积极，再多再多的疲惫，都在大家的齐唱声中随风抹去。沉浸在这样的氛围中，这样的团队精神、团队灵魂令人折服，让我体会到在高昂的共同目标引领下的群体力量。

——志愿服务队队员　邢艺花

3. 实践催生大学生学以致用，在实践的输出中进一步内化知识和能力的提升

创意设计思维的备课过程也是一段充满收获的经历。创意设计思维真的是一个概念性很强的课程，可能真的没有几个人初次接触就能够理解透彻，所以就需要我们去不断备课，不断学习，不断理解"什么是创意设计思维"。也正因如此，他们在不断探索中设置了乡村教

育振兴的课题主线，在不断迭代中得到了"吐槽箱"的创意，从而完成了最难的"发现问题"部分，并受到了大家的一致好评。

——志愿服务队队员 赵芮菁

"管理一个团队并不是一件容易的事情"，出队的经历让我终总结出4点管理团队的要诀：首先了解到每一个人的性格或者特点，抓住其所长，为这个团队带来效益；每个人都有自己的想法，如何让她真正愿意为这个小团队去做事情，人心的整齐很重要；作为一个团队的负责人，团队的领导能力是需要的，如何去统筹规划、作出正确决定；沟通的桥梁，及时与队员去沟通。

——志愿服务队队员 王燕杰

用热情点燃梦想，用教育播撒希望

——"川航e家"实践队

2021年是中国共产党成立100周年，是"两个一百年"奋斗目标历史交汇的关键节点。为响应习近平总书记对青年学子"肩负历史使命，坚定前进信心，立大志、明大德、成大才、担大任，努力成为堪当民族复兴重任的时代新人"的号召，来自北京航空航天大学的"川航e家"实践队，秉持着科技助力振兴、调研探寻国情的初衷，克服重重困难，再度启程。

一、牢记实践初心，自力更生因地制宜

实践队设一名总队长和一名执行队长，及各支队分队长。总队长负责队伍统筹，制定总体规划。执行队长对接实践队下辖办公室、支教部、调研部、宣传部四个部门，将规划具体落实。支队长则负责实践中期的统筹安排，保证实践队员的安全，并根据实际情况及时进行实践方案的调整。

实践队源自2008年为支援四川抗震救灾而成立的彩虹明天志愿服务队，"心怀明天、爱成彩虹"是团队不变的追求；2018年，汶川地震10周年之际，心系北川实践队成立，重回四川探访故地，针对贫困地区教育问题开展支教调研；2020年，新冠肺炎疫情席卷全球，实践队员克服种种困难，与孩子们云端相聚，助力当地教育扶贫。

2021年，正值建党百年之际，为响应疫情防控常态化，实践队尝试线上线下相结合的方式，分为四个支队奔赴北京市以及四川省北川羌族自治县、马边彝族自治县、什邡等地开展支教调研。本次暑期实践活动中，来自宇航学院、数学学院、航空学院、机械学院等17个学院24个专业的40名队员齐聚一堂，积极探索信息化平台与实地支教调

研相结合的公益教育新模式，用热情点燃梦想，用教育播撒希望，引领孩子们为实现人生理想而不懈奋斗。

自力更生，是"川航e家"本年度的实践特色之一。在前期筹备的过程中，实践队遇到了很多困难，在与实践地对接时，因为学生的身份而屡屡碰壁，许多设想都因为对方的不配合而未能实现。但是，实践队员从未放弃，深入挖掘实践主题，积极寻找可以替代的方案，依靠自身力量、多方联系、独立宣传，并根据实际情况随时调整，最终形成了2021年以空天特色、家国情怀，助力乡村振兴的"川航e家"实践队。

■ "川航 e 家实践队" logo

二、深入基层一线，助力乡村产业振兴

（一）乡村振兴——支教，抓住北川的未来

本次实践中，"川航e家"共派出两支支教队伍——"桐华夏令营"支队、"心系北川"支教队，分别前往四川少数民族地区——马边彝族自治县（素有"金山银水"之美誉）、北川羌族自治县（"革命老根据地"）进行实践活动。

实践队因时制宜，以线上线下相结合的形式开展支教活动。线上对话擂鼓八一中学，线下走进马边民主中学。共计开展15天的支教，设置24门课程，为230名孩子实地筑梦，云端领航。实践队依托北航特色，打造红蓝结合的多彩支教。爱党爱国教育，红在思想引领；航类特色课程，蓝在空天情怀。

1. 珙桐花开，为梦而来

"桐华夏令营"支队，在清华硕博团的介绍下，接受来自四川省乐山市马边彝族自治县教育局的邀请，前往马边民主中学开展为期5天的"童心向党·筑梦成长——向建党100周年献礼"暑期夏令营，为40余名彝族孩子们带去了16门丰富多彩的支教课程。

为让学生们了解党的光辉历史，传承红色基因，实践队特意邀请北航第22届研究生支教团团长张晓磊为同学们开展生动又深刻的爱国爱党教育课程。"没有共产党就没有新中国"孩子们在本子上写下的朴实话语，是课程效果的最好体现。

富有北航特色的航空航天科普课程、火箭试飞与航模制作课程，实践队将北航精神带去了更多地方。当火箭冲天而起、当无人机飞到空中、当航模翱翔天际，孩子们的眼中充满了兴奋与渴望，相信一颗空天梦的种子已经埋在了他们的心里。

■ 支教课堂

2. 为梦启航，千里共此时

"心系北川"支教队，线上开展为期10天的暑期夏令营，北川羌族自治县擂鼓八一中学共计190余名孩子们，参与包含科技制作与通识课在内的8门课程，与实践队队员们精心准备的课后拓展活动。

虽然在线上进行授课，但实践队队员们的热情丝毫不减，尽自己最大努力为孩子们提供丰富多彩的课堂环境。注重知识性与趣味性的科创课程、关注文化素养的个人提升与美育通识课程，让孩子们在轻松愉悦的氛围下增长知识、开拓视野。

拓展活动更是精彩，为了弥补课堂授课的不足，实践队队员们利用课后时间，带领孩子们开展居家小实验，丰富课程形式，使线上课程不仅限于讲课—听讲模式，更具有实际意义。开设的"朗读者"文学交流活动，让孩子们分享自己喜欢的文学名著，在扩大阅读面之余也增进了彼此间的了解。

暑期之外，实践队也积极探索支教新模式，开创先河。在宇航学

院分团委的支持下，借助北航彩虹明天公益社平台，"川航e家"在学期中也开展了诸多活动，和孩子们保持长期的联系。

在学期间，开设了撰写图书导读文字的"悦读成长计划"志愿活动，为因不了解书籍内容而不愿打开书本的孩子提供一个动力；也开展了"声声不息"书信交流活动，每周定期开展，孩子们将自己的困惑与对大学生活的好奇写入信中，志愿

■ 实践队线上研讨

者也通过书信为他们答惑解疑，了解孩子们的需求，为之后的支教活动提供思路；"航空航天科普讲团"活动，将航空航天知识的科普课堂通过线上的形式送到孩子们身边，让更多的人感受到空天精神与北航信仰。

■ 队员们与孩子们的往来书信

贯穿一整年的丰富活动，增强了实践队队员与孩子们的联系；深入的交流，让彼此有了更多的了解，实践队也能更好地根据孩子们的需求进行课程设计，打造航天情助力公益教育新模式，让支教真正落到实处。

（二）乡村振兴——调研，聚焦北川的现在

"心系北川"调研支队，本着"发现真实、改变真实"的调研理念，紧扣建党百年、乡村振兴、教育医疗、非遗传承等时代脉搏，结合红色文化探寻、北川今昔重生、乡村振兴与非遗传承等四大调研主题，深入北川居民生活和文化风俗，开展了为期10天的实地调研，展现大学生对乡村振兴的思考与传统文化传承方面的使命和担当。

在建党百年之际，实践队前往北川这一"革命老区"，参观当

地红军纪念馆，在其中立下最真挚的誓言，也与北川县党史研究室主任就北川的革命历史进行了深入的交流，专访杰出党员，记录红色故事，献礼建党百年。

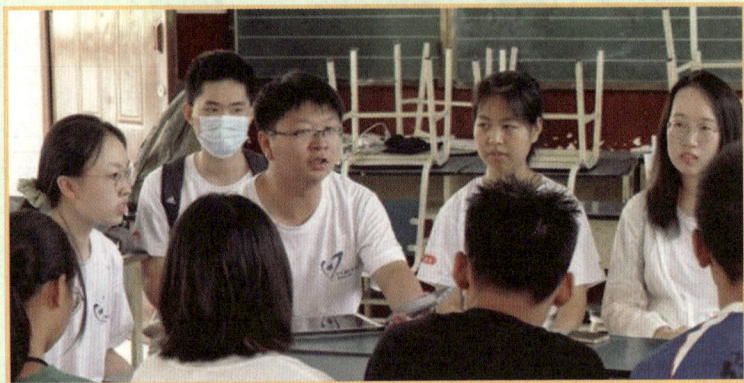

■ 实践队开展调研之一

实践队员深入擂鼓八一中学，和支教时未能见面的孩子们线下相聚，倾听他们的心声，了解乡村孩子们的真正需求。经过多方努力，实践队也联系上了十三届人大代表、"五星村"书记余绍容，她20年坚守五星村第一线，丈夫车祸去世独自抚养两个女儿，一直致力于乡村脱贫，带领全村人民种植黄连，实现乡村共同富裕。

实践队也走进北川非遗传承技艺，动容于坚守37年水磨漆传承的朱红志先生，也感慨于带动妇女和残疾人就业、拉动经济发展的竹草编创新扶贫，惊叹于大山深处结构精巧的羌族吊脚楼。

■ 实践队开展调研之二

在疫情背景下，实践队也探访了北川疾控中心。2008年北川在全国支援下重建崛起，医疗卫生系统得以恢复并不断发展，是受助者；

如今的北川不仅仅能够独立防控疫情，更是心怀感恩，援助他人，由受助者转变为了施助者。

10天的实地调研，从竹草编创新扶贫到五星村产业致富，实践队将北川的振兴形成一份六万字的调研报告，为其他地区提供乡村发展新思路；从北川红军的血泪征程，到坚守37年水磨漆传承的朱红志先生，将北川人的精神用镜头和文字记录下来，弘扬民族精神的伟力。北川的新故事正蓄势待发，乡村振兴的主旋律将开启北川的新征程。

三、总结实践所得，多方宣传成果卓著

（一）持续学习，饮水思源

开展主题学习日，在实践之余提高理论知识水平，交流实践感想，反思存在的不足，发现问题、共同探讨。

实践队也求知进取，邀请宇航学院党委副书记赵青老师和马克思主义学院副教授付丽莎老师担任指导教师，积极请教；无论是实践前的准备还是实践中期过程，抑或是实践后的成果总结环节，都能看到两位老师的身影。

（二）成果宣传，荣誉满身

实践队积极宣传项目成果，借助公众号、微博、b站等多种宣传平台，线上传播总人次累计超4.5万，项目影响人数超4.6万，反响热烈。项目成果经北航校团委、校学生会、校新闻网等平台报道后，被众多知名媒体、网站转载，达到了良好的宣传效果。其中，公众号累计发表原创文章45篇，总阅读量超1万人次；实践总结新闻稿共6篇，被中国青年网、多彩大学生网、《中国共青团》杂志、大学生知行计划、绵阳视觉、今日北川、青春北川等多个平台转载；微博累计发文10余篇，参与讨论热点话题"青春三下乡""为爱上色乡村支教奖"。同时，为积极响应共青团中央"美丽中国·青春行动"的号召，于6月5日"世界环境日"期间，与知行计划多方携手在公众号和微博共同开展"美丽中国·青春行动""青年影响力"双话题传播活动，微博阅读量超1800人次。

实践队曾获评文馨基金社会公益专项奖学金，也作为首都高校科技志愿服务总队的首批成员出席"青年服务国家"出征仪式，与兄弟高校一同为志愿科普贡献力量。特别地，实践队入围"全国百强实践团队"、团中央知行计划"为爱上色"项目全国百强的评选，彰显青年学子的使命与担当。

■ 支教队与学校师生合影之一

四、结语

实践队将支教课程与北航特色的航空航天科普课程相结合，通过开设"航空知识概论与航模制作""航天知识概论和火箭制作初探"等特色课程，将理论课与动手实践相结合，寓教于乐，引导孩子们树立航天理想，厚植空天情怀，切实达到了理论教学与实践教学相互结合、相互促进、相互发展的目的。课堂上，我们认真教学、孜孜不倦。孩子们对知识的渴望更令我们倍感欣慰。群山掩映，挡不住孩子们抬头望向天空的目光；面容青涩，藏不住孩子们对未来的憧憬。一颗航天情怀的种子，就在一次次对星空的仰望中抖落心田。

实践队紧扣建党百年、乡村振兴、教育医疗、非遗传承等时代脉搏，结合北川今昔、教育扶贫、探寻当地红色文化、建筑的过去与今朝四大调研主题，深入北川当地，探寻北川13年来的发展变化。前往红军长征纪念馆，进行党史学习，传承红色基因；对话擂鼓八一中

学，明晰乡村学校如今的发展，与孩子们心中的所想；探访非遗文化传承人，推广北川特色，学习用产业助力脱贫方式，也前往模范村落"五星村"，采访余绍容书记，了解当地脱贫成果。群山环拱，望川而来，实践队对北川的了解，正在一步步加深。

支教过程中，团队成员与孩子们相互交心，相互倾听，互相成长，实践队也衷心希望孩子们未来能够学有所成，报效国家；奋斗拼搏，成就美丽人生。调研过程中，团队与当地民众深入交流，了解北川的今昔发展，探寻乡村振兴发展的新思路；扎根基层，积极思考。此次实践之旅短暂而温馨，团队在与孩子们的接触中感受着奉献的快乐，在对北川的探索中认识到自身更多的使命与担当。自2008年至今，我们始终不忘初心、牢记使命，坚持与北川共患难、同成长。本次实践的圆满结束也为我们今后的实践探索揭开了新的篇章。团队初心不改，一直在路上。

凡是过往，皆为序章。"川航e家"将继续前行，推广航天情助力公益教育新模式，惠及更多的地区、更多需要帮助的孩子，用努力为他们插上梦想的翅膀。实践队也积极寻求乡村振兴新思路，开展多地实地调研，让足迹遍布更多亟待发展的地方，对比不同发展模式，扎根基层一线，为乡村振兴建言献策。在未来，实践队成员将继续把

■ 支教队与学校师生合影之二

青春融入党和人民的事业中，争做实现中华民族伟大复兴的先锋力量，不负时代，不负韶华，不负党和人民的殷切希望！

永葆支教初心，助力乡村振兴

——传承之焰支教团

传承之焰支教团成立于2015年，是一支由北航材料科学与工程学院学生自发组织，致力于改善农村教育、为偏远地区学生带来切实利益的支教调研团队。经过几年的发展壮大，目前已经成为一支跨院系、跨年级的实践队。一直以来，传承之焰支教团在沉淀中积累经验，在前进中寻求创新，长期对口山西省吕梁市中阳县车鸣峪乡河底小学和新疆维吾尔自治区伊犁察布查尔县扎格斯台乡中心小学，并进一步在山西省中阳县北街小学、青海玉树自治州拉布中心寄校等诸多学校开展了形式多样、意义丰富的系列支教调研活动。

7年来，在一代又一代队员们的接棒努力下，传承之焰用星星之火点亮远方孩子心灵的火种，为孩子们带去温暖与希望；与此同时，传承之焰始终紧跟国家需求与时代发展方向，从2015年起的教育扶贫到现如今的全面小康建设完成、乡村振兴伟大征程的开启，传承之焰

■ 实践队与学生合影

始终在保持支教初心、秉持公益精神的基础上，结合国家发展大势，及时更新活动方向、打造精品实践，使得活动的意义不断丰富、效果更加显著，做好教育扶贫与乡村振兴的参与者、实践者，以优异的成绩，为建团百年献礼。

一、投身支教，点燃炬火

传承之焰的支教旅途起源于2015年的暑假，一行6人前往甘肃会宁，开设了系列丰富而有趣的课程，并由此拉开了传承之焰支教活动的大门。

2016年，传承之焰支教团首次来到山西省中阳县河底小学，并从此与这里的孩子建立了千丝万缕的联系；接着，在2018年，传承之焰进一步前往了新疆伊犁察布查尔县扎格斯台乡中心小学，为当地的孩子带去了系列丰富有趣的支教活动。自此，每年暑假，实践队都前往两校，去带领他们进行为期一到两周的科普夏令营活动，为他们带去更多丰富有趣而又新奇的知识和内容。团队结合自身的专业优势，为他们从不同的角度讲述更加前沿而新奇的知识；除此之外，课程主题不仅仅有对孩子们上课所学内容的进一步阐释和讲解，更是包括了诸如趣味实验、民族团结、军事历史等等一系列富有趣味的主题；其中，以航空航天知识作为特色的精品课程，更是支教途中不可或缺的一环。团队充分发挥北航特色，带领孩子们在课堂上感受空天魅力，在模型放飞中一同将他们的梦想送上蓝天。

■ 实践队队员开展支教活动

与此同时，传承之焰也在不断支教与孩子们相处的过程中知道，口头上的讲述确实会激起孩子们对外面世界的憧憬，却也只遐想数日便烟消云散。外面的世界究竟怎么样，恐怕只有看过了才会知道，才会难以忘怀。于是，团队打算决定借着寒假之初的机会，在保证一切

■ "圆梦北京"活动

顺利的情况下，带孩子们来到北京，亲眼看看外面的世界。自2018年起，连续三年，传承之焰都带领一批批优秀的孩子们来到北京，游览北京的各大著名景点，最终让他们在亲身的体验与感受中了解外面的世界、获得新的成长；培养他们的家国情怀，助力他们的梦想进一步翱翔在蓝天之上。

2020年，一场突如其来的疫情席卷全国大地，使得实践队不能实现与孩子们的线下相约；为此，团队开启了新的支教模式——云支教，在线上为孩子们带去更多优质的课程，与他们实现云端的相约。2020年暑期，传承之焰在线上为孩子们带去了8大类33种丰富有趣的课程，全面拓展他们的知识；而2021年寒假，更是实现了"云端科普营"和"云游祖国"两项活动的相互配合，实践队带领孩子们在科普营中了解航空航天知识、在云游中感受祖国的多彩与魅力，即使在线上，队员也从未离开。

2021年适逢中国共产党成立100周年，在这全面建设社会主义现代化强国的大背景下，传承之焰进一步融合往年优秀经验、结合时代发展大势，提出了"支教方式多样化、支教规模扩大化、支教对象多元化"三个目标；充分吸收往年的优秀经验并进行了融合，形成了全新的"线上+线下"支教模式，支教活动首次覆盖山西、新疆、青海三省四所学校的五百余名学生；同时，支教对象不再满足于仅仅是孩子们，还进一步扩大到了当地群众；通过与当地党支部建立一系列的联系，对当地群众进行了系列红色知识宣讲，感受中国共产党的百年峥嵘岁月。

在开展支教活动同时，团队也认识到，唯有不断总结、不断创新，才能保证始终为孩子们带去高质量的课程。为此，传承之焰支教团编写支教手册，在每

■ 传承之焰的线上课堂

一次活动结束后总结经验，以供下一次活动进行参考。在一年年的不断创新与突破之中，如今的传承之焰支教团，已经形成了"以航空航天为特色，线上与线下同步进行，理论、实践课、访学有机结合"的"一特色两支点三维度"完整的支教体系，全方位为孩子们带去最佳的上课体验。

二、社会调研，助力发展

为了对实践地的情况有更多了解，并进一步为当地发展提出自己的意见和想法、助力当地进一步发展，团队每年都会对当地教育条件、孩子们的生活情况等等进行调研，获取当地孩子们生活与教育等相关情况的信息，为支教活动提供指导的同时，也对当地发展进一步提出自己的意见。

2016年，传承之焰对当地的教育情况进行调研，聚焦在"制约山区孩子进城上学的经济因素"上，对当地几所学校的情况进行了全面的调查，让调研协助改善当地教育之质，这也开启了团队调研和支教工作相结合的先河。自此，实践队每年都会对山西的情况进行新的调查研究，内容也涵盖了学校教学质量、"读书无用论"思想调查、疫情之下卫生教育开展情况等等，不断为当地教育以及学生生活条件的改善提出看法和建议。

2020年，全国脱贫攻坚战顺利结束，我国正式迈入了建设社会主

义现代化国家的新征程；为紧跟时代形势，团队也总结了往年的实践成果，并在2021年寒假针对山西中阳全面建成小康社会的成果进行了新的调研，感受中阳县在全面脱贫攻坚过程中的变化之大、发展之快；而在2021年暑假，则进一步瞄准乡村振兴，调查新时代下支教活动的开展与前进方向，立足于建党百年这一大的时代背景，做好支教路上的"继往开来"。

■ 队员进行社会调研

传承之焰支教团通过一年又一年的接力调研活动，对当地的情况获得了更深刻的了解与体会，对乡村振兴的进程也有了更多的思考和感悟；与此同时，调研成果还进一步反哺了支教活动，让活动开展能够更具有针对性，极大提升了活动的意义；团队还进一步将调研结果整理成册并发送给当地政府以及相关部门，真正让实践活动促进当地发展。

三、宣传紧随，温暖传递

为了进一步提升活动的影响力，让更多的人知道并了解传承之焰，团队在实践的过程中还采取了多种多样的措施进行宣传与记录工作。团队在实践的过程中逐步建立了微信、微博、抖音和B站四大宣传平台用以宣传实践成果，记录队员与孩子们日常相处的点滴，同时利用互联网方便快捷的特性，在各大平台上发布教学资源，让优质课程能够惠及更多孩子。

现如今，四大平台的运营取得了较大的成果。2021年暑假实践期间，微博总点击量2.5万余次、微信公众号总点击量2万余次、制作107段视频投放B站、抖音平台总播放达1.2万余次，以上这些宣传活动吸引了多方关注，极大程度上提升了团队的社会知名度。

团队还积极与社会各界的爱心人士沟通，进一步提升影响力；大

知行致远
——上好新时代北航青年社会实践必修课

学生知行计划、圆满假期计划等对我们的活动给予高度支持，在其帮助之下，传承之焰活动影响力进一步扩大，从更多角度帮助到孩子们；积极向各大媒体平台投稿，进一步讲述感动故事给更多的人；实践队还为寒假冬令营活动进行过多次众筹，吸引更多爱心人士支持我们的活动，为乡村孩子的教育发展尽一份力。

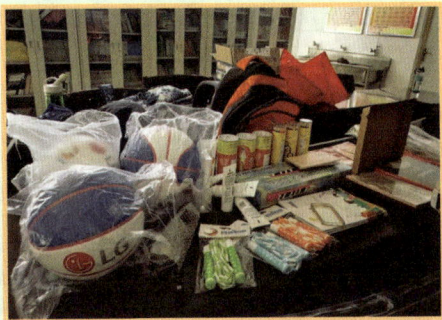

■ 圆满假期计划中给孩子们的礼物

2021年，为了能够进一步铭记与孩子们相处的温暖瞬间，更好地作为联系队员们和孩子们以及往届队员们之间的情感纽带，实践队将传承之焰在前几年与孩子们相处的点点滴滴进行了总结，从中获得灵感并制成文创，记录下与孩子们的美好回忆；同时对文创进行推广，让更多人了解他们的故事。而在暑假，实践队进一步基于"实用而不失艺术"的原则，设计了第二批文创，希望能够让传承之焰的关怀时刻陪伴着他们，真正地帮助到他们的学习和生活。

■ 传承之焰文创设计图

传承之焰还进一步为团队打造了专属IP——苗苗，这一形象代表了孩子们的朝气蓬勃和团队的志愿精神，能够使得团队时刻记得在支教过程中要

■ 传承之焰IP——苗苗

关注孩子们的内心世界，反哺自身支教活动。

四、效果显著，多方认可

在一代代传承之焰人的接力相传下，传承之焰通过自己的努力，证明了其支教模式为孩子带来了各方面的提升、能够有效助力当地教育发展。

通过支教活动，孩子们从当年更多对于未来的想法并不清晰，变得坚定地想要接受进一步的教育；对于职业方面，孩子们各有各的想法，但无一例外，孩子们都希望能够走到外面的世界去，走一走、

■ 孩子们的心愿清单

看一看，来实现自己的远大理想；孩子们在传承之焰的活动中进行了学习、收获了成长，对未来也有了更多的期待；团队成员更是欣慰地

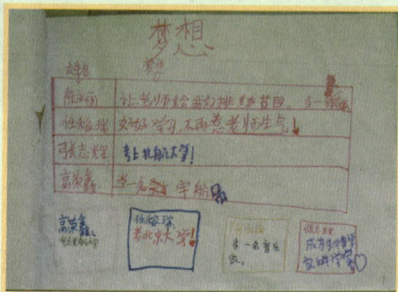

■ 人民网报道传承之焰支教团

看到，支教过的孩子在自己的努力和我们的陪伴下，考上了北京的大学、获得了更加光明的未来。

传承之焰支教团的活动也获得了多方的认可，各大媒体对活动开展表示高度肯定、积极支持。人民网进行专题专版报道，活动多次登上了北航官方公众号"航小萱"封面；除此之外，团队还获得北京卫视、《山西青年报》、山西新闻网、《山西市场导报》等多家省级、市级、校级媒体所给予的高度关注，极大提升了团队知名度。

一分耕耘、一分收获，传承之焰也获得了诸多荣誉：六年共获得北航寒暑期社会实践一等奖八次，其中四次获得第一名；还有全国大学生优秀实践队、北京市优秀实践队、北京市重点实践队、首都挑战杯"红色实践"专项赛二等奖等其他各级荣誉30余项。这是对实践活动的肯定，也激励着团队进一步向前。

"传承之焰"在开展活动这七年中，始终努力温暖更多孩子们。因为这些精心设计制作的课程，当小朋友们沐浴着山西、青海和新疆的皎洁月光时，他们可以发现原来尽管相隔山海，仍然有许多人关心着他们，希望他们在也许并不富足的生活中获得更多精神的财富。

正如队歌《不再遥远》中唱的那样，"即使我不在你身边，心中仍然挂念，那小小少年"。支教的日子并不长久，但是我们希望并坚信着，这些灿烂的日子带给他们的感动和收获将会陪伴他们很久很久。"传承之焰"，火焰会一直燃烧下去，照亮黑暗的角落。未来，传承之焰也将不忘初心，砥砺前行，为乡村教育质量的进一步改善、为乡村振兴征程的进一步迈进贡献自己的力量，更好地服务社会主义现代化强国建设，在支教活动中提交更加令人满意的答卷。

心向蓝天，助梦启航

——蓝天之梯实践队

一、实践队理念

（一）为在校大学生提供了解乡村与动手实践的机会

习近平总书记多次强调，青年要成长为国家栋梁之材，要读万卷书、行万里路，既多读有字之书，也多读无字之书，注重学习人生经验和社会知识，注重在实践中加强磨炼、增长本领；要不怕困难、攻坚克难，到基层、到西部、到祖国最需要的地方去，做成一番事业、做好一番事业。支教队的成立，为青年学生提供了了解乡村和动手实践的机会，在响应国家号召、助力乡村振兴的同时，让学生在亲身参与中认识国情、了解社会，受教育、长才干。

（二）为乡村在校生提供拓宽视野与增加知识的可能

在校大学生与乡村老师相比，具有理念新颖、眼界宽广等优势。支教队从这个方面入手，瞄准乡村基础教育的薄弱环节，将现代科技运用到教学环节中，以新奇有趣的科普知识，拓宽学生视野，培养学生好奇心，激发他们对走出大山、探索世界的渴望。若干年后如果所教授的孩子之中有一半成功走出大山，并有所成就，而后回报家乡，那么支教队的所有付出就得到了回报。

（三）为乡村振兴提供教育与智力支持并吸引关注度

"扶贫必扶智，治贫先治愚"，脱贫攻坚战取得全面胜利不是终点，而是新生活、新奋斗的起点。解决发展不平衡不充分问题、缩小城乡区域发展差距，关键在于人才的培养。支教队要做的不仅是教给他们知识，更是培育孩子们的强者之心，如大城市的孩子一般自信，又有农村孩子的质朴，走上成为对家乡对祖国有用的人才的道路。支教队希望与支教地学校、社区建立长期的项目化合作，把支教事业代代相传，同时充分利用网络资源和学校资源，加强宣传，提升社会对乡村基础教育困境的关注度。支教队的力量是有限的，起初可能只有一颗小火花，但是相信春风吹拂之下，必能成其燎原之势。支教队带去的知识有限，但愿在孩子们心中埋下梦的种子，唤起他们对外面世界的向往。

二、队伍发展沿革

蓝天之梯支教队自2019年成立以来，共开展过四次支教活动，曾于线下赴山西省长治市、山西省吕梁市、河南省郑州市巩义市，服务三地共200余名小学生，于2020年暑期、2021年寒假、2021年暑期面向包括山西省中阳县在内的2000余名小学生进行"云支教"。至今，蓝天之梯支教队的支教活动已经覆盖省级行政区超过10个，学校20余所，学生2000余人，除直播课程以外，发布在各大平台的精品录播课超过50个。支教活动成果曾多次被刊登在《山西日报》《山西科技报》《吕梁日报》《长治日报》等社会报刊，也曾接受过"长治市教育电视台""一丁影视""中阳县融媒体中心"等媒体的采访，被共青团中央服务青年发展官方平台——"创青春"等官方公众平台转发。并多次登上北航新闻网、青年北航网等校内网络平台，"北京航空航天大学""微言航语""青年北航""航行者""遇见北航Sasee""北京航空航天大学学生会"等校内各大官微报道。

三、队伍文化

蓝天之梯支教队，致力于打造"实干创新有本领，团结自信有担当"的队伍文化精神内涵。通过队徽、队服、口号、队歌、队旗及系列原创文创产品等建设专属队伍文化。

蓝天之梯的口号：

2019年：心向蓝天，逐梦起航

■ 蓝天之梯的队徽

正面/POSITIVE　　背面/BACK

■ 蓝天之梯的队服

2020年：爱心启航，让梦飞翔

2021年：传递爱与梦想，助力乡村振兴

蓝天之梯的队歌：

stairway to the wonderland，译为：通往仙境的梯子（可通过网易云音乐搜索歌名），是北航第一首纯原创的实践队队歌，由蓝天之梯支教队队员作词、作曲、演唱、制作。自从在网易云音乐发布以来，累计播放量近两万次。

蓝天之梯的原创文创：

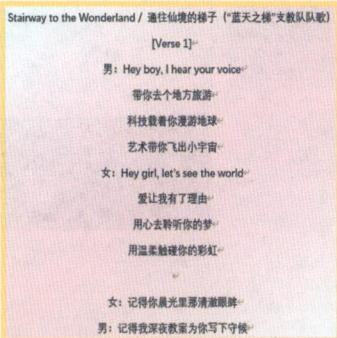

Stairway to the Wonderland / 通往仙境的梯子（"蓝天之梯"支教队队歌）

[Verse 1]

男：Hey boy, I hear your voice

带你去个地方旅游

科技载着你漫游地球

艺术带你飞出小宇宙

女：Hey girl, let's see the world

爱让我有了理由

用心去聆听你的梦

用温柔触碰你的彩虹

女：记得你晨光里那清澈眼眸

男：记得我深夜教案为你写下守候

■ 蓝天之梯的队歌

心向蓝天　筑梦启航

■ 蓝天之梯的队旗

　　蓝天之梯支教队在2021年自主设计了帆布袋、笔记本、日历、钢笔、铅笔、明信片等文创产品，除赠予小朋友外计划进行义卖活动，将所筹善款捐赠于不发达地区基础教育事业。

　　文创中加入了北航元素、队伍元素，同时还将小朋友们亲笔写的"福"字、画的简笔画加入文创设计中。

■ 印有孩子们手写"福"字的日历

■ 定制笔记本、笔、日历、明信片、帆布袋

四、实践内容

（一）2019年暑期

蓝天之梯支教队正式成立于2019年，带着"爱心起航，让梦飞翔"的信念，于当年夏天前往山西长治、河南巩义两地，进行支教活动，得到省、市、校多级媒体宣传报道，取得良好反响。支教成果参选"全国大学生百强暑期实践队"，并获得北京航空航天大学暑期社会实践校级三等奖。

■ 支教队活动掠影

（二）2020年暑期

一年过后，支教队带着不变的初心，面对全新的起点和全新的挑战，开启了新的旅程。经过前期集中面试、层层选拔，最终确定了23名同学，在疫情防控常态化的大背景下，分别开展长治市平顺县和吕梁市中阳县线上支教，并将中阳县的支教活动更名为"航行中阳"科

知行致远——上好新时代北航青年社会实践必修课

普夏令营。

考虑到两个支教地的办学条件、学生水平各不相同，支教队坚持"因材施教""特色办学"的原则，对两个分队的实践内容进行了区别安排。

长治分队面向是一个社区，该社区大多都是留守儿童，社区工作者每天都会将孩子们组织在一起上课。中阳分队面向的是一所小学的几百位同学，每个人都在家用自己的设备参与直播课。两个队伍都采用主题日的形式，共设有"生物与自然""生命科学""航空航天知识""探索宇宙""人类文明史""音乐鉴赏""人文地理""国防与外交"八大主题，虽然两个分队的主题相同，但根据孩子情况的不同和接受知识的快慢程度，两个分队设立的主题日的顺序并不相同，而主题日内的教学内容安排与对主题的诠释也几乎都不相同。

■ "航行中阳"科普夏令营　　　　　■ 夏令营线上授课

（三）2021年寒假

1. 实践特点

1.1 面向全国，双通道报名

在疫情防控常态化的大背景下，实践以线上支教的形式进行，为充分发挥线上优势，将知识与希望带给更多的孩子，本次冬令营将支教对象定位于全国各地有需要的孩子们，采用学生个人报名和学校集体报名两种形式。最终，北航定点扶贫县山西省吕梁市中阳县北街小学、湖北省恩施土家族苗族自治州宣恩县椿木营乡民族中小学等多所学校积极响应，来自全国9个省级行政区的近500名小学生报名参加活动。

1.2 航行中阳，北街小学集体报名

山西省吕梁市中阳县是北京航空航天大学的定点扶贫县，2018年中阳县脱贫之后，北航人继续从科技、产业、教育等方面出发，为当地发展献智献策。蓝天之梯支教队始终与中阳县北街小学保持着密切的联系，定期开展科普教育活动，希望能够将有趣的知识和先进的思想通过课堂带给当地的孩子们，从而帮助其树立起远大的志向以及勇往直前的信念。本次活动，中阳县北街小学继续与支教队展开合作，以学校集体报名的形式参加，近三百位小学生报名，活动规模为已知的北航支教队之最。

1.3 与北航研究生支教团密切合作

北航研究生支教团所从事的是学生课上长期的基础课程教学，而我们从事的是课余短期的拓展课程教学，蓝天之梯与研究生支教团进行互补，与研究生支教团对接的学校取得联系，使得孩子们在假期仍然可以享受来自北航学子的关怀，了解北航文化。

2. 前期准备

古人说："师者，人之模范也。"习近平总书记强调，要坚持教育者先受教育。老师的一言一行都给学生以极大影响。实践队通过前期集中学习、线上培训、老队员经验分享、课前试讲、课后总结与反思等方式，做到"无培训，不上岗"，并且通过课程试讲，将每一节课做到尽量完善，团队致力于正确引领学生，担当起学生健康成长指导者和引路人的责任。

2.1 运用科学理论指导，提升支教专业水平

（1）思政导师行前指导

活动前，实践队指导教师、马克思主义学院王海宇老师以科学的理论全方位、多维度地指导实践活动的开展，勉励同学们蓄积青年才智，助力乡村振兴。

（2）研究生支教团经验分享

实践队邀请到北航第二十二届研究生支教团团长张晓磊学长做了题为"实践成长 不负青春"的经验分享，为队员进行了全方位的授课培训，为实践队员圆满完成教学任务打下了良好的基础。

知行致远
——上好新时代北航青年社会实践必修课

■ 研究生支教团经验分享

2.2 充分利用前期工作，提高支教活动质量

在活动正式开始之前，实践队内部进行了全流程试讲，过程中邀请到泉水基金会林炳彬同志和研究生支教团张晓磊进行试听，为提高课程质量提出了宝贵的意见，同时通过队内相互学习的机制，在每一节课试讲结束之后，队内都会进行视频会议，就刚才发现的问题进行讨论，队员

■ 指导教师开展实践培训指导

们对发现的问题及时进行修正，由此，保证了活动中每一节直播课的质量。

2.3 课程内容

为响应习近平总书记的号召，厚植学生爱国主义情怀、增长知识见识、增强综合素质等，同时注重结合新的时代条件传承和弘扬中华优秀传统文化，并体现北航特色，培养孩子们对航空航天的兴趣，支教队形成了以生命科学、航空航天知识、探索宇宙、生物与自然、人文地理、国防与外交、音乐鉴赏、人类文明史八大主题为核心的精品课程。

本次实践避开传统课程，敲定了精品课程中的航空航天知识、人

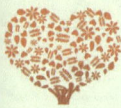

文地理、探索宇宙三大主题，并设置了多种多样的非应试通识课程，内容涵盖现代空战体系、火箭发展史、人物故事、高等学府介绍、著名景点参观、民法典、2022冬奥会、太阳系八大行星、天文现象等多个方面。为了丰富课程的内容，团队举办了很多有趣的活动，采用了很多新奇的授课形式。例如：演情景剧、折纸飞机、做眼保健操、画企鹅、唱流行音乐……

为秉持"让每一位孩子拥有与我们一对一交流的机会"的理念，实践队以"钉钉"直播的形式开展线上课程，利用课程群、连麦、作业等功能，于万里之外，保证了每一位学生的参与度。实践队在每节课后设置交流时间，回答小朋友们的问题，满足好奇心，给小朋友们留下"描述你的梦想""写'福'字"等作业，在不给小朋友增加负担的前提下，培养小朋友们的条理性和创造力。

三大主题，10位大学生，十八节小课，400余小时的备课时长，10GB的课程资料，数百分钟的会议时长，数千观看人次，数万字的讲稿，九十余万的点赞数，彰显的是支教队的努力以及孩子和家长们的信任。

■ 线上冬令营活动

（四）2021年暑期

1. 实践背景

1.1 结合国家重大战略节点，全力促进科教兴国

2021年，是中国共产党成立100周年，是"十四五"规划开局之年，是全面建成小康社会、开启全面建设社会主义现代化国家新征程的关键之年。同时，也是巩固拓展新冠肺炎疫情防控和教育改革发展成果的重要发展阶段。为献礼中国共产党建党百年，助力全民冬奥，

在十四五教育规划开局之年积极配合国家打好基础，蓝天之梯支教队综合线上线下双通道，结合建党百年、喜迎冬奥主题内容开展科教兴国战略下的科普通识支教活动。

1.2 积极响应国家与地方号召，积极投身青年服务国家

为深入学习贯彻习近平新时代中国特色社会主义思想，学习贯彻党的十九大和十九届二中、三中、四中、五中全会精神，贯彻习近平中央人才会议讲话精神，引领广大首都青年学生在扎根中国大地的生动实践中增强"四个意识"、坚定"四个自信"、做到"两个维护"，在基层治理体系的亲身参与中受教育、长才干、做贡献；蓝天之梯支教队参与组成首都高校科技志愿服务队，投身西部教育事业，助力人才强国、乡村振兴。

1.3 聚焦北航定点帮扶基层，青年助力乡村振兴

山西省吕梁市中阳县是北京航空航天大学的定点扶贫县，2018年中阳县脱贫之后，北航人继续从科技、产业、教育等方面出发，为当地发展献智献策，把论文写在祖国空天，把真情洒在吕梁大地，全面推进乡村振兴，加快农业农村现代化。为深入贯彻落实习近平总书记视察山西重要讲话重要指示，深入实施创新驱动、科教兴市、人才强市战略，展示吕梁地域特色文化和巨大发展变化，助力省校合作，实践队统筹北航青年，前往中阳县开展科技志愿服务活动。

2. 前期准备

2.1 线上线下支教相结合，面向多地双通道报名

在疫情防控常态化的大背景下，结合各地疫情防控策略，本次实践以线上线下支教相结合的形式进行，为充分发挥双形式优势，继续采用学生个人报名和学校集体报名两种形式，将支教对象定位于山西长治、吕梁各地。最终，北航定点扶贫县山西省吕梁市中阳县北街小学、长治市沁源县王陶小学、壶关县常行九年一贯制学校、壶关县店上中心学校、沁县定昌镇西关小学等多所学校积极响应，来自各地500余名小学生报名参加活动。

2.2 航行中阳，线下开辟北街小学支教基地

本次线下科普支教活动，中阳县北街小学继续展开合作，为实践

开展提供线下根据地，以学校集体报名的形式参加，60余名小学生报名参加。

2.3 与研究生党支部密切合作

为贯彻落实习近平总书记在党史学习教育动员大会上的重要讲话精神，蓝天之梯支教队抓住重要时间节点，与北航自动化科学与电气工程学院研究生党支部展开密切合作，筹划开展党史进课堂主题教育。支教队与研究生党支部合作围绕讲述党的故事、缅怀革命先烈、寻访红色地标、寻访英雄模范等系列实践活动，既拓展了孩子们的知识面，更是从青少年一代筑牢学子信仰之基。

2.4 多维度学习，科学理论指导武装实践

（1）思政导师行前指导

实践开展前，蓝天之梯支教队思政指导老师、马克思主义学院老师王海宇以科学的理论全方位、多维度地指导实践活动的开展，勉励同学们蓄积青年才智，助力乡村振兴。

（2）蓝天之梯支教队经验分享与授课培训会议

实践队邀请到往年蓝天之梯队长王鹏、骨干成员王子璇等多位具有深厚支教经历的学长进行经验分享与授课指导会议。针对队伍建设、角色定位、课堂构建、师生互动相处等一系列问题进行了全方位的培训指导，为实践队员圆满完成教学任务打下了良好的基础。

（3）学习调研理论与实践，探索支教队发展之路

实践队指导老师邀请到清华大学国际与地区研究院研究专家高良敏老师，学习调研相关理论与实践办法，打开实践思维，积极探索实践队发展壮大的方向。

2.5 实地探访，因地制宜因材施教

为保证实践质量，使实践紧密贴合主题"传递爱与梦想，助力乡村振兴"，蓝天之梯实践队派出多名队员先行前往实践地点实地探访，进而因地制宜制定更加详细的时间方案，使我们的支教活动能做到因材施教。

在实践正式开始之前，队员王雪在阳坡村进行了前期的走访调研。一周之内，四次前往阳坡村，从多个角度探查阳坡村的实地情

知行致远
——上好新时代北航青年社会实践必修课

况。多次的实地走访调研，让实践队后续的调研得以顺利地开展。

队员王帅博、张柏舟、田雨欣提前两天，于2021年7月8日前往中阳县北街小学，向北街小学校长了解夏令营学生情况，向老师请教讲课经验，修改完善备课内容；查看并清扫教室和办公室，为夏令营营造更好的授课环境；测试教室电教设备，保障夏令营授课质量；了解学校相关制度，并组织队员给学生家长打电话进一步通知夏令营时间和上学放学相关规章制度，保障学生上学和放学安全；对学校环境进行全面查看，制定安全预案并在重点位置设立安全员，保障学生的课间安全。

2.6 课程内容准备

为保证课程质量，实践队在支教前进行充分准备，20位队员共准备96节线上线下课程，书写了数十万字的讲稿，进行了两轮修改，先后三次进行全流程试讲，总备课时长达600小时，以严谨的工作态度和追求卓越的要求保证了夏令营的高质量课程。

在实践队成立之初，各队员接到任务，便开始了课程的初期准备工作。经过大量的知识学习和汇总，队员们完成了课程PPT的初稿。之后，实践队通过交流讨论为队员们提出了翔实可行的修改意见。结合修改意见，队员们进行了对PPT的二次修改和完善，并形成了PPT和教案的终稿。

为防止线上直播课存在网络故障等紧急情况的发生，实践队在提前进行网络配置和电子设备调试的同时，将所有的线上课程提前录制备用，以便在紧急情况发生时，不影响线上课程的课程质量。

3. 支教篇——播撒心灵希望 助力教育振兴

支教课程分为航空航天、人文地理、生命科学、探索宇宙、人类文明史、音乐鉴赏、生物与自然、国防外交八大主题，并配有美学手作、文化鉴赏、陶艺制绘课程为特色的科普通识教育；实践队结合北航专业优势以及国家航空航天强国重大战略，开展航模制作相关课程；实践队紧密结合两个重大时间点，在中国共产党成立100周年之际，贯彻落实习近平总书记在党史学习教育动员大会上的重要讲话精神，开展党史学习日课程；在2022北京冬奥会到来之际，贯彻落实

"深融共迎"北京冬奥宣讲行动，开展冬奥故事会、知识竞赛等形式多样、生动活泼的冬奥宣讲实践行动，为认识冬奥、了解冬奥、参与冬奥贡献青春力量。

五、结语

蓝天之梯以支教为孩子们打开一扇梦想之窗，也在调研中为自己拓展一扇尘寰之门，在其中升华家国情怀、提高责任意识，让自己与国家发展的脉搏一同跳动；以知促行、以行求知，在知行合一的路上奋力前行；紧握信仰之火，在新长征路上，展现属于当代青年的担当与力量。

知行致远

——上好新时代北航青年社会实践必修课

探索航空企业新模式，
助力校企合作新发展

——通心远航实践队

2021年7月，通心远航实践队正式成立，致力于研究以沈飞为代表的航空企业如何在党的领导下不断发展，探索新时代航空企业发展方式，同时关注企业在国际贸易与校企合作开展上的更多可能。实践队从企业的国内领域发展、国际贸易发展和校企合作三个角度入手，通过实地采访、调研、学习的方式，结合实践队成员在北航国通学院的国际化学习经历，深度开展社会实践。

■ 实践队成员合影

一、实践选题背景

习近平总书记多次强调，社会是个大课堂，青年要成长为国家栋梁之材，既要读万卷书，又要行万里路。社会实践、社会活动以及校内各类学生社团活动是学生的第二课堂，对拓展学生眼界和能力、充实学生社会体验和丰富学生生活十分有益。2021年恰逢中国共产党成立100周年，北航建校69周年和沈飞成立70周年。对于北航的新时代新青年而言，应当要借助社会实践接触社会，走进航空航天企业，聚焦航空航天领域前沿，了解航空航天企业发展。

确定好实践的方向是航空航天企业调研后，实践队开展对于国内外航空航天企业与单位的资料搜寻，在与指导教师进行讨论后，实践队选择了前往航空底蕴深厚、实力强劲的沈阳开展社会实践活动。

在沈阳，有中国歼击机摇篮——沈飞军机，中华人民共和国最早组建的飞机设计研究所——六〇一所、中国航空国际贸易的先锋——沈飞民机与沈飞国际。

物竞天择，适者生存。沈飞成立七十年来，经历了中华人民共和国成立之初的技术落后期、改革开放后发展的转型阵痛期和新时代新发展时期。七十载风雨铸就了沈飞的辉煌成就，沈飞不断地进行企业的改革创新，不断地调整发展战略，更新管理制度，进行技术革新创新，最终成了中国航空工业的代表企业之一，对中国乃至世界航空工业产生了重要影响。

二、实践过程

2021年7月初，通心远航实践队开始紧锣密鼓的前期资料调研与准备工作，陆续开展队员见面会、前期调研分享会、团支部集体学习活动与行前筹备指导会等工作。

7月18日20:00，全体队员集结完毕并召开实践动员会，实践队员情绪高涨，为后续实地调研做好充足准备。

7月19日，通心远航实践队一行来到中航工业沈阳飞机工业集团有限公司（沈飞军机）进行调研。

上午，实践队抵达并参观了沈飞航空博览园，并参观了罗阳纪念馆，吊唁为国捐躯的罗阳学长，罗阳精神、沈飞精神深深触动着每一位实践队员，更加坚定了每一位实践队员投身祖国航空航天国防建设的决心。

参观结束后，实践队前往沈飞宾馆与沈飞领导同志进行座谈。在前期调研的基础上，实践队就沈飞的发展历史、精神积淀、技术突破、人才培养、校企合作、国际化发展等方面向沈飞方面进行了提问，领导同志耐心细致地进行解答。

下午，实践队在沈飞领导同志的带领下进入沈飞工业园区，参观了国内最先进的航空智能制造厂、沈飞数控总装厂和运营管控中心，沈飞由传统生产加工方式向数字化加工方式飞跃的历程令实践队员震撼。

■ 通心远航实践队与沈飞军机领导座谈会

7月20日，实践队一行来到了沈阳飞机研究所（六〇一所）进行调研。六〇一所是中华人民共和国组建最早的飞机设计研究所，主要从事战斗机的总体设计与研究工作，被誉为中国"战斗机设计研究的基地，航空英才的摇篮"。

■ 通心远航实践队在六〇一所

实践队员在研究人员的引导下，参观飞行器新概念结构航空科技重点实验室和飞控实验室等两个国家重点实验室。实践队不仅见到了许多采用新概念设计的结构件，更有幸进入模拟舱亲身体验模拟飞行。

参观结束后，实践队在综合办公大楼的会议室与六〇一所领导同志及所内北航优秀校友进行座谈，再一次感受亲身参与国防事业的那份爱国热血与情怀和科研技术人员的无尽进取之心。正如六〇一所大楼一进门那句显眼的话——"既是航空人就知责任重，既做新装备就得多辛苦"，高度凝练地表达了每一个航空人敢于担当的责任意识和勇于奉献的满腔热血。

7月21日，实践队来到中航沈飞民用飞机有限责任公司（沈飞民机）进行调研。

实践队员在工作人员的带领下参观35，A02，A03三个沈飞民机生产厂。先进的自动化生产技术已经被广泛应用于民机的生产，整个生产流程防护严密，效率极高，让人惊叹。随后实践队与沈飞民机的领导及校友进行座谈，他们在国际交流合作和高校人才方面给出了细致详尽的回答，队员们受益匪浅。

■ 通心远航实践队在沈飞民机与沈飞国际调研

7月22日，实践队来到了中国工业博物馆进行参观学习。工业的发展史是中华人民共和国发展史的重要组成部分。在从农业国向工业国的转变中，东北作为"共和国长子"，作为中华人民共和国成立初期中国工业实力最雄厚、基础设施最完善的地区，担负起了建设工业化国家的重任。而沈阳有着"东方鲁尔"的美誉，是中国乃至东北亚地区规模最大的工业中

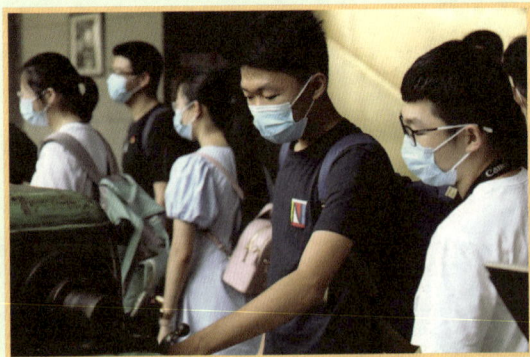

■ 通心远航实践队在中国工业博物馆参观学习

知行致远
——上好新时代北航青年社会实践必修课

心城市。实践队员详细了解了东北工业的源起、发展、曲折和前景，老东北工业基地的振兴必将为新时代中国特色社会主义建设做出突出贡献。

至此，通心远航实践队的现场实践告一段落，实践问题的讨论与成果总结开始。

实践队员通过整理沈飞实践资料，针对前期调研出的问题、现场实践产生的问题进行分享与讨论，意识到随着时代的迅速发展，企业不仅需要紧跟前沿科技的技术进步，更要适应国内外大环境的变化。对于沈飞这样中国航空工业的标志性企业来说，不断进行企业的改革，更新技术、管理制度、发展战略，适应时代的发展尤为重要。

三、实践成果思考

实践队的相关实践思考可概括为三大结论。

第一，企业的发展与时代发展息息相关，通过不断的改革可以使企业不断适应时代发展的要求。技术的更新迭代要求企业瞄准行业前沿，掌握核心技术。沈飞很早地就意识到了这一点，在成立之初就创办了飞机设计室，攻关前沿科技，发展中国自己的航空业；企业的发展战略要随着大环境变化而调整，适宜地改变思路，调整方向很重要。物竞天择，适者生存。沈飞成立七十年来，经历了中华人民共和国成立之初的技术落后期、改革开放后发展的转型阵痛期和新时代新发展时期。七十载风雨铸就了沈飞的辉煌成就，沈飞不断地进行企业的改革创新，不断地调整发展战略，更新管理制度，进行技术革新创新，最终成了中国航空工业的代表企业之一，对中国乃至世界航空工业产生了重要影响；最后，企业中以共产党员为核心的领头人、冲锋人发挥了重要作用，要抓牢党建工作，以先锋模范党员带动企业员工积极性。

第二，在国际贸易上，沈飞也为其他企业提供了先进的发展思路。积极主动地进入国际市场，与更多行业顶尖的企业交流合作，学他人技术、管理等各方面之所长，为我们积累技术与经验。沈飞公司在改革开放的大潮中，激流勇进，积极探索发挥航空工业优势，与世界先进航空公司合作，走出了一条由"军转民"到"内转外"的发展之路。先后与波音、空客、庞巴迪等国际著名的飞机制造企业建立了长期良好的技术合作和贸易伙伴关系，多项产品荣获全球唯一供应商资质。特别是与庞巴迪公司联合研制生产C系列飞机，开启了沈飞公司由传统民机转包生产跨入国际民机风险合作的新阶段。为了更好发展民机业务、开拓国际市场，2007年沈飞民机制造业务独立为中航沈飞民用飞机有限责任公司（沈飞民机），2010年沈飞C系列飞机研制团队独立为沈飞国际商用飞机有限公司（沈飞国际）。沈飞在民机领域的开拓不仅促进了我国民用航空制造业发展，而且学习了世界一流航空制造企业的先进管理经验，实现了管理水平的大幅跃升，为参研C919等国产民用客机奠定了坚实基础。

第三，实践队注意到沈飞在校企合作上开展的力度不足，导致企业知名度较低，人才的流失比较严重。对于这一点，实践队为与沈飞相似的企业提出了一些可行的发展建议：企业高校积极对接，创建实践基地，开展第二课堂；企业一线骨干在高校定期开展沙龙分享会，将最新实践成果与现有理论相结合，不仅提高学生们对知识的应用水平，还提高了企业的知名度。

四、实践推广效果

（一）文创产品制作

为了更好地进行实践活动的宣传，让同学们了解社会实践的意义，通心远航实践队进行了大量的成果作品制作与文宣产品制作。

（二）微信公众平台宣传

实践队创建了名为"通心远航实践队"的微信公众号，记录了实践队的筹备、实践过程以及成果展示。通过微信公众号这样一个窗口，向同学、老师以及家长展示实践风采，让更多的同学了解、关注航空航天企业调研类社会实践。

（三）制作通心远航实践访谈录

实践队整理了实践中的座谈会，制作了通心远航实践访谈录，将

实践座谈中的精彩瞬间记录下来。在实践过程中，大量北航的杰出校友热情接待了实践队，北航人已然扎根于祖国航空航天等国防事业中。访谈录中记录下了实践中实践队员产生的疑问及前辈们的解答，以及前辈们对北航新时代青年学子的建议与期望。仔细翻阅访谈录，北航人的"空天报国"精神传承跃然纸上，前辈的谆谆教诲与无限期盼时刻提醒、激励着每一位读者。

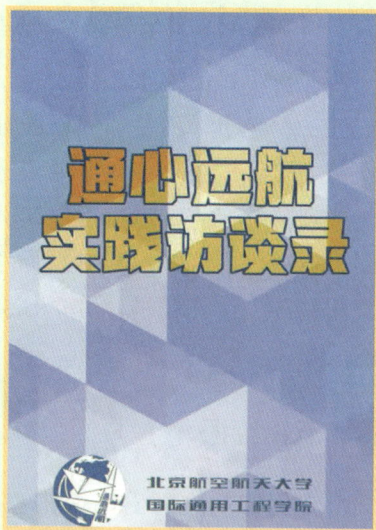
■ 实践队制作通心远航访谈录

（四）制作"沈飞档案"

七十载沈飞辉煌无数，实践队通过收集的资料制作"沈飞档案"，记录沈飞七十载丰功伟绩中的辉煌瞬间。沈阳是一座英雄的城市，沈飞是一个英雄的企业。80年前的"九一八"事变在沈阳开启了抗日战争的屈辱和奋起，70年前112厂的成立在沈阳翻开了中国航空工业的新篇，抗美援朝英烈的遗骸坐落于此，一代又一代崭新的战机腾飞于斯。70年里，高方启、黄志千、顾诵芬、罗阳、孙聪、方文墨，一个个英雄的名字汇聚成沈飞乃至中国航空工业发展的坐标，铭刻在中国航空人铸就的领航尺之上，引导着中国航空工业稳步

■ 实践队制作"沈飞档案"

向前。"沈飞档案"作为实践队对沈飞成立70周年的献礼，获得了沈飞领导的支持与肯定，并且在沈飞庆祝成立70周年大会上进行了展示。

（五）成立社会实践宣讲团

社会实践如流水，流水不争先，争滔滔不绝。做好社会实践不是一朝一夕之事，而是需要不断地学习与持之以恒地努力。为了宣传此次社会实践成果，更为了通心远航实践队的不断进步、更多优秀社会实践项目的诞生，通心远航实践队挑选实践骨干成立了社会实践宣讲团。宣讲团围绕2021年暑期通心远航赴沈飞社会实践展开，重点宣传罗阳精神、沈飞精神，分享社会实践收获与经验，在学院内引起强烈的反响。

五、结语

宝剑锋从磨砺出，梅花香自苦寒来，沈飞70年的辉煌成就是一代又一代沈飞人和航空人的不懈努力。通过此次实地实践调研，借助调研成果以及前期搜寻的资料，分析沈飞70年发展历程，每一位实践队员都深切地感受到了沈飞航空报国、航空强国的企业文化和企业精神。从沈飞的国际化发展和校企合作的新模式中，实践队总结提炼出进一步提升现代国有企业在国际贸易中的竞争力、加强校企合作水平等发展建议。

沈飞践悟，空天逐梦，通心远航的实践故事还在书写，更多的新鲜血液会注入祖国的航空航天事业，谱写祖国航空航天新篇章。

弘扬守锷精神，探路共同富裕

——星源流明实践队

星源流明实践队成立于2021年4月，是一支由北航守锷书院支持，生于《百年守锷》话剧团的新兴实践队。在中国共产党成立100周年之际，实践队携话剧团一道，来到屠守锷先生的故乡——浙江南浔开展公演和实践，旨在弘扬空天报国情怀，传承"守正·出新"的守锷精神。

"十四五"规划和2035年远景目标纲要提出，支持浙江高质量发展建设共同富裕示范区，而南浔区则是首个在浙江提出高水平建设社会主义现代化共同富裕示范样本。实践队感知发展动态，努力将守锷精神内在的思想力量、人格力量外化成有力直观的实践力量，同南浔区一道，用实际行动探路共同富裕、凝聚青春力量、助力南浔高水平建设社会主义现代化共同富裕示范样本，寻觅藏在绿水青山中的共同

■《百年守锷》话剧南浔公演

富裕密码，做好共同富裕的见证者、记录者、讲述者、贡献者。

一、弘扬守锷精神

百年征程波澜壮阔，中国科技力量的崛起、中国科研人才的不懈奋斗亦是这风雨历程中浓墨重彩的一笔。星源流明实践队志在讲好以屠守锷为代表的优秀共产党员故事，通过志愿服务、媒体宣传等手段弘扬屠老"坚守信念、兢兢业业、谦虚礼让、一身正气"的守正精神与"勇担大任、殚精竭虑、勤奋拼搏、敢于创新"的出新精神。

（一）话剧重现，致敬屠老

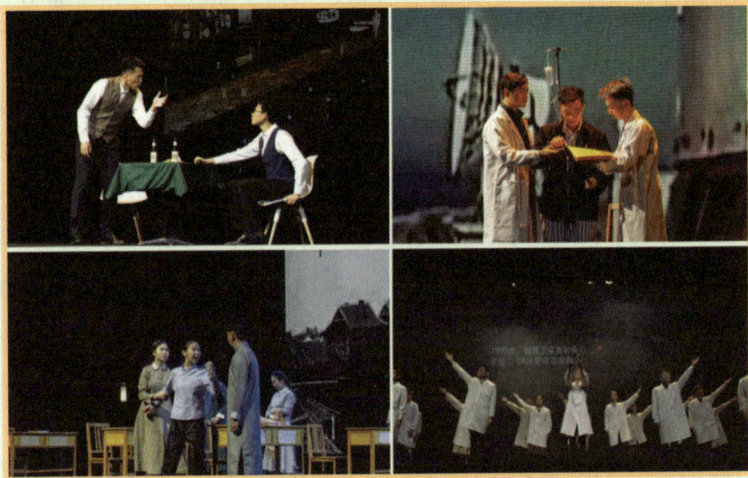

■《百年守锷》话剧剧照

为庆祝中国共产党成立100周年，弘扬空天报国情怀，传承守正出新精神，2021年4月27日晚，首届北航艺术节"大师剧"系列首场演出《百年守锷》话剧在晨兴音乐厅上演。中国戏剧家协会理事、北京戏剧家协会副主席李龙吟，中国艺术研究院话剧研究所副所长毛夫国，北航党委副书记程波，学校部分机关部处和学院、书院负责人，部分班主任、导师、辅导员，各学院、书院学生代表等近500人观看演出。

应浙江省湖州市南浔区政府邀请，5月24日，原创话剧《百年守

锣》在南浔大剧院精彩上演，南浔区委书记杨卫东，区委副书记、区长温建飞，区政协主席孙根祥，以及南浔区委理论学习中心组成员，南浔区级部门及南浔镇党员干部代表300余人在现场观看了演出，2.6万余人在线观看直播，取得热烈反响。

■《百年守锣》南浔公演现场合影

为向青少年播撒信仰火种、弘扬科学家精神，献礼建党100周年，7月11日，由北京科学中心主办，北京伍叁零科学文化传播有限公司承办，中国科学院直属机关党委、北京航空航天大学、科学出版社、百度支持的第七季科学时光趴《信仰的高光》在北京科学中心举办。实践队成员再一次将微话剧搬上舞台，用最生动的形式点燃青少年心中的信仰火种。本次活动在百度、微博、一直播、斗鱼等平台同步直播，在线观看人数超1363.7万人次。

■ "科学时光趴"留影

（二）言传身教，致敬屠老

5月21日，实践队在南浔实验小学开展科普课堂活动，生动地向孩子们讲述了屠守锷先生感人至深、胸怀"国之大者"的故事，诠释了屠老坚守信念、兢兢业业、谦虚礼让、一身正气的守正精神，讲述了屠老勇担大任、殚精竭虑、勤奋拼搏、敢于创新的出新精神。得到学校老师、家长、孩子们的一致好评。

■ 南浔实验小学科普课堂

（三）宣传展览，镌刻屠老

5月，实践队在位于屠老故居的南浔大剧院举办了《屠守锷院士生平展》，生动展示了屠守锷院士少年立志、学成归国、空天报国的辉煌一生。展览获南浔区政府领导好评。

为进一步向社会讲述屠老故事，传承屠老精神，实践队筹备并设计了《屠守锷》画册，将屠老"少年睹国殇，立下踌躇志，赤子怀丹心，毅然豪情归国；元老存风范，倾心助建校，深情系北航，呕心沥血育人"的感人故事用画册的形式镌刻和传播。

在画册的基础上，实践队首创了生动新颖且资料全面的《星源名

■《屠守锷院士生平展》部分图片

人堂|国士无双·屠守锷》精品推送，首次以大学生的视角诠释我们眼中的屠守锷，致敬"干惊天动地事，做隐姓埋名人"的国之脊梁。

■ 实践队制作《屠守锷纪念画册》

二、探路共同富裕

实现共同富裕是中国共产党带领全国各族人民在实现第二个百年奋斗目标、实现中华民族伟大复兴中国梦征程中又一宏伟目标。南浔既是屠守锷先生的故乡，也是新时代高水平建设社会主义现代化共同富裕的示范样本。实践队通过亲身走访与实践调研，从大学生的角度见证着南浔的发展和共同富裕建设的推进，是时代的见证者；通过自己的笔和镜头记录着这一切，留下来自大学生独特视角的关于南浔发展的第一手资料，是时代的记录者；通过自己的渠道，积极发声，向他人讲述其中的故事、弘扬流淌的精神，是时代的讲述者；通过讲好南浔建设共同富裕示范样本的经验，为探路共同富裕贡献青春力量，是时代的贡献者。

（一）文献调研，深入研究国家战略的层级响应

浙江高质量发展建设共同富裕示范区是一项重要的国家战略，浙江省委省政府快速落实党中央重要部署，全省上下迅速形成了全面抓落实、人人齐参与的浓厚氛围。而南浔区率先提出"高水平建设

■ 实践方向分析

社会主义现代化共同富裕示范样本"的宏伟蓝图，为全省乃至全国推动共同富裕探路先行。实践队通过深入研读三级政策文件，最终形成了国家、浙江、南浔三级制度设计和响应的对比表格，各级举措一目了然。

截至2035年，南浔要在目标体系、政策体系、制度体系方面真正为全国打造一个县区样板，为建设共同富裕提供可复制、可借鉴、可推广、具有普遍意义的"南浔经验"。实践队聚焦南浔建设共同富

■ 《国家－浙江－南浔制度设计对比》部分内容

知行致远
——上好新时代北航青年社会实践必修课

裕示范区的各大领域举措，探索南浔经验的普遍意义，总结南浔建设过程中遇到的问题，形成了《县域共同富裕示范区开局之年如何起步——以湖州市南浔区为样本》的超过30万字的观察报告。实践队立志要形成忠实的、完整的、有深度的记录和思考，做共同富裕探路寻迹的见证者、记录者、讲述者、贡献者，肩负面向第二个百年奋斗目标的青年责任和青年使命，将个人的小我毅然投入时代发展的洪流之中！

（二）田野调查，探索南浔区建设共同富裕基层实践

南浔区为全面推进乡村振兴，建设美丽乡村，逐步形成"一村一品"的文化态势。实践队先后走访南浔区辑里村、西堡村、息塘村、善琏镇、窑里村，到访乡镇核心产业5项，参观文化展馆逾6座，体悟精神文明、问道乡村振兴。

西堡村便是南浔昂首阔步实现乡村振兴的典型例子，形成"强村"模式壮大村集体经济，是引领村民实现共同富裕的重要途径。在村支书俞伟的带领下，西堡村于2019年率先投资创立红美人柑橘产业。从以"红美人"为主的生态休闲农业种植、销售、观光入手，掘金现代农业。"冷链物流仓储项目建成后，可通过外借冷库、联系下游销售渠道等，形成'种植基地+观光农业+农产品仓储销售'完整产业体

■ 实践队探索南浔区建设共同富裕基层实践

系。"俞伟介绍，届时将进一步增加村集体收入，预计可为23个入股村平均增加集体经济收入12万元，带动周边村200余名农户就业增收。

■ 线下实践剪影

三、创新实践形式

（一）文献研究与实践调研、志愿服务相结合

实践队自4月份建队伊始，便十分注重文献研究与实践调研、志愿服务的联系。

每日跟踪，引导实践。实践过程中，团队整体对《浙江日报》《湖州日报》、瞭望智库公众号、湖州发布公众号、南太湖先锋公众号、南浔发布公众号、青春南浔公众号等媒体和公众号平台进行了长期的跟踪，每日跟踪浙江省、湖州市、南浔区的时事动态、时政新闻，彻底克服实践空间的局限性，紧跟时事，并以此为据引导实践的方向和重点。

政策领航，重点选取。实践队深入研读了国务院、浙江省和南浔区三级政策文件，及时跟踪政策，关注基层创新，把握实践重点。从4月份以来，比对了三级政策文件的"同和异"，并在实践过程中亲身体会、切实感受南浔区探路共同富裕的动态过程。

发挥价值，服务紧连。实践队以"弘扬守锷精神，探路共同富裕"为主题，希望在社会层面进行志愿服务、贡献价值。实践队先后在沙河校区咏曼剧场、学院路校区晨兴音乐厅、南浔大剧院进行了《百年守锷》话剧演出，以最生动的方式讲述屠老故事。实践队还受邀前往北京科技馆参加"科学时光趴"活动，再次把屠老故事搬到台上，线上线下累计观看人数破1000万。团队还前往南浔实验小学进行了科普课堂活动，把屠老的故事和科普的种子种进了孩子们的心田，和孩子们建起了长期的联系。此外，设计了《屠守锷》画册，让屠老的故事更好地传播。

■ 文献调研、线下实践与志愿服务

（二）集中实践调研与日常思政学习相结合

在实践过程中，团队十分注重理论与实践相结合。建队以来，保持着每周一次例会、一次学习日活动的习惯，截至实践结束累计开展20次学习日活动。实践队跟进时事、及时更新、把握重点，在实践前能做到把背景资料、实践重点摸清、以最好的姿态最全的准备面对实践。

（三）线上实践和线下实践相结合

因为暑期实践时疫情的突然反弹，实践调整为线上与线下实践相结合的模式。团队迅速调整安排，缩小线下实践规模、减短线下实践周期。同时，严格遵守防疫安排，紧急召开会议，所有同学实现家校联动，最大限度保障疫情防控背景下的实践安全。

■ 学习日活动

团队制定了线上实践的规章制度，令线上实践大有可为。另外，创新性地在线下进行直播，线上全体成员一起观看，线上线下同学形成良好交互，均收获满满。

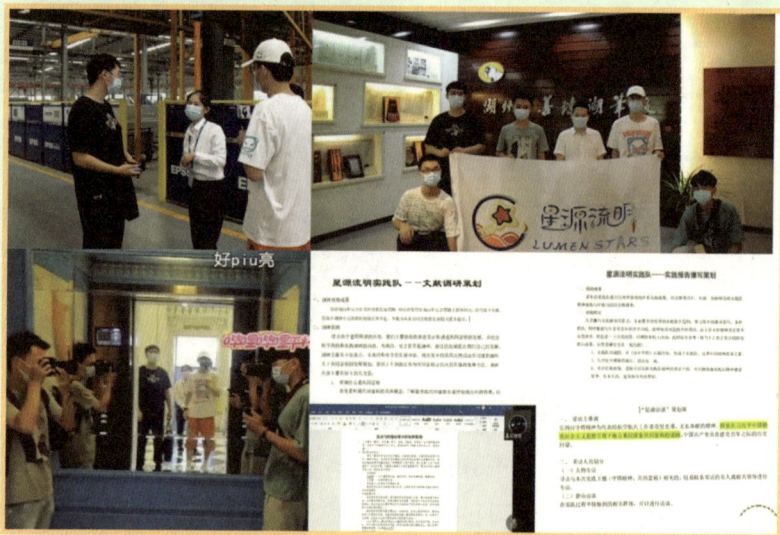

■ 线上线下双模式实践

（四）走进南浔与回到北航相结合

在实践进程中，团队注重南浔和北航的南北交互，希望实践对两

方都有所效益。

走进南浔方面，团队将建校元老屠守锷先生的故事带到南浔、将生动的话剧展演带到南浔、将屠守锷先生的生平展带到南浔、将科普的火种带到南浔、将北航优秀学子的精神风貌带到南浔。

回到北航方面，将南浔共同富裕的探路之道带回北航、将南浔风土与美食通过公众号带回北航、将实践的成果和动人的故事带回北航。未来，也筹划借助北航的科研力量和手段，帮助辑里湖丝博物馆的王馆长完成构建线上展厅的心愿，借数字化东风，把南浔许多许多的特色文化展馆带回来、甚至走出去。

■ 实践队 2021 暑期实践时间轴

四、宣传成效斐然

实践队创建微信公众号"星源流明实践队"，对实践队的实践与成长过程进行记录，并且通过微信推送的形式号召更多人参与到探寻共同富裕之路的伟大事业中来。公众号推出"星源大事记""星源访谈""安且吉兮""风土难寻"等9个板块，仅建立半年，共发送了72篇推送，总阅读量超过到了3万人次。实践队在bilibili、微博等平台上发布宣传视频7个，充分展现队伍风采。

实践事迹也被国家、省、市、县等多级媒体广泛报道，实践成果在《光明日报》《人民日报》、教育部官网、《中国青年报》《现代教育报》、大学生网报、人民网人民科技、澎湃网、中国大学生网、今日大学生网、多彩大学生网、青年之声等网站上刊登。同时，北京科学中心、北青网、浙江新闻、荆楚网、南浔在线、今日南浔、青春南浔等也对实践队表示高度认可。此外，实践成果还获得了北航新闻网、青年北航、北京航空航天大学学生会、航行者等校级媒体公众号多次报道。

五、总结

从初窥南浔区高水平建设社会主义现代化共同富裕示范样本的经验出发，实践探索将逐步上升到探索湖州、浙江乃至全国的共富之道，用自己的见闻记录共同富裕建设探索之路上的波澜壮阔，用自己的实际行动为党和国家的伟大事业凝聚青春力量。

■ 星源流明实践队队员合影

鲜衣怒马少年郎，探路高歌且铿锵。愿未来五年，星源流明，仰望星空，脚踏实地，用自己的脚步记录祖国大地的宽广，将自己的目光紧随国家动向，以自己的行动致敬共和国脊梁，让自己的实干书写共同富裕探索之路的新篇章！

翼缕青云志，寸心游万里

——翼缕碧空实践队

自古以来，人们都有着对于天空的向往，从纸鸢到热气球，再到莱特兄弟的第一次持续而有控制的动力飞行，前辈们一次次将不可能转变成可能。现今在全球化趋势下，信息交流、科技进步速度空前，航空业也成为最活跃的科技领域之一。

身为航空专业的学生，怀揣着对天空的憧憬，对航空产业链的好奇，对培养自身能力的迫切希望，2018年北航学生创建翼缕碧空实践队，旨在围绕我国航空工业发展、航空文化建设等主题展开实践活动。实践队致力于探索中国航空发展史，挖掘航空文化和精神，注重通过精心策划且特色鲜明的社会实践活动开阔队员视野、收集准确可靠的信息，利用领队导师、学院方、校方等多方的渠道开展工作。希望通过实践活动，将发掘、学习到的航空精神继续传承并发扬光大，以期未来为祖国建设做出贡献。

实践队自成立以来，先后共进行四次实践活动，以2018年、2020年两次实践活动为例展开说明。

一、2018年实践工作回顾

（一）实践准备

实践以我国航空工业的发展为背景。世界主要国家都将航空工业定义为国家战略性产业，它既是一个国家国防安全的重要基础，也体现了一个国家的工业发展程度和国家综合国力。实践队通过前期在国内搜集资料、采访北航教师和航空企业领导，后期在中英法俄意五国的航空航天高校和企业走访、调研比较，发掘北航在人才培养上优秀的改革措施和相关不足。

作为一支实践队，我们希望做到：以身体道，发声传言。从国家的战略规划中可以看出国家发展航空工业的决心和行动。而一个行业的飞速发展，离不开科研人才的努力奋斗，如何培养出符合国家战略要求的航空人才，则成了北航等中国科研高校需要解决的首要问题。

为使实践活动更加完善，团队联系航空学院林贵平和马克思主义学院高宁作为指导老师，在实践的各个阶段与老师积极保持联系，定期沟通，不断完善实践体系。基于指导帮助，实践队与留法的王婧宜学姐取得联系，作为旅法航空航天协会的会长，学姐为实践提供很多指导、建议并帮助与留法校友取得广泛联系。同时，实践队通过冯如书院高静书记与中国商飞北京研发中心的梁煜老师、中国民航局的姬瑞鹏老师以及北京飞机维修中心的王瀛老师取得联系。

（二）实践进行

由于多数队员第一次走出国门，而且欧洲地区的治安环境和中国相差大，团队特别注重在欧洲国家的"食""住""行"。

对于实践而言行程规划是重中之重。团队合理制定详细的行程安排，精确到小时；权衡选择最优时间和路线；为有效预防拒签等突发情况做系列准备。另外还组织学习实践地国家法律文化知识，篡写安

日期	时间	事件	方式
8月22日	2：40-12：30	北京首都机场-巴黎戴高乐机场	飞机
	12：20-19：15	自由活动 去机场	
	19：15-20：30	直接前往图卢兹	摆渡车+飞机
	20：30----	到达图卢兹安排入住	旅馆
法国行程		重点：	高校、空客公司、博物馆
8月23日	7：30-8：30	公寓-法国国立航空航天学院	地铁
	9：00-17：00	法国国立航空航天学院	学习调研、整理资料
8月24日	7：30-8：30	公寓-太空城	地铁
	9：00-17：00	太空城	参观调研
	17：00-19：00	自由活动（晚饭）	
8月25日	7：30-8：30	公寓-空客总部	
	9：00-17：00	空客总部	参观调研
	13：00-17：00	A380总装线	
	17：00-19：00	自由活动（晚饭）	
8月26日	上午	临走前感受当地风土 休息	
	8：00-9：00	公寓-市政大厅广场	
	9：00-10：00	市政厅广场	参观、游览
	10：30-12：00	圣赛尔南大教堂	参观、游览
	13：00-14：30	雅各宾修道院	参观、游览
	14：30-15：00	前往机场	
	15：16-16：40	图卢兹-巴黎	飞机
	17：00----	到达巴黎、安排入住、休息	
8月27日	7：30-8：30	公寓-巴黎中央理工大学	
	9：00-17：00	巴黎中央理工大学	参观、调研、交流
	17：00-19：00	自由活动	
	19：00----		

■ 实践队行程规划

全应急预案。

团队在实践中对比调研北京航空航天大学（中）、南安普顿大学（英）、法国国立航空航天大学（法）、莫斯科航空航天大学（俄）、圣彼得堡理工大学（俄）和佐治亚理工学院（美）六所海内外高校航空航天相关专业的课程安排及

■ 实践合作伙伴

实习制度，并从学生角度为我国航空人才培养体系提出建议。

在过程中，实践队先后采访来自中国民航局的姬瑞鹏老师、在北京飞机维修中心兢兢业业工作20多年的王瀛老师、任职于南安普顿大学的胡志伟教授、法国国立航空航天大学的学长学姐、叶伟明老师以及莫航的多位教授，并总结采访对话要点，在后期整理为访谈录。

■ 翼缕碧空实践队系列活动

（三）调研结果

1. 课程设置对比

北京航空航天大学航空学院的本科生培养计划，是一众老师深入

分析、讨论确定下来的一套人才培养体系，调研中经常能够在国外各个优秀高校的培养计划和课程体系中看到航空学院培养体系的身影，即多次从侧面验证了其科学性。

但同时实践队也发现一些随着时代变化，培养方案中可以更新的内容，如：更多注意英语的学习和能力培养；及时更新教学内容，使之更加贴近时代前沿工程实际；增设人文类必修课；论证可行性后完善并且推行Gap year（空档年）制度；增添对于信息化时代必要知识技能的教授；希望适当地提高师生比例，或广招助教；完善学校的导师引导制度，增加学生和老师之间的接触和互动；重视对于学生科研项目的引导等。

2. 实习制度对比

经过调研和讨论，实践队认为航空学院实习制度值得不断完善提升，部分学生在接触到实际工作初期，存在社会经验缺乏、实习经验匮乏、英语专业素质差、专业知识欠缺、实际运用能力差等问题。

通过分析对比，提出建议：完善英语教学体系，提升英文专业素养；重视校友资源的开发，建立校友网络；老师授课时注重对接实际工程需要；加强校企合作，可在校内与企业联办实体科学研究所等。

（四）实践成果

调研之后，实践队撰写了专题报告，并交予航空学院党委书记林贵平、航空学院教学副院长李敏、航空学院教授程小全老师审阅，得到积极的反馈和广泛的讨论，同时老师们提出宝贵的建议，指导实践队进行积极改进。

在宣传方面，本次实践共投稿了17家新闻媒体，撰写7篇公众号文章，根据专题报告整理出包括课程总结建议、实习总结建议以及一些其他建议集册。

二、2020年实践回顾

（一）实践准备

中华人民共和国成立70年来，我国航空工业筚路蓝缕，走过了从仿制到自研的整条成长道路。一个个航空院所秉持着对党和国家的忠诚，在聚光灯之外的僻静之地将一个又一个型号的飞机送上蓝天，为祖国的国防安全和经济建设做出了不可磨灭的贡献。

本次实践旨在通过追寻院所历史、采访院所前辈、传播英雄故事等一系列方式，领略我国航空工业的发展、深刻认知航空精神、学习航空文化、体味航空报国情怀，同时传播航空红色故事，宣传航空历史文化。通过历史文献资料、老一辈航空人访谈录与院所实地考察，折射出各院所秉承的院所文化与其后包含的精神内核，再结合党史、国史与我国社会主义事业发展史，向人民群众展现久居幕后的中国航空人所坚守的航空精神，推动尊重航空英雄、热爱航空事业、以航空报国为荣的社会风气的形成。

实践队计划通过收集整理航空院所相关历史资料、与航空领域专家进行深入交流、开展线上学习活动等加深对航空历史与其文化内涵的认识，并结合党史、国史与我国社会主义发展史，从航空的角度对我国现代历史文化形成较为深刻的理解。团队将通过微信公众号、新闻网站等媒体平台宣传实践队采访与调研成果，让更多人看到在幕后默默付出的中国航空人，体会他们所坚守的航空精神。

面对航空精神与文化的主题，院所的文化正是在院所点滴发展与时代的化学反应中积淀出来的，航空人的亲身体验与航空历史故事也是最为真实地承载了院所精神，所以实践队选择查阅资料与采访调研相结合的方式，多种途径切入实践主题。

（二）实践进行

在实践活动的筹备阶段，为使实践更加完善、主题更加深刻，邀请冯如书院院长杨超教授作为指导教师，邀请马克思主义学院高宁老师作为思政导师，同时积极联系航空学院"经典飞机设计实例"课负责人刘虎教授等老师。

实践队于7月初设计问卷，调研统计民众对于航空文化氛围的看法，以及对院所文化的了解程度并获得较大的群众标本。基于问卷调查结果，通过线上资料查询整理航空院所发展历程和机型研制故事，梳理航空工业发展史，整理出611所、601所、132厂等多院所的历史

沿革与重点机型研制历程；团队还积极利用线上资源，在线上参观了北京航空航天博物馆、美国国家航空航天博物馆、北京西安沈阳成都四地中国航空博物馆、立巢航空博物馆、阎良航空科技馆等多个航空馆，了解机型历史与故事。

由于疫情影响，实践队选择与赤子航心学生记者团合作进行实地走访与采访。先后走访601所（沈阳飞机设计研究所）、603所（第一飞机设计研究院）、611所（成都飞机设计研究所）、132厂［成都飞机工业（集团）有限责任公司］，采访到了"科研试飞英雄"、原航空航天部副部长王昂先生，枭龙总师谢品先生，"飞豹"总设计师陈一坚院士，601所"首席专家"李明院士，中国科技进步特等奖获得者姚任远先生五位前辈大师。

■ 沈阳飞机设计所、第一飞机设计研究院

■ 实践队开展大师采访

（三）调研结果

在采访与不同院所有着紧密关联的老前辈的过程中，除了前辈们身上令人钦佩的精神品质外，实践队更能感受到院所文化的深厚底蕴。虽然初衷是探究各院所文化的异同，但在调研、采访的过程中实践队发现，院所的文化精神的具体表现都不尽相同，但都有着相同的精神内核——航空报国。

正如陈一坚院士的话说"大家都是为国家服务，一起研究飞机，没什么差别，飞机成功飞起来，大家都很开心。"

正如李明院士在采访中所体现的，601所的文化可以概括为四点，分别是：以爱国主义，航空报国为核心的诚信文化；以自强不息，志在超越为核心的创新文化；以集体主义，激情进取为核心的和谐文化；以团结统一，追求第一为核心的向上文化。

611所的文化精神则主要围绕大胆创新和艰苦奋斗两点。

对于132厂来说，侧重点有些不同，姚任远老先生说："细节决定成败"，飞机的生产就是要求万无一失。

603所则在歼轰七飞豹的研制过程中诞生了飞豹精神，在运20的研制过程中诞生了：大情怀，大奉献，大协同，大跨越的大运精神。

（四）实践成果

我国所有航空院所文化的本质，都是一脉相承的，就是对于航空事业的热爱、对国家发展的热忱。"艰苦奋斗、勇于创新、航空报国、敢为人先。"在先辈事迹感召下，实践队将在航空路上奋发向上，勇攀高峰。

宣传方面，实践公众号发布推送12篇，总阅读量1.8万余次，多篇文章获得校级公众号多次转载，形成空前的实践队连载专栏，"微言航语""北航微航空"累计阅读量近万，并作为实践典型受到推广推荐。其中文章《星斗长路，赤子航心——"飞豹"总师陈一坚院士采访》被期刊《中国航班》录用。

同时开办博雅讲座，撰写了"双百行动计划"报告书，入选全国大学生实践队百强计划。

心怀醉美乡土情怀，书写苗乡诗意未来

——醉美苗乡实践队

醉美苗乡实践队创建于2015年年末，由一批来自北航各大院系有着共同理念的青年学生，在全国大力弘扬脱贫攻坚精神、倡导全社会积极参与精准扶贫行动的社会大背景下，自发组建而成。

秉承"心怀醉美乡土情怀，书写苗乡诗意未来"的建队宗旨，实践队以"醉美苗乡"为名，在学校、书院、实践地政府、民间组织等组织和个人的大力支持下，以实践活动为平台，适时前往苗乡开展调研、支教等活动。

作为醉美苗乡实践队风采的载体，队徽融汇了苗族的服装和银饰元素。为了使队徽更好地融入当地的文化环境，以苗族服装常用色为填充色，将苗族头饰银冠衍生设计作为主体，添加菱格元素使得图案得以呼应，展现苗乡风情。

■ 醉美苗乡实践队队徽

六年来，从贵州松桃到湖南花垣，醉美苗乡实践队希望带领更多人了解苗乡文化，做有意义的事。队伍一年一年在传承，"铁打的队伍流水的人，变的是主题，不变的是乡情"。"醉美苗乡"关注苗乡这个群体，关注乡村振兴、精准扶贫的初心始终没有改变。

回顾建队历史，实践队一直秉持"心怀醉美乡土情怀，书写苗乡诗意未来"的建队宗旨，从建队伊始的聚焦脱贫攻坚、助力精准扶贫，到后来的服务乡村振兴，一路前行，从未止步。

一、六年实践，薪火相传

（一）2016年寒假

2016年寒假，醉美苗乡实践队第一届队员前往贵州省松桃县开展社会实践活动，对当地的苗绣工艺进行全方位调研。

松桃苗族自治县（简称：松桃）位于贵州省东北边缘，处在湘、黔、渝两省一市的结合部，是典型的少数民族聚居区。其中，苗族是该县人口最多的少数民族，自秦汉以来，就在这里繁衍生息，至今仍完整地保留着本民族的语言、服饰、风俗、习惯。

■ 醉美苗乡 2016 年寒假实践

然而，随着经济全球化和现代化进程的逐步加快，不同文化形态之间互相渗透、交融的现象屡见不鲜，少数民族地区也发生了巨大的文化变迁。如今的松桃，其苗族传统的生活方式、风俗习惯、民族语言、民间艺术、婚俗礼仪等文化习俗出现衰落，民族传统文化正在流失，长期形成的古老文明面临着严峻的考验。

第一届实践队员作为从苗乡走向现代化城市的年轻人，义不容辞地担当起拾起失落文化的责任。实践队旨在传承苗族民族文化、振兴民族精神，因此在2016年寒假，实践队走进松桃县各地区，调查当时松桃县苗族文化的传承和发展情况，探究苗族文化日益衰退的根源，深入感受苗族文化，用行动为弘扬苗族人民的优秀品质、振兴苗族精神文化做出贡献。

在实践中，队员采访了苗绣制作人，参观了古村落，了解了苗族人家的日常生活，深入探访了苗家文化，寻觅了大湾美景。队员还在当地进行了街头采访，并通过开展"苗族文化知多少"的调研活动，调查了当地群众对苗族文化的了解程度。同时，实践队还开创醉美苗乡实践队官方微信公众号，用文字和图片记录实践心得，分享实践成果，发扬苗乡文化，传播家乡新闻，取得良好宣传效果。

（二）2016年暑假

2016年暑假，实践队伍进一步壮大，第一届队员不约而同地选择继续留队，同时实践队又增加多位热爱社会实践、醉心苗族文化的优秀队员，形成了由15名来自校内九大院系以及5名来自其他五所高校的队员组成的实践队伍。

■ 醉美苗乡 2016 年暑期实践

2016年暑期实践活动中，苗绣再一次成为实践队调研重点。队员们以"挖掘苗绣文化，收集绣娘故事"为主题，希望能够记录老一辈绣娘的故事，在实践中亲身感悟苗绣独特的魅力，同时探寻当下最适合苗绣的发展路径，积极宣传并扩大苗绣知名度。

实践队集结之后，首先分成两个小组分别前往贵州省松桃梵净山苗族文化旅游产品开发有限公司和苗王城，通过实地走访调研获取松桃苗绣知识。之后又走进多位苗绣老人家中，收集她们的苗绣故事，并将故事整理发表到实践队微信公众号上。

■ 分组调研：走进苗族文化旅游产品有限公司和苗绣老人家中

通过深入挖掘松桃苗绣，探访老一辈绣娘故事，实践队员对家乡文化有了更多了解。值得一提的是，相较于第一次实践的经验不足，此次实践中的公众号内容更加精益求精，更具原创性，除了展示松桃各地区的风土人情、讲述90后的故乡记忆、采集松桃相关新闻之外，还开创了"轻松学苗语"的专栏，在线上教大家学习松桃苗语的日常用语表达，推送内还附加了音译汉字和音频教程。得益于公众号的内容创新，此次实践活动在宣传方面取得突出的优秀成果。

最终，在北京航空航天大学2016年暑期社会实践评审工作中，醉美苗乡实践队脱颖而出，荣获校级一等奖，并成功获评2016年北京市百强暑期实践团队。

（三）2017年寒假

2017年寒假，醉美苗乡实践队进入2.0时代。积极投身社会实践的萌新们不仅从老队员的手中接过接力棒，也确定了紧扣时事热点的实践主题——精准扶贫，力争把实践做大做强。围绕精准扶贫政策的具体实践，新队员利用寒假时间前往湖南省花垣县十八洞村开展调研活动。虽然实践主题更加宏大，但实践队仍然不忘初心，继续选择立足于苗族、投身于苗乡。

在当地村民的家里，实践队员与十八洞村村支书龚海华进行了座谈。通过长时间的深入交流，队员们了解了自"精准扶贫"政策实施以来十八洞村的各种变化以及新政策，也在采访中了解基层干部的扶贫工作经历。

此次实践共走访两个自然村寨，采访了驻村支部书记、扶贫工作队员、村民、若干名新闻媒体记者和旅游开发人员等。在征得采访对象同意后，实践队员拍摄照片，并录制视频和访谈音频，获得较为丰富的调研材料。同时，实践队同名微信公众号也实时推送实践日记，每日记录队员的实践进程和感想。

离开十八洞村后，包括中国三农网、爱开大学生网、掌上花垣、北航知行书院、航行者以及青年北航在内的6家网站或微信公众号对实践活动进行宣传报道，推广成果十分显著。

在此次的实践报告中，实践队总结了十八洞村扶贫工作的先进经验，并对更好地开展扶贫工作提出了自己建设性的意见。

在北京航空航天大学2017年寒假社会实践评审工作中，醉美苗乡实践队荣获一等奖。

（四）2017年暑假

2017年暑假，醉美苗乡实践队再次启航。荀子有诚："弓调而后求劲焉，马服而后求良焉。"在实践开始之前，队员们齐心协力，共同完成大量的前期准备工作，为后续实践活动开展扫清了障碍。

针对寒假调研时发现的"精准扶贫"政策落实难处，实践队对当地进行长期的跟踪调研，为扶贫工作提出了更多建设性的意见，并秉承"可推广、可复制"的原则，努力将先进经验推广给更多贫困地区。实践队还持续关注国家政策以及花垣

■ 醉美苗乡 2017 年暑期调研

县的扶贫动态，并利用暑期再次前往湖南省花垣县，探究通过"网上丝绸之路"拓展花垣县"电商扶贫"发展空间可能性。

在实践过程中，队员们首先前往了"网上丝绸之路"发源地"敦煌网"参观学习，又前往"黑土麦田"工作处学习考察，最后再次远赴湘西十八洞村。为了促进苗族文化的对外交流与特色商品流通，实践队通过调研分析互联网电商助力精准扶贫的优势与意义、局限与问题，并在"网上丝绸之路"寻找新的突破口，探究实现跨境电商助力精准扶贫的可能性，希望以此助力脱贫攻坚事业。

在北京航空航天大学2017年暑期社会实践评审工作中，实践队荣获一等奖，成功入选"青年服务国家"首都大中专学生暑期社会实践百强团队，同时，实践作品也在"千校千项"遴选中被收入"深化改革行知录"。

（五）2018年寒假

2018年寒假，醉美苗乡实践队继续聚焦精准扶贫。实践队员兵分两路，分别前往湖南省花垣县和甘肃省两地，实地调研精准扶贫政策取得的成就以及乡村振兴工作的开展情况。

在此次实践前期，实践队员认真总结前两次实践关于精准扶贫政策的调研成果，认真研读精准扶贫和乡村振兴战略政策。分别在湖南省花垣县和甘肃省两地，就精准扶贫政策取得的成就，以及乡村振兴工作的开展情况进行实地走访调研。实践队以湖南省花垣县的成果经

知行致远
——上好新时代北航青年社会实践必修课

验，为全国贫困地区脱贫攻坚以及全国乡村地区的乡村振兴建设献计献策。

在北京航空航天大学2018年寒假社会实践评审工作中，醉美苗乡实践队获得一等奖。

■ 醉美苗乡 2018 年寒假调研

（六）2018年暑假

2018年暑假，醉美苗乡实践队再次来到花垣县进行实地调研，全面关注各类扶贫主体：包括花垣县政府部门（如扶贫办、发改局等），有社会担当的当地企业（如湘西七绣坊、十八洞黄金茶等），基层党员干部（如十八洞村扶贫队员及退休老支书），"黑土麦田"公益组织中的扶贫创客，当地群众（如返乡绣娘、脱贫百姓等）……实践队旨在理顺乡村振兴过程中各扶贫主体间相互作用的逻辑关系，及时发现并总结乡村振兴实践中具有苗乡文化特色的扶贫举措，如花垣县石栏镇的"非遗+扶贫"模式。

除了实地调研，队员们还积极响应"青年服务国家"的号召，在了解到花垣县石栏镇"湘西七绣坊"企业的"苗绣——让妈妈回家"项目之后，队员们主动留下为当地绣娘的孩子开展了一系列丰富的素质拓展及课业辅导活动。

在此次实践中，醉美苗乡实践队队员到访过政府机关，这里有统一筹划、情系万家的上级部门主管，也有坚守职责、倾心奉献的基层文化站站长；队员曾在深夜挨家挨户走访过无父母照看而独自一人的留守儿童，也曾驻足路边倾听卖水果的阿婆脱贫后的欣喜之语；队员们曾与七绣坊的青年董事长面对面探讨苗绣产品的发展之路，也曾与十八洞黄金

■ 醉美苗乡 2018 年暑期调研

茶的企业家品茗共话企业扶贫的社会责任与担当；曾在傍晚黄昏时分驱车上山寻找黑土麦田的创客小姐姐，也曾在明媚的晴日步行数里前往另一个寨子拜访苗绣合作社的老党员；队员们深深感佩于非遗老专家几十年如一日地保护人类文化瑰宝，也为十八洞村扶贫队员年复一年披星戴月、不辞劳苦地从事基层群众工作而深受触动；队员们还探访了小说中的边城，走过十八洞村的青石板路，触摸过华美苗绣上的花鸟祥云……但最令队员们难忘的还是石栏镇守在绣娘旁孩子们纯真的笑颜。

在北京航空航天大学2018年暑期社会实践评审工作中，醉美苗乡实践队获得二等奖，被评为2018年暑期重点实践队，并成功获评北京市暑期社会实践百强团队。

（七）2019年寒假

2019年寒假，醉美苗乡实践队再次启程。新的队员们又一次来到湖南省吉首市花垣县，先后走访了县政府、扶贫办、发改委和农业局，到访十八洞村竹子寨和梨子寨，石栏镇子腊村和油麻古堡寨。

■ 醉美苗乡实践队走进村委会及村民家

此次实践，队员们致力于传承湘西文化，宣扬湘西名片。由于实践时间在年前，对于政府工作人员来说这几乎是一年中工作最忙的一段时间，醉美苗乡的到来可能给当地人带来了一些麻烦，但无论是扶贫办、发改委，还是十八洞村的龙主任、石书记、讲解员小姐姐、杨老师和热情好客的苗族村民们，抑或是石栏镇的麻站长和各个非遗公司致力于发扬传统文化的人们，大家都非常热情地接纳了实践队队员们，为队员们讲述半年来的变化。当地人们希望通过大学生的力量宣传湘西文化，发扬苗族文化，而这，也是醉美苗乡实践队一直致力于实现的目标。

实践中给队员们留下最深印象的是十八洞村村民思想的转变：从等待、接受到想办法靠自己的能力和已有资源脱离贫困。这也是对扶贫工作的一个启示，扶贫亦要扶志。农民是朴实的，他们或因学、因残、因病等各种原因而贫困，希望得到政府和国家的帮助，所以国家在帮助他们的同时要让他们感受到自身的价值、对未来充满期望，而不仅仅是让其认识自身却甘于贫困，用贫困身份坐享其成、不劳而获。

在调研过程中，队员们欣喜地发现，当地的经济已经得到了初步的发展。在十八洞村，队员们感受到乡村旅游业的发展和苗族人民的热情好客；在石栏镇，队员们看到了精美的苗绣产品。在发展过程中，有些困难是难免的，例如苗绣产品缺乏资金支持，以至于发展遇到了困难。可是，当地对于苗绣产品的创新和对于脱贫的努力仍然使队员们相信他们一定可以做得更好。

在考察中，队员们还发现当地的基础设施得到一定的完善，可是有些道路的情况却并不令人满意，所以基础设施建设仍然是当地发展的一大重点。花垣的风光非常秀丽，青山绿水之间，醉美苗乡的名字可以说很适合当地的特点了，绿水青山就是金山银山。队员们纷纷表示，他们相信花垣的未来一定会更加美好。

（八）2019年暑假

2019年暑假，醉美苗乡实践队追忆来路，重整启航。实践队一行16人利用暑假时间再访湖南省花垣县。实践队紧扣"我和我的祖国"这一实践主题，完成了一系列活动，将整个实践形成了闭环。

在此次实践中，队员们走访了地方政府，也与当地群众进行了深入交流。实践队先后到访花垣县政府、扶贫办、美丽办、环保局等政府部门，与相关领导进行座谈，了解花垣县脱贫攻坚工作的作战形势。除此之外，实践队还先后走访十八洞村、猫儿坡村、子腊村等5个村庄，听有着五十年党龄的老奶奶讲政策，听脱贫标兵叔叔讲经验，鼓励品学兼优的姐弟俩考大学，了解当地群众在脱贫路上的奋进之举，感悟其在美丽乡村建设中的巨大变化。

实践队坚持"小我融入大我，青春告白祖国"的初心，在实践队

■ 醉美苗乡 2019 年暑期调研

所到之处唱响《我和我的祖国》。队员们坚持自己唱、自己拍、自己剪，用鲜红的国旗摇出青春风采，用动人的歌声唱出爱国热情，视频在腾讯视频平台播放量近4000次。

截至2019年9月底，实践队微信公众号发表原创文章19篇，实践地相关媒体报道点击量超3000次；抖音发布实践动态22条，微博更新动态12条，B站更新短视频9条。同时，实践队留存近3000张照片、约100G视频素材。

在此次实践活动中，队员们用脚步感受了祖国的幅员辽阔，用眼睛领略了祖国的山河壮美，用青春的声音唱出了对祖国的美好祝愿和深沉的爱。在今后的学习生活中，队员们纷纷表示要将个人事业发展之小我，融入祖国繁荣富强之大我，接续传承北航精神，用青春之力量、青春之热忱、青春之奉献向祖国告白！

在北京航空航天大学2019年暑期社会实践评审工作中，醉美苗乡实践队脱颖而出，荣获一等奖。实践队也成功获评"青年服务国家"首都大中专学生暑期社会实践百强团队优秀实践队。

（九）2020年暑假

2020年寒假，新冠肺炎疫情来势汹汹，醉美苗乡实践队也被迫停下前行脚步。

2020年暑假，醉美苗乡实践队以教育扶贫为切入点，深入调研精准扶贫首倡地——湖南省湘西土家族苗族自治州花垣县，采取线上线下调研相结合的方式，总结可复制、可推广的扶贫模式。在总体了解实践地基本情况的基础上，实践队分析总结当地教育扶贫的典型做法，并且针对当地的实际情况在教育方面提出相关建议，为其他贫困地区的教育脱贫提供一定的借鉴与帮助作用。

在此次实践中，醉美苗乡实践队聚焦于教育扶贫，紧跟"扶贫先

■ 醉美苗乡 2020 年暑期"线上＋线下"调研

扶智，扶智靠教育"的时代主题，在做好防疫工作的基础上，通过深入地实践调研，全面了解花垣县的整体教育水平与发展情况，探究疫情下花垣县的教育状况与模式，探索扶贫与教育之间的有机联系，并通过建立帮扶体系和提出建议，阻断了贫困代际传递的重要途径，助力夯实脱贫根基，为脱贫攻坚、全面建成小康社会，贡献一份中国青年之力量。

从个体层面来讲，本次实践扩充了实践队员对于教育扶贫的认识，使队员们对于花垣县有了更加深刻的理解，极大提高了队员们的实践能力，丰富了精神视野和思维修养。同时获得了大量的一手数据、图片以及采访报告，为实践队后续进一步的跟进与挖掘提供了丰富的素材和先行经验。

从学校层面来讲，本次实践深入采访了花垣县多所学校，总结了其培育学生成长成才的大量经验，对于研究贫困地区学校教育发展的方式方法具有参考价值，同时也可为其他贫困地区高校明确办学理念和教学方法提供更切实有效的参考，从而促进教育的均衡发展。除此之外，实践队也和当地的学校建立起了友好长期联系的规划，力图为当地的学生提供更加丰富多彩的具有北航特色的课程，比如当地民乐中学十分欢迎北航同学们寒假期间能够来到学校为学生带来特色课程，扩展素质教育，开阔学生视野。

从社会层面来讲，本次实践以深入了解花垣县教育脱贫现状为基础，从较为客观和科学的角度对于当地教育发展进行评析并提出发展建议，对当地教育事业的进一步提高具有理论上的借鉴意义，有助于推动当地乡村振兴步伐。同时，花垣县作为精准扶贫首创地，教育脱贫经验丰富，方法典型有效，通过实践队的总结归纳，对其他贫困地区的教育脱贫具有辅助价值，能够使其尽快实现弯道超车，促进教育发展。而且，在疫情防控工作中，花垣县在响应防疫号召的基础上，实施"有条件的线上教学"加"无条件的送教上门"的双重教育模式，保证每一个孩子不因疫情停学、不因贫困失学，该模式对于同处于贫困地区的疫情下的教育教学活动的开展具有可复制可推广的意义。除此之外，实践队通过丰富的宣传途径，包括公众号推送、H5等形式，广泛有效地将醉美苗乡向外界推广，让更多的人了解湖南省花垣县，提高当地的知名度和美誉度，也能够使大众认识到教育脱贫的重要性，从而形成教育脱贫的社会和声，促进国家教育脱贫事业的发展。

在北京航空航天大学2020年暑期社会实践评审工作中，醉美苗乡实践队获得三等奖。

（十）2021年寒假

2021年寒假，醉美苗乡实践队薪火相传，再次启航。

2021年是醉美苗乡实践队走过的第六年。此次寒假实践活动中，来自不同学院（书院）的40名同学相聚云端，继续关注湘西土家族苗族自治州花垣县，以"领航脱贫攻坚，红色筑梦人生"为实践主题，开展了包括"百年风华"学习日、"寰宇起航"航模兴趣课、"师说心语"采访调研、"拾薪为烛"经验分享等一系列实践活动，做到了精神思想"学起来"、脚踏实地"做起来"、真心实意"讲起来"，积极应对云端局限，创新性传承醉美苗乡的情怀与精神，以实践之行，立青春之志，扬爱国之情，为实现中华民族的伟大复兴贡献自己的点点星光。

通过线上支教活动，队员们意识到远程教育为贫困山区孩子更多了解世界提供条件，也为未来山

■ 醉美苗乡 2021 年寒假：线上支教

知行致远——上好新时代北航青年社会实践必修课

区不再返贫奠定基础。而在疫情条件下的远程教育方式既是机遇，又是挑战。机遇便在于可以提供更加丰富的教学内容，而挑战便在于对于线上教学内容的利用、教师教学方法的改善，以及学生接受程度等。

在北京航空航天大学2021年寒假社会实践评审工作中，醉美苗乡实践队脱颖而出，荣获寒假社会实践优秀实践团队一等奖。

（十一）2021年暑假

2021年暑假，受疫情影响，醉美苗乡实践队经历"线下转线上"过程，采取团队线上座谈与线上采访的形式走进精准扶贫首倡地——湖南花垣县，并以当地板栗村和十八洞村为调研对象，聚焦十四五规划下乡村振兴战略，关注传统村落活化研究。

醉美苗乡实践队以传统村落板栗村主要调研对象，深入剖析板栗村的历史沿革和规划布局，在借鉴十八洞村等成功案例的基础上，探索乡村振兴背景下传统村落的发展规划与活化研究，以实现脱贫攻坚与乡村振兴的有效衔接。板栗村位于湖南省湘西自治州花垣县排碧乡，坐落于四面环山的凹地，为典型的山地丘陵地形。板栗村历史文化悠远绵长，苗族文化丰富多样、建筑风格独特，且土地肥沃，自然环境优美。板栗村集传统村落、少数民族民居及特色民俗文化为一体的山水、人文、环境等丰富的社会、自然文化资源，具备典型的代表性和独特性。

此次实践活动共有两条主线。其中主线一深度总结苗乡全面建成小康社会成就，聚焦苗乡教育、文化、产业、基层党建等多个维度；主线二深挖苗乡美丽乡村建设经验，助力乡村振兴战略。

围绕主线一，实践队从教育、产业、文化和基

■ 醉美苗乡 2021 年暑期：线上实践

层党建四个维度总结花垣全面建成小康社会成就。在线上组织开展往届实践资料的整理、文献阅读会和系列线上访谈。其中，队员们多次回访往届实践单位，并与有关实践队进行长时期的交流，以期提升实践效果。

围绕主线二，队员们聚焦于十四五规划下传统村落的活化发展路径，助力乡村振兴建设。

首先，队员们通过文献阅读和有关文件阅读掌握乡村振兴战略政策背景、了解传统村落的建设面临的发展机遇和挑战。

其次，队员通过政府公开资料、有关报道、相关文献了解了湖南湘西苗族文化和传统村落发展现状，认识到湘西苗族传统村落活化发展的紧迫性。

随后，队员收集整理湖南湘西苗族传统村落活化发展的案例，进一步展开调研，实践队选取十八洞村和板栗村两个处在不同发展阶段的传统村落作为典型（十八洞村传统村落发展以及衍生产业相对正规化、产业化，而板栗村被认定为传统村落较晚，传统村落活化尚在起步阶段）。由于疫情形势影响，实践队采取了线上调研的方式，前期通过桌面研究、问卷调查掌握案例村的活化发展情况，对部分要点联系村干部、村民进行焦点访谈掌握一手材料。

最后，实践队对两个典型案例进行分析，总结出湘西苗族传统村落发展策略，并试图抽象概括乡村振兴战略下传统村落的普遍发展路径与活化策略。

此次实践深入采访花垣县两个颇具典型性的传统村落，总结其活化传统文化、部署脱贫工作和乡村振兴工作的大量经验，对于研究贫困地区乡村发展的方式方法具有参考价值，同时也可为其他贫困地区村落尤其是传统村落发展提供更切实有效的参考。在传统村落的活化发展中，花垣县在响应乡村振兴战略的基础上，整体性保护与传承了村落中的古建筑及景观文化，滋养了苗族非物质文化遗产，推动了特色农业与生态旅游产业的活化振兴，同时还注意了村落环境的建设，驱动绿色村落可持续发展，助力乡村人居环境整治。该模式对于同处于贫困地区的少数民族传统村落的乡村振兴建设的开展具有可复制可推广的意义，对未来社会的建设有着积极的意义。

除此之外，实践队通过丰富的宣传途径，包括公众号推送、H5等形式，广泛有效地将醉美苗乡向外界做了推广，让更多人了解湖南省花垣县，提高当地的知名度和美誉度，也能够使大众认识到乡村振兴和传统村落活化发展的重要性，从而形成乡村振兴的社会和声，促进国家教育乡村振兴的发展和十四五规划的落地。

在北京航空航天大学2021年暑期社会实践评审工作中，醉美苗乡实践队获得二等奖。

二、踵事增华，踔厉奋发

积极有效地开展大学生社会实践活动是培育大学生实践能力的主要途径，是大学生从学校走向社会的主要过渡方式。然而，大学生开展社会实践活动时，很容易面临实效性不佳的问题。如何增强实践的实效性、服务社会？回首六年实践队史，醉美苗乡实践队用自己的方式写下了这个问题的答案。

（一）首先是如何指导实践的问题

醉美苗乡实践队得益于学校和书院的有效指导。在历次实践中，队伍采取双指导教师的模式——一位专业导师指导社会实践知识，一位指导教师关注实践开展和安全工作。指导教师在指导学生综合实践活动实施时，不仅从方法论角度讲述社会实践的理论知识，还启发学生确定有针对性的社会实践选题和方案，并及时为社会实践工作开展过程中的困难提供解决方案和经验建议。正是在学校和书院有效地指导下，队员参与社会实践的积极性和主动性大大提升。

理论是行动的先导，没有理论就没有行动。醉美苗乡实践队得益于优秀理论的指导。自建队以来，醉美苗乡一直坚持着理论学习贯穿实践全程的传统。在实践开始之前，从实践地的风土人情到中央有关政策和精神的集体学习，为团队建立对实践地、对实践主题的了解夯实基础。在实践进行中，队伍开展历次专题学习把理论联系实际，不断强化对实践地有关现象的认识和理解。在实践结束后，不忘借助专题文献进行学习，以提高对调研结果的认识、深化思考，并提出自己的见解，为当地发展提出建议。

（二）其次是如何展开实践的问题

在实践前期，做好理论学习、思想动员和实践设计。在实践开始前，通过多次线下或线上的集体学习，夯实队员的理论基础；通过朋辈导师的经验分享会，做好全队的思想动员；通过理论学习和教师指导，做出针对性强、创新性高、可行性好的实践设计。其中，在进行实践设计时，主观上要将实践活动与有关专业教学相结合，制定系统的活动方案和全程的专业指导；客观上，要做好人员分工，将参与社会实践的队员们落实在具体实践的工作分工中，发挥队员的主观能动性，全面提升团队综合素质和能力。

在实践中，稳步推进调研工作，做好党团活动，提升宣传成效。稳步推进调研工作，在社会实践活动的每一个阶段结束时，引导集体进行阶段总结：一方面，对阶段性取得的成果予以肯定，总结成熟经验；另一方面，对实践过程中遇到的具体问题进行讨论，集思广益克服困难、推进实践。同时，在实践过程中，通过邀请专业宣讲团、党员干部、思政老师开讲座等方式，做好队伍的党团活动，提升队员们的思想认识。在开展实践时，团队创新宣传方式、综合利用多种形式的媒体，以"善讲、乐讲、爱讲"为宗旨，讲好青春实践故事。

（三）最后是实践如何成效的问题

在每一期实践开始前，醉美苗乡都会做好动员、征集方向、讨论开展模式、确定实践方法以及最后的成果方向五方面的准备工作，确保实践活动开展的可行性。在实践中，醉美苗乡通过分工协作，将队员分为多个组别，做到多段实践任务稳步推进，并通过阶段性总结汇集经验克服困难，确保实践活动的完成度。同时，醉美苗乡六年来聚焦同一个实践地——湖南省花垣县，这种稳定的社会实践地模式让团队能够有计划有方向地进行规范化和标准化的社会实践活动的规划和设计，从而极大地提高社会实践效用。

"心怀醉美乡土情怀，书写苗乡诗意未来"，2021年是醉美苗乡实践队走过的第六年，作为新时代的大学生，团队有责任有义务投身社会实践，以实践之行，立青春之志，扬爱国之情，为实现中华民族的伟大复兴贡献自己的点点星光。

醉美苗乡实践队将以此为志，不改初衷，继续砥砺前行！

山山而川，逐梦陇原

——"生"入人心实践队

近年来，随着人们对环境问题的关注度不断提高，环境保护逐渐成为热点话题，党和国家高度重视生态文明建设，十四五规划指出生态文明建设的新使命，为未来的国家发展做出了战略性部署，中国的生态文明建设将迈上新的台阶。于是"生"入人心实践队应运而生，"立足重大成就，望十四五征程"，这个刚刚成立的实践队，于暑期前往陇原大地，到甘肃省兰州市、张掖市、武威市进行实地调研，将实践队的成果以推送、手绘漫画、视频等形式宣传，为生态文明建设建言献策，展望祖国的美好未来。

一、兵马未动，粮草先行

"凡事预则立，不预则废"，任何优秀的成果必定有充分的谋划和策略。暑期实践前，实践队成员分工合作，利用寒假和学期课余时间通过网络、线上访谈等方式对目的地进行调研考察，调研暑期实践的三个目的地——兰州、张掖、民勤的环境治理成果，通过网络查询资料，初步了解兰州黄河治理、张掖湿地保护、民勤治沙的治理历史、最新治理方法与成果、未来展望等。为更加深入地对这三个地点的环境治理进行了解和调研，"生"入人心实践队还请到曾亲自参与治理的牛赟老师讲解治理经验并答疑解惑。线上的调研和讲座丰富了成员们的知识储备，为暑期实践打下坚实基础。

践行环保理念，创新科普形式，虽然无法离开北京，但是实践队积极开展环保活动，6月5日参与B站"城市净化官"线下实践直播活动。活动中实践队在学校周边和南锣鼓巷周边拾起数百个掉在地上的烟头和瓶子，并且对环卫工人、零浪费商店店员等环境保护参与者进行采访。队员们体验到环境保护工作的不易，切身体会到环保工作者付出的努力和汗水。

■ 实践队开展环保工作

二、身体力行，陇原实考

（一）兰州

"纸上得来终觉浅，绝知此事要躬行"，2021年7月19日，实践队终于踏足处于西北内陆的陇原大地，到达金城兰州，考察母亲河黄河的治理情况。

兰州曾一度因为黄河污染问题而遭受公众谴责、社会批评，但是兰州市政府经过多年不懈努力和精心整治，使黄河再现了曾经的浩浩荡荡、滚滚滔滔，水体质量恢复如初。

实践队到达中山桥后，看到黄河景色优美，水质良好且水体污染较少，有很多市民在河边散步、游玩。在中山桥下方，可以看到河畔有许多暗红色的观景台阶，乍一看好像没什么特别，但其实暗藏玄机。在这些塑胶步道垫下方，是锌铝合金制作的防洪架和生态美格网，网中填充了许多石头。这些设施不仅能长期防锈，还能在夏季保护河岸不受河水冲刷破坏、冬季不发生冻胀开裂。在河道旁有很多网格结构的生态预置块，代替了从前岸边极易流失的沙土。在网格中撒播的是适合兰州气候、根系发达的多年生草本植物和水生植物，用来加固及绿化，与人工材料相互结合，形成了一个有效防止水土流失的整体工程。

除了应用物理治理措施防止水土流失，政府还应用新政策大力治理水体污染，实施严格的河湖长制度，分级负责水资源开发、防洪、

知行致远——上好新时代北航青年社会实践必修课

城市排供水、黑臭水体治理等工作。同时开展分段治理，将不同的河湖段交给不同的河长湖长负责，针对特殊问题制定特殊的解决方案，对症下药，卓有成效。不仅如此，还配有相应的举报监督制，有效加强黄河治理和保护、堤坝加固防洪工程建设，习近平总书记2019年考察时曾对黄河之滨建设表示称赞。

■ 实践队考察黄河治理情况

实践队还有幸参加当地中国科学院寒区旱区环境与工程研究所开设的生态专题讲座，讲座内容涉及冻区与寒区工程、沙漠与沙漠化防治、西北油气资源保护、开发与利用等知识，较为系统地为实践队员展示甘肃普遍存在的环境问题，以及甘肃各地多年来的处理措施，为后续的工作开展奠定基础。

■ 实践队参与生态专题讲座

（二）张掖

7月23日至7月25日，实践队来到素有"塞上江南"之称的张掖，"张国臂掖，以通西域"，这座扬名历史的城市也面临一系列关于湿地生态退化、湿地资源污染等问题。团队对当地的湿地治理情况进行考察，进行鸟类监测活动，借此直观展现治理成效，并进行自然教育。

调研主要围绕张掖国家湿地公园和高台县黑河湿地保护区进行。实践队在张掖湿地博物馆工作人员的带领下体验湿地保护者们日常的工作，进行鸟类监测工作。通过小天鹅、斑头雁、赤麻鸭、黑天鹅、白骨顶、夜鹭等野生鸟类观测结果，较为直观反映湿地近期状况，同时通过数据对比得出湿地治理成果。之后在张掖黑河湿地自然保护区管理局专业人员带领下，队员前往保护区进行湿地资源调查活动，成功观测拍摄到国家一级保护动物黑鹳和湿地公园今年首只夜鹭的身影，拍摄的部分照片已被张掖湿地博物馆收录。

■ 实践队进行野生鸟类观测拍摄

实践队通过实践育人、用我所学、传授精神。队员前往张掖黑河湿地自然教育学校，在张掖湿地博物馆为当地小朋友举办了以"我和水的故事——守绿水青山，筑人水和谐"为主题的自然教育活动。

在活动过程中，队员们应用自身所学知识和线上调研结果，在当地老师协助下，为学生带来一堂别开生面、知行结合的特色课程，带领小朋友走进湿地进行水质测量和污水过滤实验等活动，真正实现博物馆"通过让孩子们认识植物、探水观鸟，从而了解湿地、认识湿地，进而保护湿地，教育一个孩子，带动一个家庭"的宗旨，也体现了实践队"推动生态建设深入人心"的理念。

■ 队员们在与学生们一同进行实践调研

（三）武威

7月26日至27日，实践队前往最后一站武威市民勤县——一个为防风固沙做出巨大贡献的小城，进行实地调研。

地处河西走廊东北部、石羊河流域下游的民勤县，年降水量仅100多毫米，蒸发量却高达2000多毫米，其东、西、北三面被腾格里沙漠和巴丹吉林沙漠两大沙漠包围。全县总土地面积2385万亩，其中荒漠化土地面积达2280万亩。它是甘肃乃至全国荒漠化面积较大、危害最严重的县份之一，也是全国四大沙尘暴发源地之一。2007年温家宝同志前往民勤考察工作，做出"决不让民勤成为第二个罗布泊"的指示，此次实践队前往考察民勤治沙成果，并对小城治沙经验进行推广。

步入这片大地，就感受到古诗当中描绘的"大漠孤烟直，长河落日圆"的壮阔雄奇的景象，到处都是戈壁，一马平川，湛蓝的天空中点缀着朵朵白云，空气虽然干燥但很纯净。实践队首先前往民勤防沙治沙试验站的沙生植物园学习参观沙生植物，向所内工作人员请教沙生植物相关知识，了解梭梭、沙拐枣、柽柳、胡杨等当地常见的沙生植物，这些沙生植物的根系都很发达，能够在水分极少的沙漠得以生存，保持地表稳定。

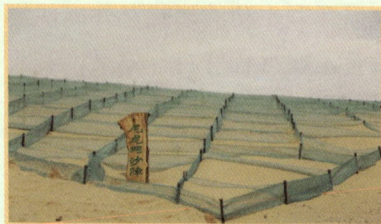

■ 实践队推出防沙治沙宣传成果

随后实践队前往民勤防沙治沙纪念馆，了解民勤的治沙历史及措施。

最后，实践队前往位于民勤县东南角的规模化防沙治沙示范区。示范区在沙漠上建成，拥有一万五千多亩的治沙网格，集中展示了现有的大部分固沙措施，如较原始的粘土网格、砾石网格，较常用的麦草网格、尼龙网格，以及公众关注较少的各种材料做成的生态袋网格。

如今的民勤已在一代代治沙人的努力下稳步发展，每年春种结束、秋收过后，全县干部群众奔赴风沙一线，开展压沙造林，在长达

408公里的风沙线上，他们由近及远、步步为营、编网固沙，凭借坚强的意志和奋斗精神，为民勤保留了绿色的希望，用实际行动践行"决不让民勤成为第二个罗布泊"的重要使命。实践队也学习到民勤治沙的经验，民勤在治沙过程中建立了"外围封育、边缘治理、内部发展"的林业生态建设体系，在408公里的风沙线上建成长达300多公里的防护林带，封育天然沙生植被325万亩；大力推进"设施农牧业+特色林果业"主体生产模式，建立与水资源承载能力相适应、与节水增收目标相配套的产业发展规划。民勤因地制宜的治沙经验值得推广、学习和借鉴，其在中国治沙方面的贡献功不可没。

三、不忘初心，继续前行

为贯彻推动生态建设深入人心的理念，实践队精心雕琢宣传工作。宣传以推送和科普、纪实视频为主。累计在航行者、"生"入人心实践队等五个公众号发布相关推送57篇，在B站、抖音、微博发布原创视频27个。同时根据调研成果，参考多篇相关论文，实践队手绘75张原创图稿组成三个地区的科普漫画，以新颖生动的形式对外展现实践成果和生态知识，获得近5000次阅读量，取得较好科普效果。实践队原创内容在各平台总浏览量突破3万次。除此之外，实践队根据考察结果，设计一系列鸟类科普钥匙扣、书签等文创产品。

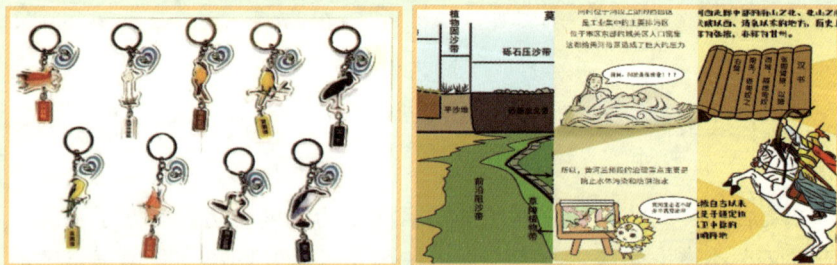

■ 实践队系列文创产品

"生"入人心实践队始终不负初心，坚持为建设美丽中国添砖加瓦，积极践行"推动绿色发展，促进人与自然和谐共生"的建设目标，推广"绿水青山就是金山银山"的发展理念，尽力为生态文明建

知行致远——上好新时代北航青年社会实践必修课

设贡献青年力量。

　　实践队成员各司其职，团结协作，加强对西北地区典型生态环境保护、治理措施的认识，深入体验环保工作者的工作，开展多样的科普教育活动，取得诸多成果。团队坚信，祖国的生态文明建设会逐步完善，人与自然和谐相处不再只是一句口号，而是我们的生活方式、我们每个人的日常！

■ 实践队合影

　　山山而川，逐梦陇原，但实践队不止步于陇原，后续将做好精神传承，吸纳更多伙伴，去祖国更多的地方探索生态建设的故事。"生"入人心，一直在路上！

■ 实践队活动风采

科普远行万里，传承蓝天梦想

——"中国飞天梦·科普万里行"实践队

一代人有一代人的长征，一代人有一代人的担当。2021年是中国共产党成立100周年，是"十四五"规划开局之年，更是我国航空事业发展的重要之年。在具有如此重要历史意义的时代背景之下，飞行学院学生作为青年实践队员参与"中国飞天梦—科普万里行"活动，选择在建党百年路上具有代表性的地方留下北航青年红色足迹，以新时代青年的似火热情热烈庆祝中国共产党成立100周年，用航空人的责任担当将蓝天的种子撒向更广袤的田野。

"中国飞天梦—科普万里行"活动通过科普航空文化知识，传播航空前辈革命精神，发展中国飞天梦科普志愿者，有效为社会公众培养航空科学文化兴趣，对推动航空强国、航空报国事业发展，提升全民科学素养具有重要意义。实践队队员也尽其所能，让全国数万名青少年学生感受到浓厚的航空知识教育氛围。

■ 实践队合影

一、坚守初心，延续空天之梦

为响应党和国家号召，飞行学院学生计划依托科普的方式，用自身所学航空知识帮助更多同学追逐航空梦想，培育航空精神。与此同时，团队与中国飞天梦志愿团携手合作，决定以"中国飞天梦—科普万里行"为主题，计划前往全国40余个省市，向当地中小学青少年开展航空知识科普教育。

队员经过多次商讨后，确立本次活动目标：以趣味游戏、模拟飞行等多种引人入胜的小环节为载体，以理论分析、原理科普等由浅入深、由易到难的知识点为纽带，向全国各地的青少年科普航空知识、书写航空梦想，让他们了解并且产生对飞向蓝天的热爱。

■ 实践队进行前期活动策划

为保证现场活动有准备、有秩序、有质量地开展，实践队队员在活动前期将工作划分为现场策划与内容策划两部分分别推进。

现场策划案包含每一个工作岗位的要求梳理，将活动目的、框架内容清晰展现并周密化、精细化布置。实践队将工作划分为物资管理、现场引导、舞台调控等模块，并设置专门负责人落实到位。

物资管理组负责在活动全程把握物资数量以及设备状况，例如准备折纸飞机环节所需的A4纸、调试飞行模拟器等内容。

现场引导组根据各活动地点的现场环境，在入口及过道布置工作人员引导入场，保证现场秩序。

舞台调控组负责后台管理道具等工作，确保活动的每一个环节紧密连贯进行。

为防止紧急情况发生，团队准备10余种应急备用方案，保障活动顺利开展。

活动内容策划包含演讲稿编写、PPT制作、走台流程等多环节。实践队员集思广益，前期开展10余次讨论，对逻辑主线进行多次修改

与替换，力争让科普活动内容精于知识、近于生活。同时为锤炼出一篇流畅的演讲稿，使课件排版更加美观、意图更加明晰，促进学生真正融入科普活动，实践队员不分昼夜雕琢打磨，累计进行长达几天几夜、近百个小时的修改调整，保证最优活动效果。

在前期工作全部准备就绪后，队员按计划进行现场模拟演练。全体队员先后总计进行10余次流程修改、20余次模拟讲演，竭力呈现出一场深入浅出、精彩绝伦的科普宣讲活动。在每一次排练中，队员十分重视科普活动的现场呈现效果，每一个站位、走台，都要经过集体激烈讨论和细致打磨。为保证科普严谨性和活动趣味性，队员多次请教专业课教师关于授课方式与教学经验的问题。

二、远行万里，踏上科普之路

实践活动沿着中国共产党百年成长足迹，先后途经党的诞生地浙江嘉兴、打响革命第一枪的江西南昌、实现伟大转折的贵州遵义等42个在党的历史上具有重要影响的城市，总行程超过2.5万里，是一次播种科学、播种希望、播种未来的新时代"长征"。实践队每到一地，便携手当地科协和教育部门一起，举办了一场又一场知识广、趣味浓的航空知识科普活动，在传播航空知识的同时传递祖国航空事业的精神。

■ 实践队科普活动现场

知识化为故事。活动现场率先开展"飞天梦"主题演讲。在中国共产党建党百年的奋斗历程中，各位队员带领青少年认识从北航师生自主研发设计的中国第一款轻型旅客机"北京一号"，到标志着"中国制造"的C919大型客机等，进而了解中国航空事业发展。实践队员讲述在中国航空工业发展的风雨历程中，一位位中国航空先驱舍小我、为大我的伟大航空精神。他们在国外技术封锁、国内工业基础薄弱的环境下，克服无数难题取得如今伟大成就的光辉事迹，令现场的小朋友们肃然起敬。

为突出航空事业发展对国家安全的重要性，队员邀请学生观看国防教育动员课《1:32 空战视频》，学习抗日战争时期中国空军与日军英勇战斗的历史。同时，实践队员也为孩子们带来自己与蓝天结缘的故事：从孩提时代对飞行的憧憬和梦想，到招飞过程中的奋斗和坎坷，再到飞院生活和学飞经历，构成了一段实现梦想的历程。从孩子们清澈的双眸中，实践队看到他们对航空事业的憧憬，感受到他们心中埋下的志在蓝天的种子。

理论联系实际。实践队通过模拟飞行、纸飞机模型制作和平衡测试等丰富而有趣的特色活动，使孩子们获得对航空知识的全方位体验。在互动小游戏《最强指挥员》中，孩子们可以带入飞行员、空中交通管制员等不同角色，进行飞行体验互动游戏。飞行学员利用自己所学所得，向孩子们讲解航班运行的相关知识，带领孩子们进行模拟飞行体验，亲自体验飞机从滑行起飞、空中巡航、到下降落地的全过程。同时，实践队员设计飞行员平衡测试的体验环节，开展纸飞机模型制作并组织观看无人机编队表演等，使孩子们通过亲身感受激励自我提升，为自己的梦想努力奋斗。

在每场活动结束后，实践队成员都对现场青少年进行采访。他们一致认为要想实现航空梦想一定要有健康的身体，同时还要有扎实的专业知识和强烈的责任意识。令实践队印象深刻的是，在南京站宣讲结束之后，一个孩子跑过来问队员："哥哥你看过

■ 实践活动现场

《中国机长》吗？我也想成为那样的人。"活动中孩子们的热情期待、积极配合和热烈掌声，无不体现着他们对天空的向往，而看到更多青

少年初步了解并热爱航空事业，实践队员也由衷地感到喜悦与欣慰。

"中国飞天梦—科普万里行"实践队通过实践活动激发广大青少年崇尚科学、探索未知、敢于创新的求知精神，也引导广大实践队员践行初心，彰显北航精神、航空精神，彰显青年时代担当。

三、走向未来，播撒梦想之种

在建党百年的宏大背景下，此次活动遍及全国数十所中小学，为数万名同学带来精彩科普活动。对于对新鲜事物饶有兴趣的青少年儿童来说，实践队不到两个小时的科普过程虽然短暂，但也许可以为他们打开向往航空科学的新大门。活动结束后，实践队收到各地众多青少年学生来信，信中均抒发了对此次科普活动的感激与自己收获知识与梦想的快乐，同时还表达了想要加入实践队并投身于我国航空事业的愿望。

"中国飞天梦—科普万里行"同样受到各地各级领导高度重视，所到之处引起强烈反响。新闻媒体对此次活动同样极为关注，人民网和搜狐网等规模庞大、影响广远的重点媒体广泛报道，多家地方媒体给予重点宣传。实践队员还参加央视"寻找百位留言人@一大留言簿"活动直播，在线上平台充分展现新时代北航学子的风采。

实践队获评北航暑期社会实践二等奖、北航十佳优秀志愿项目等奖项，代表北航参加2021年第七届寻找全国大学生百强暑期实践团队评选，多位实践队队员获得了北航校级优秀志愿者、暑期社会实践先进个人等称号。

此次活动的圆满成功不只是终点，更是一个新的开始。在

■ 实践队参观淮海战役纪念馆

未来，为提高科普质量、丰富科普内容，"中国飞天梦—科普万里行"实践队将伴同全国各地更多航空爱好者与航空专家，共同走进更多城市，为更多青少年普及科学知识，播种更多志在蓝天的希望之种。实践队员还将联合中国飞天梦志愿团，在途经各省市建立地方"中国飞天梦志愿团支队"，作为当地可持续培养青少年航空后备人才储备的有生力量，并在今后持续为地方志愿团提供必要的技术支持和志愿服务，留下一支永不离开的航空知识科普宣传队。

四、成果收获

"中国飞天梦—科普万里行"实践队致力于发挥学生引领作用，在更高起点、更高目标、更高层次上完成科普使命，继续大力弘扬航空报国精神，全面提升学生创新素养，激发广大青少年崇尚科学、探索未知、敢于创新的热情，树立航空梦想，播种航空希望。

同时，对于实践队成员来说，能将自身所学航空知识讲述给祖国各地青少年，既是对已学知识的重温，也是一次全新的挑战。这次途经18个省、40余个市的科普万里行活动，每一位实践队成员都受益匪浅。在这几个月的征程中，实践队员为数万名青少年树立优秀榜样，播种航空希望，追逐航空梦想，培育航空精神，队员初心成功转化为了一位位青少年心中志在蓝天的火苗。

实践队走在建党百年的红色足迹上，把一份使命与担当永藏在心，投身航空知识科普事业，诠释着新时代新青年的责任和担当。

"心"为起点，筑梦航发

——心起点实践队

"心起点"实践队成立于2017年，是一支具有空天血脉的队伍，在探究航发领域关键性问题上不断前进，与"中国心"的强劲脉搏共振共鸣，至今已是传承的第六年。

"心起点"又代表"新起点"，寓意每一年的实践队都拥有着新目标、新面貌，每一次尝试都开辟新的起点，也代表着团队对中国航空发动机事业的美好祝愿，希望"中国心"能够真正在国产大飞机上发挥不可替代的作用，让"航空强国"这一发展战略真正助力国民经济和国防工业腾飞。

一、实践历程回顾

五年来，"心起点"实践队坚守空天报国初心，致力于徜徉在中国航发这片广袤的海洋之中，构建航发单位与高校学子的枢纽，让更多的科研人员"走进来"，让更多的青年学子"走出去"，让"中国心"在新征途上发出时代最强音。

（一）2017年

2017年，一群满怀空天志的少年历时2个月，前往北京、成都、沈阳等地参观学习，"敏行博彩，问道航发"是他们的底色。实践队致力于了解中国航空发动机事业，增长对航空发动机

■ "心起点"2017年实践活动

发展现状和前景的认知，并且在与企业优秀职工、离退休人员，特别是北航优秀校友的恳谈中，从他们的经历和经验中体会中国航空人的自豪，并从他们宝贵的见地和指导中，找到自身前进的方向，从中挖掘精神财富。

（二）2018年

2018年，心起点队员走进多家空天企业及民企，对"两机产业军民融合"课题进行探究。

通过走访多家空天企业及民企，以座谈、采访、参观的形式实地了解企业对军民融合的定位与实践。3个日夜，5次集体讨论，心起点课题组深入探究，充分挖掘，合作完成上万字的研究性报告，队员通过查阅文献资料和与相关院所座谈，对军民融合有了自己的新思考和新体会。

■ "心起点" 2018 年实践活动

（三）2019年

2019年，实践队走进中国航发涡轮院和绵阳试验基地，对"航发产业军民融合"课题进一步研究。这一年，心起点实践队分为三个支队，开始课题的调研及采访研究等筹备活动，并在暑假期间开始以中国航发涡轮院为主，结合多个军工厂进行调研，通过参观和采访进一步探究军民融合背景下航发产业的前景和挑战。

实践结束后，经过多次线上讨论和集体面对面交流，心起点课题组深入探究，充分挖掘，合作完成研究性报告。队员通过查阅文献资料、与院所方面座谈交流，对军民融合有了新的思考和体会。由于航发产业有着涉密程度高、技术指标转化困难等不同于其他产业的特殊性问题，航发产业军民融合发展并不迅速。对影响航发产业军民融合深度发展的原因进行详细的分析将有助于对航发产业军民融合深度发展的理解，从而有助于针对问题提出详细的对策以推动军民融合深度发展。最终完成《航发产业军民融合的问题分析及对策建议》研究性报告，分析航发产业军民融合的挑战并提出了合理对策；整理出一篇《军工企业引进民企的管理模式》的文章，为军工管理模式的改进提供了借鉴。

■ "心起点" 2019 年实践活动

（四）2020年

2020年，心起点实践队首次尝试线上模式，带着新的调研主题，

■ "心起点" 2020 年实践活动

再次出发，对航空发动机行业人才状况进行实践调研。三个支队分别探究人才流动问题深层的原因、院所现今人才管理情况及继续培养机制、如何激发人才活力和创造力三个不同问题，聚焦我国航空发动机人才发展的现状，推出"对航发院所人才引进、培养、保障模式的探究"主题，探究航发人才制度的优势和继续优化的方向。

心起点实践队从文献查阅及线上采访入手，"走进"院所，深入了解航发院所人才管理模式，以及国企运营管理模式在疫情下的强大抵抗力，并尝试对其管理模式提出优化方案，为助力中国航发人才管理模式的发展而努力，就"航发单位人才管理"课题展开充分调研，完成了四篇不同主题的研究性报告，并制作《奋斗青春》MV献礼中国航发。

（五）2021年

2021年寒冬，心起点实践队没有受限于疫情，而是采用云端线上会议对多个航空航天企业进行座谈，在这些企业的人才培养、机构设置以及研发方向等多个方面都获得了丰富的信息，同时积极采用线上冬令营的形式向社会大众传播，最终收获丰硕成果。

1月26日，实践队与斗山创新（深圳）有限公司的负责人徐秋实先生就留住人才、吸引人才措施和电推进行业发展状况两大实践主题进行深入讨论，队员们对百年来"以人为本"的企业理念，企业与人才之间共同成长和进步的企业文化有了进一步了解。

1月28日，实践队分别与中国航发商发和中国航发长春控制科技有限公司举行座谈。两次座谈当中都不约而同地提到了"留住人才、培养人才的任务刻不容缓"这样一种企业发展战略层面的观点。同时，队员从新兴企业与传统企业的差异与新工科人才培养等角度展开提问。

1月29日，实践队与中国航发黎阳举行座谈。与会企业领导从何为人才培养的核心竞争力、校企联合等角度对队员们的问题详细解答，这让队员们充分认识到人才是创造价值、推动发展的核心。

1月30日，实践队与中国航发成发举行座谈。队员的提问从面向高校的宣传力度到人才引进再到人才培养，从领导同志和专家回答中，团队充分领略到成发对人才的重视以及对人才开放包容的态度。

除此之外，以"普及航发知识"为主题的线上教育组开展了线上科普冬令营活动，旨在增进社会大众对中国航发的了解，并调研社会大众对航发的认知盲区等问题。本次科普课程从航空发动机发展简史、结构原理、研制流程、从事航发的初心四个方面展开，涵盖领域广、兼顾专业性与科普性。课程获得良好反响，实践队员纷纷领悟到航空发动机的奇妙与魅力，同时完成关于航发科普教育模式探索的调研课题，并形成万字总结报告。

2021年暑期，心起点以五个支队分别调研。

向心力·心起点一支队开展为期40余天的社会实践，前往中国航发东安、航材院、涡轮院等7家航空航天企业参观座谈，入选"全国百强"和北京市"青年服务国家"活动。调研中，一支队基于扎根理论、人与环境匹配理论和熵权法，对7家企业进行理论取样，最终制定出高信度高效度招聘量表和模型。研究表明，学习能力和抗压能力是航发单位招聘时最关注的因素。所以团队建议，高校进行人才培养时，可进一步建设导师—学生互联体系，将科技实践融入生活；积极心理体验部门可开设特色活动及比赛，锻炼学生抗压能力；同时高校学生也要有意识地提高自己这两方面的能力，以加强航发领域的人才输入量和人才质量。

心动力·心起点二支队旨在深入了解与探究高校以及企业的人才培养体系。所谓人才培养，即指对人才进行教育与培训的过程。在这次实践过程中对高校和企业教学体系、科研体系等方面进行研究，完整地展现高校与企业在专业知识、科研水平、品格特性等方面是如何培养航空航天人才，进一步揭示航空航天人从学生到专业研究人员一路的培养途径与机制。同时通过对比两种培养体系的不同，列举各自的优势与缺陷，针对两种培养体系具体存在的问题给出合理建议，助力航空航天人才培养体系的完善。

心之所向，逐梦远航·心起点三支队与中阳一中和北街小学展开合作，面向对科学知识感兴趣的中小学生，分别开展为期7天和5天的科普夏令营活动。在科普夏令营的课程设置中，设计了以基础课程为主线，兴趣课程为副线的双线并行的课程体系。在课程内容方面，设计了航空之旅、航天之旅、环保之旅、心灵之旅等特色课程，并在其间穿插航模制作、趣味纸飞机大赛以及发射小火箭等兴趣课，让孩子们在了解到一定知识的基础上也对相关主题产生兴趣。在本次实践中，心起点三支队总授课时长达95小时，共教授12次主题课、8次兴趣课，总备课时长达到200小时，先后多次进行试讲，教授学生60余名。

凝心向航·心起点四支队以航发单位内新入职的高校毕业生的人才发展路径为研究主题，与航空航天相关企业展开实践交流，以期全面研究航发单位的人才培养政策，畅通航空航天专业类毕业生向顶尖人才转换渠道，从而更好地对接大学教育。凝心向航·心起点四支队根据多方调研成果，对航发企业人才成长路径中的优缺进行研究总结，并对相应问题提出建议，以期助力行业未来更好地发展。通过文献研究法、访谈法、案例分析法等方法完成《航发企业人才成长路径研究及问题分析》的研究性报告。

心航向·心起点五支队根据企业的人才招聘评价体系，建立多维度评价指标，创建航空人才评价系统，以求拓展学生的视野，增长学生的见识，更好地帮助学生自我定位和评价以及企业的人才招聘考核。

■ 实践队开展系列调研活动

二、实践总结思考

从最初的校级重点实践队，到校级社会实践一等奖，再到首次进入全国百强实践队之列，心起点人一次次缔造着令人称道的成绩。从参观学习到课题调研，从军民融合到人才管理，变的是活动的内容和形式，不变的是团队的初心。心起点实践队始终保持着"想为中国航发做点事"的热忱，也将继续在坚定不移地探索祖国空天事业的征途上行稳致远。

鼎力相聚，方能远行；
星星之火，可以燎原

——鼎聚星火实践队

一、引入

当顽强的生命变得脆弱/当意外先于明天而到来/……
他们只记得/那渴望的期冀的眼神/那尚存的微弱的呼吸
他们只知道/那生命发出最后的呐喊/那不甘放弃跳动的心脏
他们/在生命的浩渺中探寻零星的希望/就像无尽黑暗中的星星之火
只要汇聚，就有了力量/只要存在，就绝不放弃

二、概述——扶千钧生命之重，寻一线希望之光

北京航空航天大学生物与医学工程学院鼎聚星火实践队成立于2020年，立足急救这一公共卫生领域重点问题，致力于用镜头记录真实世界，用文字发出北航声音。

2021年是中国共产党建党100周年，也是我国"十四五"建设开局之年。《中共中央关于制定国民经济和社会发展第十四个五年规划和二〇三五年远景目标的建议》中指出强化应急处置职能是公共卫生体系建设中不可或缺的一环，在医疗体系中起着举足轻重的作用。与此同时，急救是

■ 鼎聚星火实践队风采

至关重要的民生问题之一，急救体系建设在全国医疗体制建设中拥有不可替代的重要地位。

因具有发病迅速、死亡人数多、救活率低等一系列特点，心源性猝死这一疾病现在已受到社会各界的广泛关注。现如今，对心脏骤停患者的紧急救援已成为公共急救体系的重要组成部分。

对不同场景下心源性猝死急救中的道德、法制建设，设备使用，急救知识普及程度等方面进行调研具有必要性和现实意义，在急救过程中发生的相关事件进行探寻和思考，宣传感人事迹，传播急救知识，对我国急救体系建设及受重视程度有所帮助。同时，实践队活动也使队员获得对生命、世界等方面的不同角度的思考和理解，对生物医学工程及相关医学专业形成更深入的理解。

2020年寒假，鼎聚星火实践队以线上文献研读、资料整理的方式进行预调查，发现虽然我国近年来医疗体制改革不断深入推进，取得一系列改革成果，但仍有部分新闻报道及社会现象体现我国紧急救援体制、道德和法律建设有待完善、急救设备普及程度不高，可观而不可用、群众急救知识不充分等问题。因

■ 2020年寒假实践队准备会议

此，对我国急救体系进行进一步调研是非常有必要的。

■ 2020年暑期实践队调研活动

2020年暑假，实践队从新冠肺炎疫情出发，以线上线下走访调研的形式探究北京、湖北、浙江、河北等地抗疫一线人员的工作现状，体验他们的工作环境。在体验之余，团队对包括生物医学工程领域在内的各行业为

抗击疫情及复工复产做出的贡献进行调研和宣传，并重点强化其中的青年使命担当精神，该次实践活动获得北航2020暑期社会实践三等奖。

2021年寒假，实践队延续暑期实践成果，对抗疫这一医疗资源紧缺状态下工作人员猝死频发的现象给出分析和理解。团队在从时间、空间两个维度提出可行

■ 实践队线上交流活动

性优化建议，助力斩断疫情带来的次生连锁反应，降低社会危害。最终形成完整版的调查报告并提交相关领域专家。此次社会实践活动荣获北航2021寒假社会实践一等奖。

2021年暑假，实践队从抗疫这一特殊场景出发，关注冬奥这一有代表性的特殊场景，将前述结论进行类比推广，并通过问卷分析、深度访谈等形式探究大众对其了解程度及其间存在

■ 实践队线上采访活动

的不足之处，得出大型赛事对于工作人员或志愿者的应急保障措施仍有待改良的结论。进一步地，结合自身实际与专业特色，提供一系列可行的改进措施。在调研之余，实践队更是创造性地进行多项科普活动，加大实践成果的覆盖面。这次实践活动获得北航2021暑期社会实践三等奖。

对"心源性猝死与急救"的关注让实践队相聚同行，一步步实践的推进也让团队明晰了自己的方向，找到了实践的意义。愿用善良、正义、理性，点亮未来，助力公共急救事业，一直在路上。

三、调研——溯源心源性猝死，探寻急救新方针

团队调研部分主要包含资料调研、问卷调查和半结构式访谈三个方面。

实践队从心源性猝死这一疾病的基本情况出发，了解该疾病的流行病学、发病原因、危险因素及诱因、发病征兆、预防措施和一些具体的案例。此外，团队对我国心肺复苏培训的现状进行调研，重点关注主办机构、面向人群、普及程度、培训内容和培训方式等方面。进一步地，结合每个假期所选的实践主题的侧重点，团队对疫情期间心源性猝死的典型案例进行收集整理和归因分析，探寻一线高强度工作人员频繁猝死的潜在原因与可行的解决办法；实践队也对冬季极端环境中诱导心脏骤停的高危因素以及部分往届冬奥会应急保障措施进行了调查，并进一步探究2022北京冬奥会可行的应急保障措施。

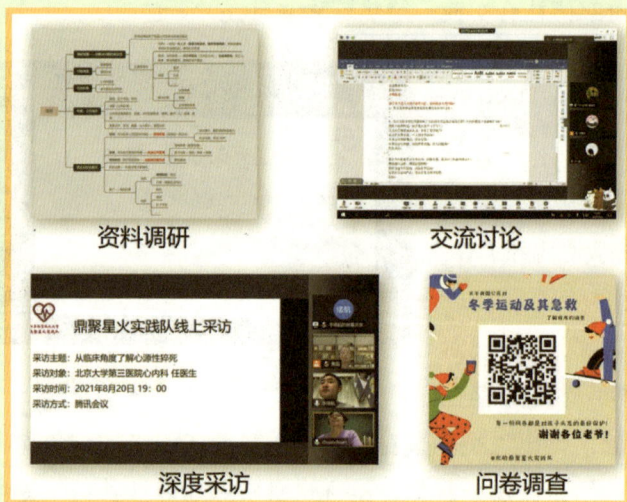

资料调研　　　　交流讨论

深度采访　　　　问卷调查

■ 实践队调研思路

在问卷调查方面，实践队进行两次面向社会公众的问卷调查。在2021年寒假进行的主题为"有关心源性猝死及其急救知识了解情况"的调查问卷反映了非医学（相关）专业的大学生对于心源性猝死及其急救知识的普遍了解情况。而2021年暑假进行的主题为"关于我国公民对冬季运动及其急救了解程度"的调查问卷则反映了非医学（相

关）职业/专业的人群对于冬季运动及其急救知识的普遍了解情况。两次调查说明社会公众对整体应急保障措施、冬季运动对身体的影响、冬季运动中的应急保障措施等的了解程度均有待提升，同时也体现了加强技能培训、宣传基础知识、普及急救教育等的重要性与紧迫性，为整体实践调研提供了理论基础和必要性支撑。

调研方面另一板块的工作内容给则是面向各类人士的半结构式访谈。团队就心源性猝死的发病现状、相关知识的公众普及程度、预警与干预手段、冬季运动相关急救等问题对多位心内科医生、首都医科大学红十字会急救队队员、参与过急救培训的北航同学、滑雪教练等

■ 实践队半结构式访谈活动

进行了深度访谈，通过对他们的采访，看到心肺复苏急救体系在中国的建设现状和有关社会现象的一隅，也了解到社会急救体系建设的重要性和目前所存在的不足之处，以及面对心源性猝死，作为个人应该如何去预防等内容。

四、实践——以身作则躬自厚，科普详尽安万家

实践活动可以分为知识的输入和输出两方面。

通过开展实践队团日活动，队员共同学习我国公共卫生体系的方针政策、目标任务等，并重点学习疫情大考下的公共卫生体系建设和习近平总书记关于防汛救灾的指示精神，加强了团队整体的思想建设；而参与红十

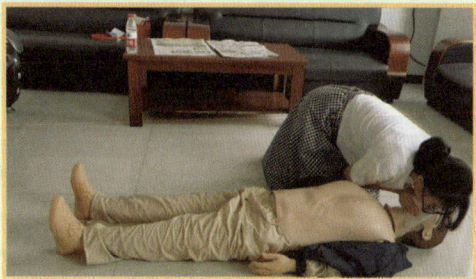

■ 实践队组织急救知识学习

字理论急救培训，则帮助团队成员认识到了学习急救知识的重要性，强化急救意识，提升急救能力。

提高一项专业知识的普及性，首先要增强其传播力，创新专业知识的载体。因此学习之余，团队也积极进行各类科普活动。实践队开创多样化的科普形式，具体表现在制作科普推送和趣味小视频、举办线上朋辈急救科普活动、开展"科普云讲堂"活动、设计系列科普文创等，并针对不同科普对象的特点对活动内容进行动态调整。同时形成具有团队特色的宣传视频、实践记录图册、专家学者访谈录、宣传

■ 实践队特色文创产品

科普手册等。

除此之外，实践队也积累了丰富的宣传成果。团队积极应用各类新媒体平台，在"鼎聚星火""北航生医"等微信公众平台同步更新实践内容，累计推送阅读量超过1.5万人次。同时，也通过各大新闻及公众号平台（"航行者""微言航语"等）对实践活动加以宣传，力图扩大实践的影响力，让更多的人加入队伍中来。

五、总结——星星之火终成炬，携手并肩谱安康

在实践过程中，通过多次问卷调查以及与专业医生、急救队员、滑雪队教练、冬奥会志愿者等的交流，实践队初探我国公共急救体系以及大众对于冬季运动及其急救的了解程度，并由此感受到加强技能培训、增强法律保护、宣传基础知识等的紧迫性。之后，结合传播学

原理，团队选择利用线上推送、趣味视频宣传与线下社区活动相结合的形式进行心源性猝死急救科普，以期通过共同努力，让更多人在需要自救时把握机会，在他人需要帮助时挺身而出。

实践队深切地感受到公共急救体系是公共医疗体系的重要组成部分，完善公共急救体系有利于建立健全公共医疗体系，推进社会治理精细化的无缝隙化、智慧化、专业化发展：

完善公共急救体系体现了"横向到边、纵向到底"的社会治理无缝隙化要求。在调查过程中，团队发现公共急救知识与培训仍在公众之中不够普及、公共急救设备也存在设置少、范围小等特征，公共急救体系在横向存在覆盖不够的问题；医疗资源在部分地区分配不均、在许多特殊的情境下稀缺，难以实现日常监测、及时急救的"全天候、全过程、全覆盖"的目标，公共急救体系在纵向存在张力不足的问题。加强公众急救培训力度、探索特殊情境中的急救方法，从横向和纵向两个维度同时延伸公共医疗体系、推进社会治理精细化。

完善公共急救体系体现了"信息精准、决策科学"的社会治理智慧化要求。在实践过程中，团队就冬奥场馆中的急救站点查询配套设计一个小程序界面，将有需求的人同急救站通过云端联系在一起。这一创新设计可以发挥"互联网医疗"的优势，在需求侧有效弥补公众获取和辨别急救知识的能力缺失、精准输送信息，在供给侧高效对接急救站和患者、最大限度地弥合空间距离带来的信息滞后性，保障公众健康、维护社会稳定。

完善公共急救体系体现了"配置合理、节约资源"的社会治理专业化要求。在调查过程中，团队听取专业医疗人员、普通学生、运动员教练等人对公共急救的看法，发现在不同情境下配套急救措施具有异质性。探索大数据、云计算同医疗服务结合，切实以公众需求为导向，及时发现问题，针对性配置医疗资源，有效节约医疗资源。

不啻微芒，造炬成阳。即令是萤火，也能发出一星光芒。实施急救的过程就像在黑暗中努力探寻光亮一样，任何生的希望都是施救者继续奋斗的信仰。探索急救这一主题，就是探索每一颗代表希望的星星之火，每次不肯放弃的努力，都是爱的汇聚。

聚焦书院建设改革，探索人才培养模式

——嘉士远航实践队

一、实践队介绍

北京航空航天大学嘉士远航实践队成立于2020年12月，是一支由士嘉书院指导，由学生自发组织，"聚焦书院建设改革，探索人才培养模式"的实践队。

■ 实践队文化标识

书院制度作为一种新型体制，相比传统专业制度有优势，也有不足之处。嘉士远航实践队希望探究书院建设中所取得的优势和不足，为书院未来的建设建言献策，助力绘制书院发展蓝图，为士嘉书院拥有更光明的未来而努力奋斗。

二、实践开展背景

书院制是实现通识教育和专才教育相结合，力图达到均衡教育目标的一种学生教育管理制度。书院通过通识教育课程和提供非课程形式教育，推展学术和文化活动，满足学生的个性化发展需要，促进学生全面发展。

书院是中国历史上一种独特的教育机构。它萌芽于唐，兴盛于宋，延续于元，全面普及于明清，清末改制为新式学堂，延绵1000余年，对我国古代文化教育、学术思想的发展产生过巨大的影响。现今社会对大学生的期望，不再以学业成绩为唯一量尺。良好品德、奉献精神、高尚品味和强健体魄，都成为衡量优秀大学生的准则。近年来，实施书院制教育成为中国高校教育改革的一种积极探索和有效尝试。书院制教育围绕立德树人，通过落实本科生导师制、加强通识教育课程和环境熏陶，拓展学术及文化活动，促进学生文理渗透、专业互补，鼓励不同专业背景的学生混合住宿、互相学习交流，建设学习生活社区，在传授专业知识的同时，打通中国传统文化中的文、史、哲，进而融汇人文科学和自然科学。

2012年起，北京航空航天大学开始书院制的探索。此外，华东师范大学、复旦大学、西安交通大学、苏州大学等内地高校也在近年开始了书院制的建设。但由于内地高校书院制建立时间较短，体系并未完全成熟，目前内地各高校的书院制建设虽然各具特色，但或多或少都存在着一些问题和短板。而相比之下，香港、澳门地区的大学书院制建立时间久，相关经验丰富，体系更为成熟，对于内地高校的书院制建设而言是非常好的参考对象。

为推动书院制更快更好建设、完善相关体系，提升其对学生的正面影响力，实践队采用调查研究法，通过实地探访、开展深度访谈、互动交流等方式，一方面与其他高校书院制建设进行交流，了解特色并找出共同问题；另一方面向港澳地区高校书院制建设学习先进经验，支撑内地的书院制建设。

三、实践活动路径

（一）线上调研（座谈会）

团队联合清华大学稷下余韵实践队，与多所高校书院（包括香港中文大学思廷书院、逸夫书院，清华大学行健书院、新雅书院，华东师范大学孟宪承书院等）开展线上座谈，联合实践内容包括探究四所高校书院制度建设的经验与成效的实践内容，了解各书院建设特色及发展方向，同时构建朋辈交流平台。

■ 四所高校书院座谈交流

（二）问卷调查

　　团队通过问卷调查北航学生对于书院制的理解及评价，了解学生群体对于书院制的看法，以及学生群体在书院制培养下获取的资源与收获的成长。问卷面向群体覆盖本科四个年级，共获得600余份有效问卷，团队分析并总结北航书院制的特色与不足，结合联谊院校书院制

度，通过讨论提出对于北航书院制建设的一些建议，以期望完善对于创新人才培养、形成书院特色文化、加强学生归属感等方面政策。

■ 实践队联合多所高校开展书院建设探究

（三）线下调研

团队组织前往香港中文大学深圳校区实地调研逸夫书院，通过参观校园及书院设施、开展师生座谈和讨论交流等，感受逸夫书院特色

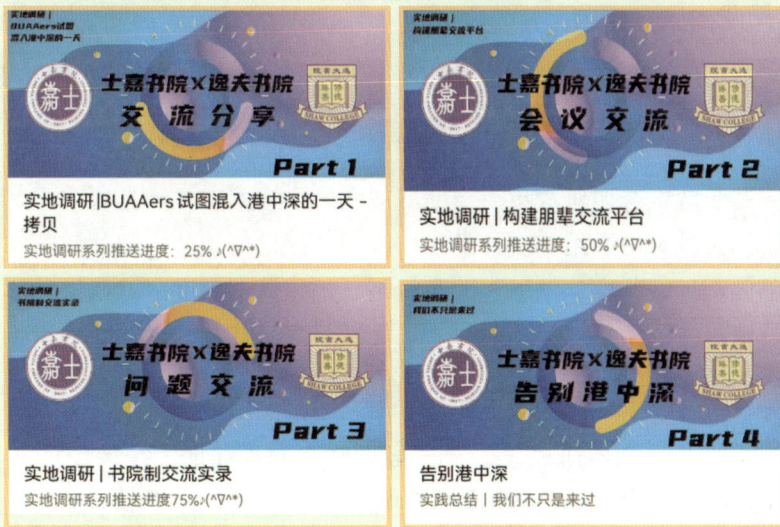

■ 香港中文大学深圳校区逸夫书院调研纪实

书院文化，明确四个课题方向及论文研究内容，指导社区空间布置、"一站式"学生社区研讨空间设计等工作。

（四）院长访谈

2022年北航人才培养大会上，北京航空航天大学正式发布《北航新时代人才培养领航行动计划白皮书》，系统谋划和扎实推进新时代高质量人才培养体系建设，指引各书院积极探索人才培养新模式。

嘉士远航聚焦书院制度开展多层次调研，为书院建设进言献策。寒假推出特别策划"访明后以明道，探庠序之滋荣"系列院长访谈，邀请北航七大书院院长或执行院长畅谈书建设发展的现状与未来，简笔勾画北航人才培养蓝图。

四、实践成果成效

（一）形成课题论文

在进行线上及线下调研后，实践队进行讨论并确定四个课题方向进行研究。如在社区管理模式方面，实践队充分研讨香港中文大学深圳校区逸夫书院相关架构设置，对其宿生会组织架构和部门职能、工作流程、领导机构产生方法等进行借鉴思考；在活动与文化育人方面，实践队提出完善硬件设施建设、丰富活动种类形式、加强师生交流互动、加强美育教育等工作建议。

（二）编写书院社区教育中心结构设计及工作细则

实践队结合调研成果，借助新成立的士嘉书院社区教育中心，撰写了社区教育中心结构设计及工作细则，提出组织架构和部门职能、内部成员培训制度、发展与改革机制、工作笔记制度、"四位一体"成员培养体系等方案。

（三）编写"一站式"学生社区研讨空间设计提案

实践队结合调研成果，提出导学空间布置和朋辈交流空间布置方案，分别对应导学交流、课题研讨、读书沙龙等导学活动服务，班级、社团活动以及学生组织会议等朋辈交流活动服务等。

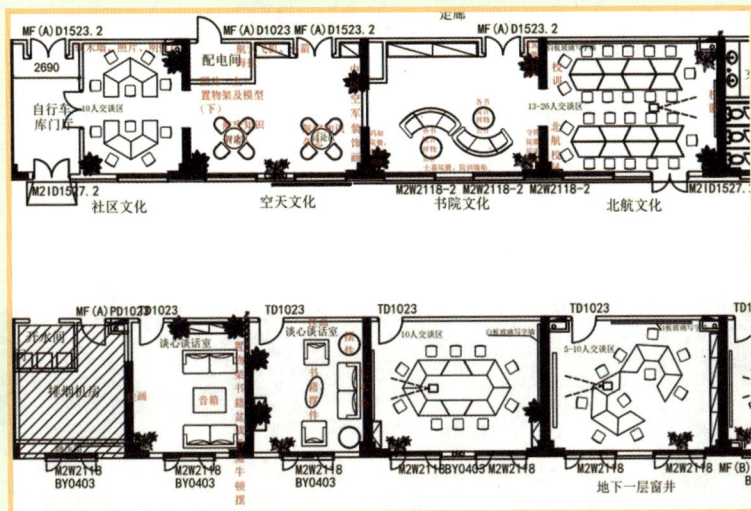

■ 提出导学空间布置方案

■ 提出朋辈交流空间布置方案

五、实践总结思考

在本次实践中，嘉士远航实践队将理论与实践相结合。一方面，实践队广泛交流、深入学习，在其他高校书院的建设中汲取经验，形成理论成果；更重要的是，实践队将这些理论成果付诸实际，结合士嘉书院的情况进行有机应用，形成具有士嘉特色的社区中心工作计划和共享空间装饰提案等等，这些工作都为士嘉书院未来的发展注入新鲜的血液，使书院建设焕发生机与活力。

在未来，嘉士远航会继续努力，发掘更多理论成果，并应用在士嘉书院的发展建设中，回馈士嘉的栽培与支持。

书院制对于中国大陆来说还处于萌芽阶段，有无限的发展可能，但也有很大的不确定性。道阻且长，行则将至，在嘉士远航和书院建设者们的努力下，高校书院制会更加成熟，在学习港澳台书院发展模式的同时结合自身因素，做出改革和创新，为大学生的通识教育出一份力，为国家人才的培养做出贡献！

■ 北京航空航天大学 7 个书院设置

赤脚踏遍河山，红心关注发展

——"赤脚红心"实践队

"赤脚红心"实践队创建于2016年，隶属于北京航空航天大学生物与医学工程学院分团委，是一支扎根基层、代代相传的队伍。实践队聚焦基层医疗与公共卫生事业、关心关注乡村医生发展，力求在提升队员专业认识、培养社会责任感的同时呼吁更多人关心基层医疗，以微薄之力助力基层健康事业发展。

■ 赤脚红心实践队合影

一、实践背景

习近平总书记强调："经济要发展，健康要上去。人民群众的获得感、幸福感、安全感都离不开健康。要大力发展健康事业，为广大老百姓健康服务。"党和国家始终把人民放在心中最高位置，在推动卫

生健康事业发展中始终坚持以人民生命安全和身体健康为中心。

农村的贫困问题尤其是因病致贫、因病返贫问题无疑是"两个百年奋斗目标"面临的重要挑战，实现乡村振兴、建立健全基层医疗卫生体系、发展国民健康事业也是十分艰巨繁重的任务。

2016年11月21日，国务院总理李克强在第九届全球健康促进大会上强调，要加大对基层卫生与健康事业的投入，积极发挥中医药的作用，加大对贫困地区大病保险、医疗救助支持力度，逐步缩小城乡、地区、人群基本卫生健康服务差距；2016年12月21日，国务院进一步确定了"十三五"期间深化医改重点任务，其中的重点任务之一便是以基层首诊为导向，在居民自愿前提下大力推广家庭医生签约服务。自此，全国范围内的基层医疗体系的建设与医药卫生体系的改革在国家的大力支持下如火如荼地展开。

在这样的历史背景下，赤脚红心实践队于2016年暑期正式创立并开展了首次实践。"赤脚"一词源自乡村医生的前身"赤脚医生"，而"红心"则是实践队员响应国家号召、以一片赤诚之心扎根基层、服务基层的真实写照。赤脚红心实践队的初心与使命，便是希望通过社会调研的形式，让同学们走近乡村、走进田野，结合专业知识寻找基层医疗的痛点、难点，并呼吁更多的人关注基层医疗卫生体系现状，探求乡村医生这一行业的未来发展，改善农村病贫群体的生活质量，为乡村振兴背景下的乡村医疗建设"发出北航声音"。

2021年，在全面建成小康社会的目标基本实现、世界面临新冠肺炎疫情冲击的背景下，赤脚红心实践队的行动又被赋予了一层新的意义。

党的十九大报告清晰擘画全面建成社会主义现代化强国的时间表、路线图。在健康事业的建设过程中，国家提出要对接人民群众日益增长的健康需求，努力在健

■ "赤脚红心"实践队为阳坡塔村村民提供义诊

全分级诊疗制度、现代医院管理制度、全民医保制度、药品供应保障制度、综合监管制度等方面取得突破；持续深化"三医联动"改革，优化群众就医办事体验，加快建设分级诊疗体系，积极发展医疗联合体；推进健康扶贫与乡村振兴战略有效衔接，切实降低因病致贫返贫风险。

在这样的背景下，赤脚红心实践队响应国家现代化建设需求、顺应北航"优势医工"发展战略，进一步结合同学们专业学习与职业发展需求，以队伍建设与社会调研并重，力求建成同学们认识社会、走进社会的重要窗口，为同学们实际投入社会生产与国家现代化建设提供更多助力。

二、实践风采

赤脚红心的实践内容可以分为以下两个阶段。

第一阶段（2016年—2019年）：赤脚丈量视界，红心温暖贫困

摆脱贫困是实现乡村振兴的前提，为了助力乡村振兴战略，响应学校第十六次党代会提出的"以国家战略为导向，推进理工科与哲学社会科学的交叉融合"的号召，赤脚红心实践队将实践主题的落脚点放在乡村地区的家庭医生与病贫群体上。

■ "赤脚红心"实践队为村民填写健康问卷　　■ "赤脚红心"实践队走访病贫户

2017年寒假，赤脚红心实践队在山东阳谷县展开预调研，通过纸质问卷的方式，收集到839份问卷结果，其中771份有效。通过分析，大家对于乡村医生的基本情况、工作方式等都有一定的了解。

2017年暑假，赤脚红心实践队在山东省阳谷县、山西省广灵县、北京市海淀区分别进行了实地调研，通过对乡村医生的采访、城乡医生间对比以及对于病贫群体的入户访谈等，探究乡村家庭医生对"因病致贫、因病返贫"的农村贫困人口的作用及优化的可行性。

2018年暑假，团队再次展开实地调研，在山西省中阳县、山东省阳谷县和河南省滑县展开有关"乡村振兴视角下家庭医生对病贫群体的全过程作用及可行性优化"的调研。此外，实践队与各大医学院校进行合作，通过健康讲座、免费医学生宣讲宣传资料分发和义诊等活动，辅助乡村地区家庭医生工作，为当地村民直接提供力所能及的帮助，同时也希望通过宣传使更多的人加入基层医疗健康事业中。

在这一阶段的调研里，实践队形成了四篇实践报告和一篇学术论文，2017年暑期社会实践学术论文获得第二十八届冯如杯科技竞赛一等奖，代表北航参加了"互联网+"大赛，实践报告在提交给相关领域专家后部分建议已被采用，当地的相关政策得到了优化与完善。

第二阶段（2021年至今）：赤脚行遍河山，红心关注发展

2020年，全面建成小康社会取得成功，但同时，新冠肺炎疫情也给我国带来巨大的冲击。特别是相对于城市，乡村处于防疫的薄弱环节，使得乡村防疫压力突显。乡村医生是乡村疫情防控的一线守护者，在乡村疫情防控中发挥了巨大作用。

"十四五"规划中，"全面推进健康中国建设"对基层医疗提出了新要求。国家和地方积极开展县域医疗一体化的探索，积极推进分级诊疗格局的建立。山西省与浙江省成为全国唯二的紧密型县域医疗卫生共同体建设试点省份，通过试点，进一步提升基层服务能力，提高县域医疗卫生服务整体绩效，更好地推动分级诊疗制度和健康中国建设。

■ 2021年学习当地扶贫事迹

2020年，山西省制定了《山西省保障和促进县域医疗卫生一体化办法》，于2021年1月1日开始实施，也是全国首部关于紧密型县域医疗卫生共同体建设的地方性法规。当地推行"医疗集团+"一体化改革模式，即整合县域医疗卫生资源，组建独立法人医疗集团，成为县乡一体、以乡带村、三级联动的医疗集团架构。

■ 2021年暑期在中阳县开展实践

2021年暑假，疫情过后赤脚红心实践队再次起航，重新在山西省中阳县展开实地社会调研。调研发现，乡村医生目前存在的主要问题有：待遇增长相对滞后，收入难以满足需求；职业编制暂未落实，上升渠道较为有限；行业难以吸引青年，人才断档愈发严重等。

乡村医生曾是在农村基层医疗事业中发挥极其重要作用的一群人，从赤脚医生到乡村医生，他们风雨兼程不辞辛劳，见证了中华人民共和国医疗卫生事业的蓬勃发展。而如今，在从"治疗"向"预防"的转变中，乡医的职能也逐渐从一个"行医者"蜕变为"公卫守门人"，且难以得到关注。实践队希望社会能关注这一批人的状态，认可他们的付出，传递他们的诉求。

2022年寒假，结合暑期实践调研成果，赤脚红心实践队将关注的重点放在了基层药品上，拟从基层供药和家庭用药两个角度，通过采访、问卷、走访等形式，从家庭用药现状、药品消费保障、基层医疗机构的药品管理办法、药品集中采购生态四个角度展开调研，希望能对基层用药有一个全面的认识，为后续调研做准备。

优秀队员事迹：

2018年5月，有一篇北航官微的推送刷爆了BUAAers的朋友圈，那就是捐献造血干细胞，引起巨大的社会效益的赫采同学。赫采是生物与医学工程学院2016级本科生，她在2017年、2018年的暑假都参与了

131

"赤脚红心"实践队。在社会实践中，她看到因病致贫的农民们房子都破破烂烂，家徒四壁还很阴暗，但他们仍然心怀希望，心怀感恩。当骨髓配型成功后，她想到的不是恐惧和退缩，而是实践时那些渴望能好好活下去的眼神。她说："我付出的只是一些造血干细胞和一点勇气，但是这些能给别人带来哪怕一线生存的希望，很值！"

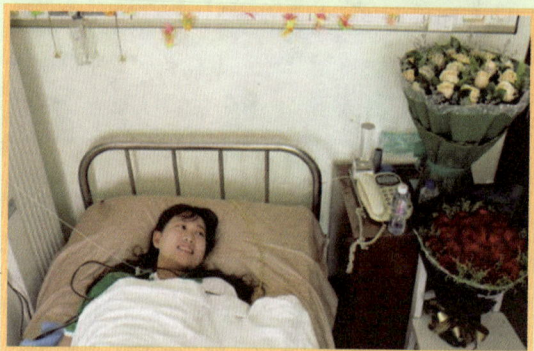
■ 赫采同学捐献造血干细胞

正是在社会实践中的经历与感悟，让她更加心怀责任，想要尽己所能地帮助别人，给更多人带去生的希望。社会实践带给我们的不仅是发现问题、解决问题的能力，更让我们有了对社会生活更广阔更深刻的体验，"不驰于空想，不骛于虚声"。即使行走于"泥涂"之中，也始终明白脚下大地坚实，头顶苍穹明亮。也望同学们能够通过参加社会实践培养自己对社会的责任和担当，为社会、为国家、为时代贡献我们北航大学生的力量！

三、思考展望

登高自卑，行远自迩。一路走来，赤脚红心一直结合国家发展重点，关注乡村医疗现状，已形成多份调研报告，得到人民网、团中央学校部、北京学联等近20家媒体报道，获得北航社会实践一等奖两次、二等奖三次；北航爱馨奖学金社会实践团队一等奖；"青年服务国家"首都大中专学生暑期社会实践百强团队二等奖两次；第四届中国"互联网+"大学生创新创业大赛北京赛区三等奖等奖项，所形成的报告提交给相关领域专家后已经使施行政策得到改变，为乡村医疗卫生事业贡献了自己的力量。

余心所善，九死未悔。对于未来，一方面，赤脚红心实践队会继续加强团队建设，通过开展各种培训，不断提升队员们的专业素养，如有关文献查找和阅读的培训、对各大企业进行参观学习、下乡实践，与社会公益组织对接、组织社会志愿活动等等，为队员后续学习以及职业生涯发展提供助力。同时与多方进行合作，不断加强社会调研的专业性，对于调研的选题、计划、开展、数据分析等形成完整的体系。在社会实践中，也应利用调研建立和地方的良性合作关系，为社会调研的持续性提供保障，另一方面，团队将对实践活动进行进一步的丰富，借助医学科普宣讲、与医学院校合作进行义诊、宣传资料的

■ 实践队形成专业化调研模式

分发讲解等，特别是对于乡村地区妇女儿童医学知识不足的问题展开针对性地宣讲科普，为社会实践所在地带来有价值的改变，将社会实践落到实处。

赤脚红心，一直在路上！

胸怀寰宇，逐梦问天：打造航天特色品牌

——航宇问天实践队

一、实践背景：追忆光辉历程，探寻航天精神

自1970年4月24日中国成功发射第一颗人造地球卫星"东方红"一号以来，中国航天事业从无到有、从小到大、从弱到强，取得一系列辉煌成就，走出了一条具有鲜明中国特色的发展道路。伴随着航天事业的发展，"两弹一星"精神、载人航天精神、探月精神和新时代北斗精神在其中发展孕育，作为中国共产党人精神谱系的重要组成部分，其成为中华民族的航天梦在不同历史时期的传承和发展，是伟大的民族精神与创新发展的时代精神相结合的产物，是中国航天事业之魂。

■ 航宇问天实践队成员

习近平总书记指出：探索浩瀚宇宙，发展航天事业，建设航天强国，是我们不懈追求的航天梦！建校七十年来，北京航空航天大学始终以服务国家为最高追求，大批优秀校友遍布中国航天事业征途，以屠守锷、戚发轫、王永志为代表的一大批优秀师生，用亲身行动诠释我国航天精神的深刻含义。作为新时代的北航学子，即将接过中国航天的火炬，有责任与使命探寻先辈光荣历史，了解与挖掘航天精神内涵，为感悟航天热情、传播航天兴趣、传承航天情怀做出青春贡献。

队徽中间主体图案为发射塔架与运载火箭的剪影，表示实践队的实践基地是航天发射场；左侧的星星图案和背景圆弧曲线代表太空中的星辰，外面一圈环形是航天飞行器轨道的抽象图案，代表探索航天的主题寓意。

■ 航宇问天实践队队徽

队徽整体是圆形，展示中国航天事业的磅礴大气并象征着宏伟壮丽蓝图；深蓝色配色既是宇宙太空的象征色，又是北京航空航天大学的主题色，契合实践主题。

整体图案传达了航天人"我们的征途是星辰大海"的远大理想和实践队发北航学子之声"传承航天情怀，矢志探索宇宙"的青春志向。

2018年，正值北京航空航天大学宇航学院成立30周年，作为北航集中从事航天人才培养和航天科学研究的综合性航天专业学院，为国家国防和航天人才培养、科学研究以及学科建设做出了重大贡献。在此背景下，航宇问天实践队组建成立，五年来，实践队始终以宇航学院专业特色为导向，以形式多样、内容充实的实践活动为窗口，通过系列航天主题实践活动探索航天精神传承、致力航天文化传播，为助推"航天梦·中国梦"贡献属于北航学子的新时代力量。

■ 航宇问天实践队在酒泉卫星发射中心

二、实践风采回顾

（一）亲历发射基地，感悟航天情怀——基地参观

秉承"感悟工匠精神，传承航天情怀"的实践主题，航宇问天实践队在2018年、2019年连续两年走进酒泉卫星发射中心、文昌航天发射场，以亲临实地参观、交流的方式走近中国航天，深入感悟、继承并发扬航天精神。

■ 航宇问天实践队在文昌航天发射场

1. 参观航天发射设施，亲历大国重器

两支实践队队员通过走进中心水平厂房、垂直总装测试厂房，参观载人航天及CZ-5运载火箭发射塔架、测控站、避雷塔、东方红一号卫星旧址，体验问天阁、指挥控制中心大厅，重温航天员出征仪式、举行航天精神集体宣誓、参观两弹一星

■ 实践队参观垂直总装测试厂房

资料展映厅等活动，其中2019年实践队有幸实地观看"双曲线一号"成功发射，见证民营航天突破。团队通过系列活动近距离接触大国重器，了解航天器发射流程，回顾中国航天六十余年发展的辉煌历史，感受航天工作者严肃认真、沉着冷静、一丝不苟的工作氛围。

■ 实践队参观东方红一号发射塔架

同时在实践期间，队员前往东风革命烈士陵园参观并举行祭拜献花仪式，缅怀所有为中国航天事业做出奉献的革命烈士，还游览东风水库、东风湖、文昌航天主题乐园，组织拍摄《航天人的一天》《我和我的祖国》专题视频等。无论是海南的碧海椰树、透彻蓝天，还是酒泉的大漠戈壁、大朵白云，都令人心旷神怡。队员在欣赏风景的同时，进一步了解这些建设工程对保障航天城日常需求、满足生态格局发展和航天普及教育所起的关键作用。

2. 聆听工程专家讲座，学习前沿科技

从科研院所到民营航天，从后勤人员到火箭掌舵者……实践队通过聆听中心高级工程师专题

■ 对话"北理工一号"卫星负责老师张晓敏教授

■ 与航天校友共同庆祝发射成功

137

讲座，深入学习航天前沿科技，详细了解基础专业知识、各发射中心概况和世界航天发展进程，同时对学习疑问和个人发展进行了针对性咨询。并与星级荣耀等团队等开展座谈交流等，促使实践队员更加明确专业发展前景，树立远大的报国志向，坚定投身祖国航天事业的信心。

3. 访谈中心工作人员，拍摄专题视频

我国航天事业能够蓬勃发展和一代代航天人的付出是分不开的，实践队在发射中心的协调与支持下，走进新时代中国航天人，通过与中心科技干部、后勤人员及航天家属等进行面对面访谈，亲自聆听火箭掌舵者的事业选择，感受后勤岗位人的坚守付出，挖掘航天人背后的大家小爱。一方面队员了解航天工作背后的点滴故事，体会英雄平凡中的不平凡，从而立体化认知强国保障；另一方面接触航天家属，感受航天人艰苦奋斗、无私奉献、舍小家为大家的共有品质。

■ 实践队访谈成果集

而"航天人"这一名词的内涵并不只是针对技术人员，后勤工作人员的默默付出同样至关重要，没有他们在工作岗位的执着坚守，就没有每一次航天发射任务的顺利进行。无论在哪一个岗位，每一位航天工作者的心中都有一颗鲜红的心，一颗充满自豪的心，一颗具有崇高使命感的心，它使得中国航天得以青春悦动、蓬勃发展！

4. 发挥宇航专业素养，助力航天科普

在汲取航天情怀的同时，实践队员充分利用社会资源和专业知识推动航天科普。一方面，队员前往航天城周边社区进行街访调查，了解社会大众对航天事业及卫星发射中心的认知与看法，汇总数据进行分析，总结科普工作实施关键

■ 在文昌市龙楼镇航天小学开展支教活动

点；另一方面，实践队前往航天小学进行支教，通过航天知识课堂、手绘航天图画、航天主题游戏、太空素质拓展等活动开展"航天手拉手"项目，既讲授航天基础知识，又传播科学探索乐趣，在广大青少年心中播撒航天种子，充分履行北航学生的社会责任。

5. 走访交流北航校友，传承报国情怀

实践队员积极走访北航校友，同酒泉卫星发射中心副总师王家伍、文昌卫星发射中心李茹等多位学长学姐进行座谈活动，校友耐心地同队员分享从北航求学到工作的经历和体会，在面对面交流的过程中为当今大学生答疑解惑，分享事业经验和宝贵的学习生活建议。同时整理对话内容，完成校友专题报告、《发射中心那

■ 文昌航天发射场校友座谈

些北航人》多部精选视频，进一步推广新时代的北航精神。

（二）对话业内专家，挖掘航天品质——采访调研

受新冠肺炎疫情影响，为进一步探索航天人幕后故事，为前往发射基地实地实践做好备案。航宇问天实践队拓展采访调研实践形式，积极联系学院专业教师、院所总师、企业领导等航天从业人员，以对话形式深入挖掘航天内容，传承航天品质。至今，已先后采访宇航学

院韩潮教授、黄海教授、赵育善教授、孙冰教授、师鹏副教授等航天科教工作者，嫦娥四号探测器项目执行总监张熇、火星探测器副总设计师缪远明、商业航天微纳星空的创始人孔令波、西安航天动力研究所副主任张晓光等航天一线校友，以及宇航学院硕士研究生钟旖旎等优秀学生代表。

摘录部分对话内容，如下。

1. 探索中国航天历程——何麟书

何麟书，生于1938年，曾担任宇航学院教授，见证了我国飞行器从无到有的过程。何老师在退休后仍然关心学术，著有不少书籍，其中部分被译为英文、阿拉伯文版本，在国内外教学中发挥了巨大的作用。

■ 航宇问天实践队采访何麟书教授

采访中，何老师向实践队描述了当年航天事业初创时的种种困难，坚定了队员们在新时代、科研条件空前良好的情况下，奋勇学习、争取将航天事业推向更高峰的信念。20世纪80年代时中国还是科技上的学习者，如今随着技术的不断发展，中国在许多领域已经处于国际前列，但也遭遇到了不少国家的技术封锁。在这里，何老师勉励队员们发挥自力更生的精神、艰苦创业、赓续航天血脉，推动航天发展。

2. 总有一些仰望星空的人——张熇

张熇，1993年毕业于北京航空航天大学，从事月球探测器总体技术研究，曾任中国航天科技集团有限公司空间技术研究院嫦娥四号探测器项目执行总监。在嫦娥四号探测器项目中，张熇总师担任了整个项目的执行总监。嫦娥四号在三号的基础上实现了数项技术突破，并成功在月球背面实现软着陆，创造了人类历史上的第一次。

张熇总师从整体的角度向实践队介绍了航天项目。在谈起我国的深空探测领域时，张熇总师有感而发道出了其意义，她认为深空探测最主要的就是探索未知，探索没去过的地方、未发现的事物，不断向着未知出发，做仰望星空的人无疑就是深空探测最大的意义。

张熇总师还针对当代大学生发展给出了自己的建议。她认为北航的学生各方面的专业基础都很好。但是航天是一项系统工程，工作中需要有合作的能力、倾听别人的意见的能力。另外还要具有执着的精神，能够承受挫折或者委屈，不轻易放弃。航天是很复杂的一套系统，唯有不断努力，执着奋斗，才能助力我国航天蓬勃发展。

■ 航宇问天实践队采访张熇总师

3. 于无人之境拓新路，于险阻之时克难关——孔令波

孔令波师兄是微纳星空联合创始人、副总裁，曾担任中国空间技术研究院航天东方红卫星有限公司卫星主任设计师，长期从事卫星总体设计、卫星综合电子设计。

通过采访孔令波师兄，实践队揭开了商业航天的神秘面纱。从2015年到现在，商业航天已经发展了六七年的时间，处于高速、蓬勃的发展阶段。近几年，大量资本开始涌入商业航天领域，2020年整个商业航天领域的投资规模，已经达到百亿级。与国有计划航天不同的是，商业民营航天的资金更多来自创业投资、风险投资等市场化的渠道。在技术创新方面，商业航天对国有航天的补充作用、在航天领域释放活力的作用不容忽视，根据市场化规则运行的商业航天，特点就

■ 航宇问天实践队采访孔令波师兄

是追求性价比、鼓励创新、包容失败，高效决策流程和合理的激励机制。而同时，被称为"正规军"的国有航天院所在大型航天任务的持续性与真正的重大项目研发上，仍然是不可替代的主力研发力量。因此国有院所与商业航天互相补充，国企通过国家资助与宏观把控服务于国家重大战略需求，而商企利用资本市场规律，引入新鲜血液激发行业活力，推动技术创新降低航天成本，两者相互协调，共同发展。

三、实践成果及思考

（一）广泛宣传发声，推广实践成果

航宇问天实践队历经五载岁月，产出大量实践成果。团队累计撰写实践总结近十万字，行程精品实践宣传册共两本合计一百余页，制作剪辑宣传、总结等视频十余部，累计整理采访文字资料五十余万字。

为扩大实践队宣传效果，航宇问天利用微信公众平台、新浪微博、哔哩哔哩等多个新媒体平台，对于实践队所理解与感悟的航天精神进行传扬，累计推广阅读量超10万人次。同时实践活动得到"今日宇航"、校团委"青年北航"及实践平台"航行者"等转载宣传，受北京航空航天大学新闻网、中国大学生网、大学生网报、大学生联盟网等宣传报道。

（二）传承实践内核，铺设宏伟蓝图

航宇问天实践队自2018年创立至今，始终以发射基地实地探访为核心内容，不断创新实践形式，拓展实践内容。队伍经历2018年、2019年发射基地巡礼阶段，2020年因疫情冲击取消线下实践阶段，2021年多角度调研学习阶段，初步具备一定的实践经验积累与较为科学的实践活动体系。

在此基础上，团队将充分继承往届优秀实践精神内核，不断拓宽实践形式并打造航天专业特色品牌，延伸出联合调研思路。

1. 遵循工程逻辑，调研航天产业

从工程逻辑上来说，航天工程大致包含设计、制作、发射等模块。依照这样的工程逻辑，航宇问天将以航天工程的各个模块为线索

完整探索航天项目从诞生到上天的全过程，采访调研来自不同航天单位（国企、商航、高校……）、负责不同任务（设计、制造、发射……）的航天工作者。

2. 延伸调研广度，拓宽全局视野

从调研广度上来说，"国企、商航、高校"都在航天产业中扮演着相当重要的角色，三者相互联系又互有不同，在共同配合下推动着整个产业的积极发展。航宇问天计划走访不同的航天产业，深挖他们对于中国航天发展的作用与各自之间的内部联系。

3. 深化各方联系，拔高实践层次

从实践层次上来说，航宇问天将以"学院、学校、大学生"的角度，逐渐拔高实践层次，拓宽宣传普及的广度。

为响应国家"加强航天特色学科专业建设，培养航天后备人才队伍"的号召，航宇问天联合清华大学航天航空学院以社会实践活动为载体，建立航天实践队联盟。实践联盟以实践队建设为主体，为各高校搭建起沟通交流的平台。实践联盟第一次全体会议以"构建实践联盟新发展格局，推动航天全面发展新征程"为主题，旨在促进不同学院实践队之间相互了解，为实现联盟核心目的诉求建立有效的联系手段。

■ 航天实践队联盟全体会议

■ 2022年航宇问天实践队招新活动

如今，航宇问天已腾飞五载，在一次次的实践中不断发展壮大。在未来，航宇问天实践队将继续以实地实践为基，围绕核心主题进行多维度探究，深度挖掘并传承代代航天人的精神内核，用丰硕成果献礼祖国航天事业！

随心出发，爱启新程，行则将至

——北航红会随爱行支教队

北航红会随爱行支教队自2011年成立，由北京航空航天大学红十字会指导，得到北航校医院经费支持及专业指导，同时与郑州大学微尘实践队等院校相关部门组织进行合作。

十年间为响应国家关于大学生"文化、教育、科技"三下乡活动的号召，基于"十四五"规划和2035年远景目标纲要，认真学习贯彻习近平总书记关于"实施乡村振兴战略"的重要讲话精神和"共同富裕"对于少数民族发展的要求，针对基础教育落后的农村少数民族地区，为当地学生带来文化课、航天课程、红色课程以及各种兴趣课，为当地学生提供优质的教育资源，为"大山里的孩子"展示大山外的世界，引导当地学生通过多彩科学和先进思想"走出大山"。

一、实践风采内容（以2021年暑期实践为例）

以2021年暑期实践为例，实践活动主要工作如下。

（一）筹划与出征准备

实践队自2021年5月中下旬开始进行筹备，与河南省郑州大学微尘实践队联系合作，前期经过招募、面试等组成60人团队，每个分队为20人，前往湖南省怀化市靖州苗族侗族自治县平茶镇中心小学、湖北省恩施市建始县花坪镇民族小学、河南省商丘市民权县王庄寨镇第一小学进行支教活动。

北航红会随爱行支教队分为四个部门：教学组、宣传组、机动组、走访组。

团队出发前进行多次线上会议，开展思想动员大会等，完善所需紧急医疗、教学等物资准备。

■ 实践队前期筹备工作

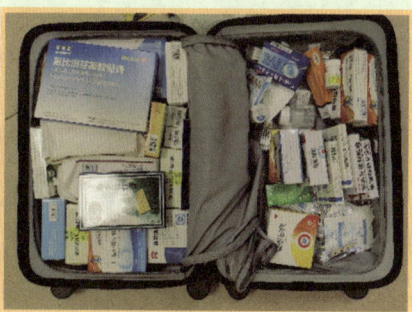

■ 实践队物资筹备情况

　　2021年7月15日支教队进行出征仪式，校医院党委书记高静、校团委书记庄岩、北航红十字会秘书长卢艳、北航马克思主义学院副教授付丽莎、北航电子信息工程学院党委副书记郑磊等出席并对支教实践提出指导意见。

■ 支教队开展出征仪式

（二）支教教学

7月中旬，支教队分队长及成员从各地出发，先后到达湖南省怀化市、湖北省恩施市、河南省商丘市与郑州大学微尘实践队队员会合，奔赴靖州苗族侗族自治县平茶镇中心小学、建始县花坪镇民族小学、民权县王庄寨镇第一小学开展实践工作。

1. 招生与开营

7月19日—7月20日，北航随爱行支教队与微尘支教队共34人分组前往村民家中进行招生活动，三个地方各自招收约180名学生，分成四个班级进行教学。（其中湖南省学生主要来自苗族、侗族，湖北省学生主要来自土家族、苗族。）

■ 支教队开展招生工作

7月21日左右，三地陆续进行开学典礼。北航随爱行支教队队长、郑州大学实践队队长、实践队班主任代表及支教学校校长先后致辞，拉开支教活动帷幕。

■ 支教队组织开学典礼

2. 教学过程回顾

7月22日—8月1日，支教队根据提前拟定课表进行教学活动。

课程分为基础课程、红色基因课程、航空航天课程、红十字会课程四大模块。其中还设立趣味编程课，使用简单的趣味编程网站带给孩子们编程"初体验"，培养学生逻辑表达能力。

为培养青少年爱国精神，传承红色基因，支教队教学组成员设计

■ 支教队课程教学

画手抄报、唱红歌等一系列课程。如：

在精心准备下，美术课上开展"庆祝建党百年，回忆峥嵘岁月"为主题的手抄报展示活动。每一位同学都上台简单介绍他们的手抄报，这些作品各有各特点和风格，内容丰富多彩，设计新颖独特，表现了孩子们对祖国的热爱之情和对未来的美好祝愿。

■ 学生手抄报作品

在老师的积极组织下，教室里响起了嘹亮的歌声——《我和我的祖国》。稚嫩的嗓音、天真的笑脸，无不触动着支教队伍的心灵，在窗外旁观的队员们也情不自禁地跟唱起来。这首朗朗上口通俗易懂的歌曲，激发队员最真实的爱国情怀，也让来自不同地区的人凝聚在一起。

■ 支教队教唱《我和我的祖国》

支教队员通过组织网络观看视频，让青少年循中共一大会址，感红船精神传扬。并且依托课堂带领学生熟悉"七一奖章"代表人物，学习他们的不惧碾作尘、无意苦争春的精神，为中国人民谋幸福、为中华民族谋复兴的抱负。立足红色基调，追溯历史长河，赓续精神血脉，助力民族复兴，北航红会随爱行支教队永远在路上！

■ 支教队开展红色课堂

3. 趣味运动会

7月28日，支教队伍开展趣味运动会，分为个人项目（如颠羽毛球、跳绳、丢沙包等）与团体项目（如抱球跑和交替穿行等），鼓励孩子们到户外进行运动，领略体育竞技精神。

■ 支教队开展趣味运动会

4. 结业与离开

8月1日，三地支教队分别举行结业典礼。

在最后离别时刻，支教老师和学生共同珍惜最后陪伴，分别互写信件、互赠礼物等。"我们会永远记住你们！"这童稚的誓言，让实践队每位成员都悄悄湿了眼眶。

支教队给每个孩子都拍了照，也拍了师生合照、班级毕业照、大

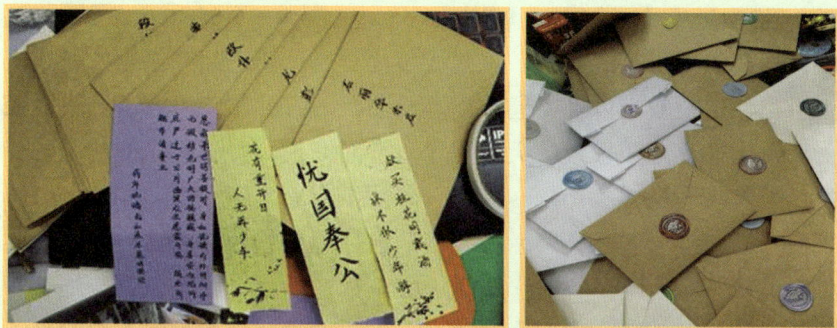

■ 支教队与学生互赠信件和礼物

合照……这些天来相机的快门声仿佛没有停过，但队员们知道，只有这一张张照片在向彼此讲述着：我们来过，我们曾一起享受着这里星空，我们曾一起同孩子们欢笑，我们爱过这里的每一个人。

在十五天的陪伴里，大家都收获了许多。生命影响着生命，当队员们来到这里，一切都变得不同。

■ 支教队与学生告别

（三）调研考察

河南省调研。支教队于2021年7月21日，在河南省民权县对支教所在育英小学进行相关调研，主要调研形式为搜查资料、实地考察与访谈。

湖北省调研。花坪镇位于建始县中南部，为全面总结花坪镇脱贫攻坚经验，深入学习花坪镇乡村振兴智慧，支教队从花坪镇发展数据入手，结合国家政策与当地政府的努力进行理论研究，同时先后走访29户人家（其中包含2户原贫困户），从群众口中寻找花坪镇脱贫攻坚成功经验。

湖南省调研。近年来，中国城市化发展迅速，部分偏远农村地区由于工作缺口较少以及交通不便等原因，其青壮年劳动力源源不断流入城市，而这直接导致了大量留守儿童的产生，并成为当地儿童教育的一大问题。

基于此，北航红会随爱行支教队前往湖南省怀化市靖州苗族侗族自治县平茶镇，主要针对平茶镇中心小学的师生、家长以及该地教育部门进行实地调研。实践中团队先后走访20户家中有学龄儿童的平茶镇居民，向家长群发放问卷调查父母对学生学习状况的了解程度，同时对平茶镇中心小学韦副校长进行采访，向文教卫负责人和小学校长了解学校的师资力量等。

醉美苗香实践队联动成果。本次实践，团队与醉美苗乡实践队进行线上联动，相互吸取经验进行总结，共享研讨对花垣县委驻十八洞村扶贫工作队长石登高先生、花垣县教体局杨建军先生，民乐中学副校长及两位老师采访回顾，对教育扶贫突出政策和成果进行学习联动。

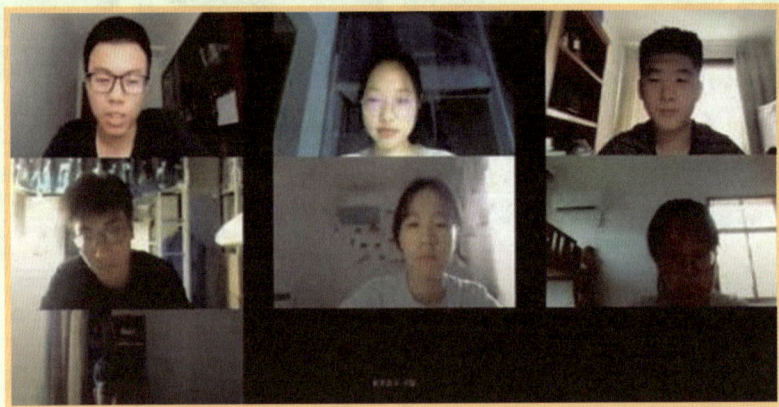

■ 与醉美苗乡实践队进行线上联动

（四）宣传推广

实践队积极推进事迹宣传和成果推广。以2021年为例，实践活动分别受《恩施日报》（湖北省）、《怀化日报》（湖南省）等关注报道，产生良好社会反响。

■ 2021 年实践队宣传报道情况

同时，支教队在b站上传30余个录课及总结视频，在抖音、微信视频号等上传40余个短视频，积极推动影像宣传。

支教队实践风采登载在校新闻网，同时获微言航语、航行者、校学生会、北航红十字会、北航MrE等微信公众平台广泛宣传。

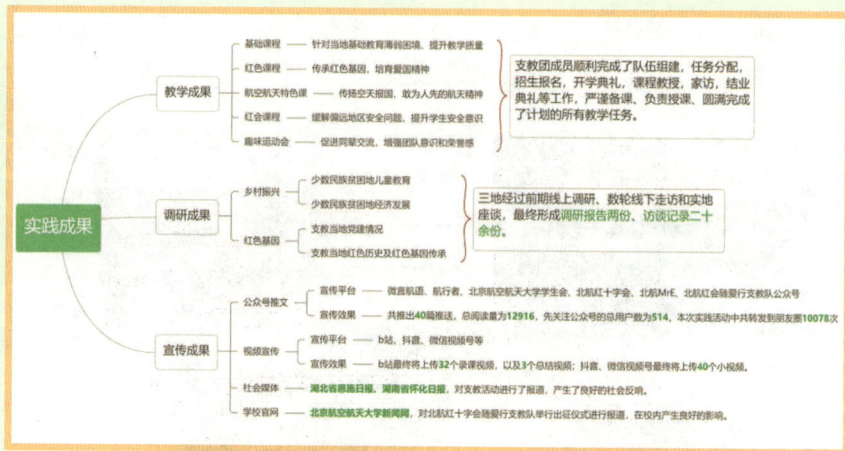

■ 2021 年支教队成果总结

二、实践队往年成果

支教队在2011年到2021年，将支教地点一直定于河南省、湖北省、湖南省，先后受到《京九晚报》《河南经济报》、豫民网等新闻媒体关注报道。同时支教队广泛借助汇报演出直播，对实践活动进行宣传推广，群众反应热烈、广泛鼓励认可。

■ 往年实践队宣传报道情况

近年来，实践队曾获评校级寒假社会实践一等奖2次、二等奖1次，暑期社会实践二等奖1次、三等奖1次，校级优秀志愿服务项目2次，同时获评暑期社会实践立邦铜奖，首都挑战杯红色筑梦之旅二等奖，连续五年北京市红十字优秀志愿项目等荣誉。

■ 实践队所获荣誉奖项

赓续红色血脉，传承革命薪火

——仪光赤心实践队

一、实践队介绍

（一）背景与选题

为深入学习贯彻习近平总书记在党史学习教育大会和庆祝中国共产党成立100周年大会上的重要讲话精神，创新性推进党史学习教育，仪器科学与光电工程学院1817本科生党支部策划并组建"仪光赤心"实践队。

实践队以走访红色景点、采访优秀党员，并通过宣传传唱红色精神为主要实践内容，同时针对成员相对零散、集体活动开展难度较大等现实问题，实践队通过查阅文献、开展座谈会等形式进行研讨，确定"组建宣讲团—结合学习日开展宣讲"的成果推广模式，以及对

■ 实践队座谈会

"红色精神如何宣传""红色资源如何保护利用"等问题进行深入调研的研究性思路。

（二）接力与传承

■ 2021年寒假实践队合照

"仪光赤心"实践队依托仪器学院1817本科生党支部于2021年2月3日成立，在2021年寒假社会实践中获评"挑战杯"红色专项国家三等奖、北京市一等奖。

2021年暑假，实践队再次出发。由仪器学院1917本科生党支部作为骨干力量，依托马克思主义学院和仪器学院辅导员"双导师"指导作用，获评校级优秀三等奖。

2021年秋季学期，实践队代表学校参加北京市参加"双百行动计划"活动，聚焦红色消费的发展路径，前往通州区展开调研，以实际行动服务首都"四个中心"功能建设。

2022年寒假，实践队继续出发。以仪器学院2020级同学为核心成员，实现了队伍组成的接力、精神内核的传承。实践队将持续聚焦红色精神与红色资源，赓续红色血脉，以优秀的实践内容，展现北航学子的精神风貌与青春担当。

队徽以红色为主色调，山川与河流组成"心"字的图案，代表"仪光赤心实践队"，

■ 实践队队徽

象征实践队意在走访全国各地，把实践论文写在祖国大地上。此外山川的图案与"人"字相似，也象征着"江山就是人民，人民就是江山"。

二、内容与成果

经过多期实践的探讨与改进，队伍将实践内容确定为"走访"与"传唱"两部分。

走访阶段由"同行一段路"和"寻访一颗心"组成，分别聚焦红色景点与革命人物，从革命根据地到长征出发点，从走访名人故居到采访革命老战士，勾勒出一幅波澜壮阔的历史画卷。

传唱阶段由"共讲一堂课"和"用好一资源"两部分构成，通过线上宣传和线下宣讲传播实践成果，深入开展红色资源专项调查，加强科学保护，为红色旅游业的发展提供建议。

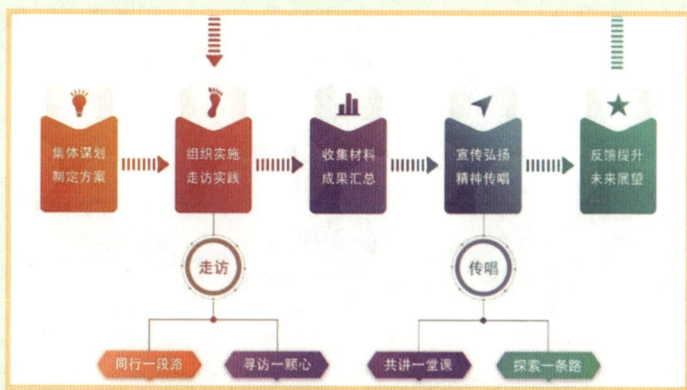

■ 实践思路与实践内容

队伍成员分为"实践组"与"工作组"。

实践组负责实地走访、收集材料、解读宣讲，工作组负责宣传设计以及材料整理。实践组实地寻访红色足迹，打卡革命圣地，采访身边老一辈共产党员，脚步遍及全国10个省份及直辖市，涉及从1911年至今的110年历史。

工作组整理出两万字左右的文字材料、近200张高清图片，并在实践队公众号及学院官方公众号发布推送13篇，累计阅读量高达2084。

同时队伍组建"仪光赤心"宣讲团，进一步传播实践成果，利用学习日在2017大班开展博雅课堂一次，反响热烈。

（一）同行一段路——重温先辈足迹，回忆峥嵘岁月

在"同行一段路"部分中，实践队员聚焦中国共产党成立100周年的历史，实地寻访红色足迹、打卡革命圣地，共计走访了来自10个省份及直辖市的13个红色景点，亲身体验党成立以来的峥嵘岁月，学党史、强信念、跟党走。

序号	实地参观景点或采访对象	景点位置	涉及历史事件或人物	时间节点
1	辛亥保路纪念广场	四川省成都市	保路运动、辛亥革命	1911 年
2	中共刘集支部旧址纪念馆	山东省东营市	中国北方农村革命	1926 年
3	湘鄂赣边区鄂东南革命烈士陵园	湖北省黄石市	1927 年阳新"二·二七"惨案	1927 年
4	延安革命纪念馆	陕西省延安市	陕甘宁边区	1934 年
5	胶东革命纪念馆	山东省烟台市	抗日战争	1935 年
6	西安市革命公园	陕西省西安市	谢子长	1935 年
7	陕甘边革命根据地照金纪念馆	陕西省铜川市	陕甘边革命根据地	1935 年
8	潍坊市革命烈士陵园	山东省潍坊市	潍县战役	1951 年
9	许光达故居	湖南省长沙县	许光达	1954 年
10	焦裕禄纪念馆	山东省淄博市	焦裕禄	1962 年
11	马兰基地	新疆巴州	两弹一星	1964 年
12	大寨森林公园	山西省晋中市	农业学大寨、大寨精神	1964 年
13	采访抗美援越老兵	山西省晋中市	抗美援越	1964 年
14	采访高龄党员	广东省广州市	刘国村	1969 年
15	铁人王进喜纪念馆	黑龙江省大庆市	王进喜	1970 年
16	采访退伍军人	广西壮族自治区崇左市	黄真达	2016 年

实践参观景点或采访对象（按对应历史事件的大致时间顺序排列）

中山辛亥灭清廷，三民主义开新纪，实践队员来到四川省成都市

■ 队员申纪宏博参观辛亥秋保路死事纪念碑

人民公园，参观辛亥秋保路死事纪念碑。

辛亥秋保路死事纪念碑，是国务院公布的第三批全国重点文物保护单位。被朱德誉为"排山倒海人民力、引起中华革命先"的四川保路运动是辛亥革命时期最突出的历史事件之一，它为武昌起义的爆发创造了条件，提供了机遇。

井冈红旗飘万代，星星之火可燎原，为调研"星星之火"的发展历程，实践队员们参观了中共刘集支部旧址纪念馆、湘鄂赣边区鄂东南革命烈士陵园、延安革命纪念馆、陕甘边革命根据地照金纪念馆，四所纪念馆分别反映了山东、湖北、陕西三省革命根据地的发展情况，是毛泽东工农武装割据思想的成功实践，为中国革命积累了经验，为中国共产党培养了人才。队员来到有"小莫斯科"之称的刘集村，瞻仰我国首版中文译本《共产党宣言》，追寻革命火种。

■ 队员黄湫涵（左）参观中共刘集支部旧址纪念馆，队员王保仪（中）参观胶东革命纪念馆，队员刘智林（右）参观湘鄂赣边区鄂东南革命烈士陵园

众志成城谋发展，神州大地开新篇。大寨是山西省昔阳县大寨公社的一个大队，原本是一个贫穷的小山村，农业合作化后，社员们开山凿坡，修造梯田，使粮食亩产增长了7倍。实践队员走访了大寨劳动人民靠双手在七沟八梁上修造的梯田，这些梯田如今仍然是大寨村的精品田，成为每年粮食产量的重要来源；亲临军民池及渡槽，感受大寨人民解决吃水和灌溉问题的智慧和军民间的鱼水之情；参观大寨展

览馆，从陈列的农具和照片中进一步体悟到大寨党支部的雄韬伟略和大寨人民的勤劳勇敢。

■ 队员王嘉琪参观大寨森林公园

（二）寻访一颗心——专访党员前辈，感悟初心使命

在"寻访一颗心"部分中，实践队员参观纪念馆，通过无声的史料与前辈对话；采访退伍老兵，忆苦思甜、展望未来。在一次次参观与采访中，感悟党的初心使命，传承党的红色基因，感受共产党人的精神血脉。

■ 指导老师王建鑫（左一）参观焦裕禄纪念馆，队员陈妍旭（中下）参观铁人王进喜纪念馆，队员杜志榕（右上）参观马兰基地

知行致远
——上好新时代北航青年社会实践必修课

天下苍生天下谋，为民欢喜为民忧。实践队员怀着崇高的敬意，前往参观焦裕禄纪念馆、大庆铁人纪念馆、马兰基地，感受老一辈共产党员无私奉献、艰苦奋斗、克己奉公的伟大精神。

队员陈妍旭在实践总结中如是写道："也许能够改变山河，但有一种精神永远不会忘记；时间也许能冲淡记忆，但有一类人永远不会被遗忘。纪念馆中那一行行朴实却蕴含着大爱的文字、那一幅幅优秀干部辛勤劳动的照片，展示出许许多多中国共产党党员心中的那颗为人民服务的赤子之心。"

保家卫国洒热血，英雄不朽浩气存。队员们采访了3位退伍老兵，聆听老战士讲述战斗故事与难忘经历，仿佛回到了那段血雨腥风的岁月。老兵们退伍后仍不忘入党初心，带领居民打赢脱贫攻坚战，为祖国发光发热。

采访对象之一的郑命晓爷爷曾参与抗美援越、自卫反击战等重要战争并多次立功，后转业至地方。他于1961年递交入党申请书，1962年3月成为正式党员，已有59年党龄。服役的几十年时间里经历过三月未脱鞋袜、晚上睡觉两手抱枪的艰苦生活，也曾因立功受时任中国驻越南大使朱奇文同志的接待，家中四个孩子出生和父母去世时却均不在场。他在采访中表示没有共产党就没有新中国，祖国最需要的时候，都是共产党员先站出来，只有舍小家为大家，才是一名合格的共产党员。

■ 队员采访党员前辈

（三）共讲一堂课——传唱红色精神，凝聚奋进力量

学党史、强信念、跟党走，为进一步宣传实践成果，实践队组建"仪光赤心"宣讲团，开展以"学党史、强信念、跟党走"为主题的公选讲座，北航马克思主义学院王春玺教授指导点评。

■ 讲座现场

在宣讲中，实践队员分别介绍参观景点，讲述采访过程，分享历史故事与感人瞬间。一段段战火纷飞的峥嵘岁月、一曲曲荡气回肠的英雄故事由队员们娓娓道来，赢得同学们的阵阵掌声。

王春玺教授对实践队的工作进行了充分肯定，并强调北航是红色工程师的摇篮，号召同学们亲身前往红色景点、军事博物馆等地，切身感受历史细节与英雄精神。

（四）用好一资源——探索红色消费，赓续红色血脉

习近平总书记曾强调，红色资源是我们党艰辛而辉煌奋斗历程的见证，是最宝贵的精神财富，要用心用情用力保护好、管理好、运用好红色资源。

2021年以来，红色旅游热度持续居高不下，且"红色研学游"和"红色旅游+乡村旅游"受到越来越多亲子家庭游客欢迎。红色旅游已经成为一种热潮，为红色教育和地区发展贡献了巨大力量。

实践队队员以自己家乡的红色景点群为主，通过实地走访、调查问卷、座谈会等形式，既与地方政府的决策者对话、也与参观场馆的游客交流，全面调研红色资源的保护、管理、运用情况，为红色旅游

知行致远
——上好新时代北航青年社会实践必修课

业的发展提出建议。

■ 座谈会照片

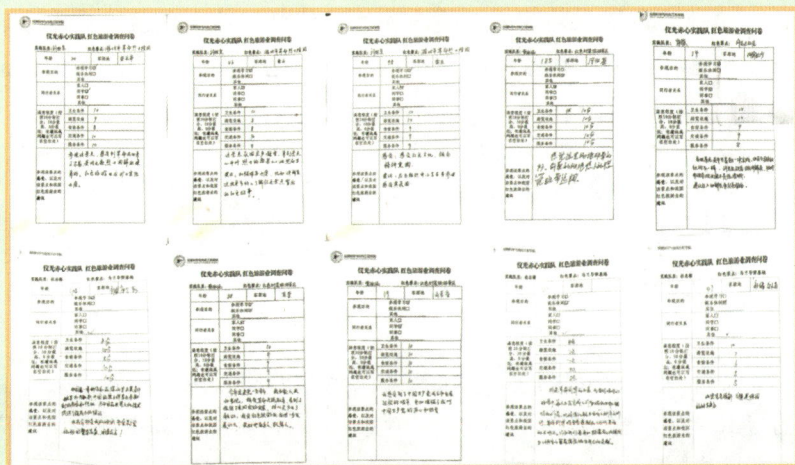

■ 部分调查问卷

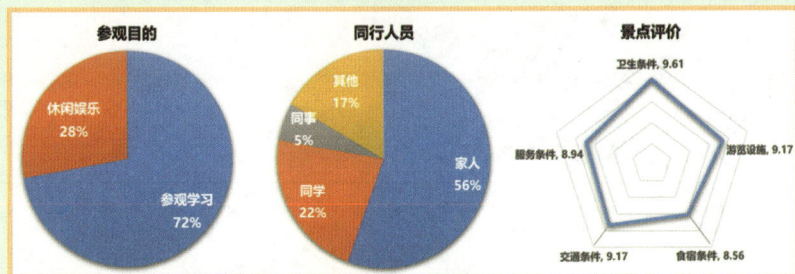

■ 游客画像与景点评价（10分满分）

1. 聚焦教育，打造创新红色课堂

为更好地讲好红色故事，各红色景点可根据自身情况制定不同的

"打开方式"。例如红色革命根据地可开设沉浸式体验项目，让游客换上军装，背上扁担，重走山路，体会当年的艰辛与不易，培养团队精神。

2. 整合资源，形成红色旅游线路

以"旅游+"为载体，辐射周边红色文化资源，将红色教育和红色旅游资源串点成线，构筑起有影响力的政研学一体化红色旅游产品。提高游客的参观体验的同时，带动整个地区红色旅游业的发展，同时为脱贫攻坚事业做出巨大贡献。

3. 科技赋能，完善基础设施建设

各景点可加大讲解方面的投资，进行深度开发，将革命历史运用声音、动画、数字互动等科技手段还原，使红色旅游由静态向动态转型，让游客在互动、体验中不断接受红色文化熏陶，增强红色文化旅游的感召力和吸引力。

三、总结与展望

（一）实践亮点

1. 时间跨度大

综合三期实践成果，实践队从辛亥革命的曲折探索出发，途径长征的雪山草地，感受抗日战争与解放战争的艰苦壮烈，脚步遍及中华人民共和国成立以来的发展成就，完整展示出中国共产党百年来的风雨历

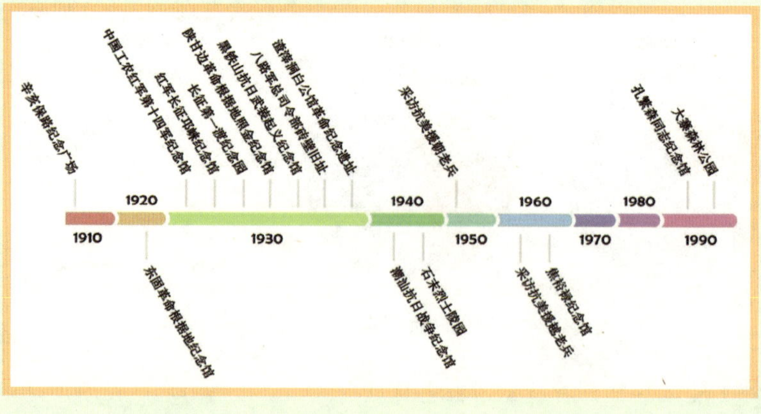

■ 实践时间轴

知行致远
——
上好新时代北航青年社会实践必修课

程与峥嵘岁月。

2. 空间范围广

实践队员共计参观了来自10个省份及直辖市的13个红色景点，从广东汕头潮汕抗日战争纪念馆内的巍峨雕塑，到山东淄博黑铁山脚下的庄严石碑，再到四川成都红军长征邛崃纪念馆旁的鲜艳红旗。实践队穿过河流，翻过山脉，脚步遍及祖国大江南北。

3. 实践层次深

实践队由辅导员发起，并带领党支部策划，大班同学积极参与，充分利用学院资源。实践队将红色景点和老一辈党员作为走访和采访的对象，在实践中学习党史，感悟老一辈共产党员的优秀精神品质。整合实践成果，在实践队公众号及学院官方公众号发布推送，同时成立宣讲团组织公选讲座，进一步传唱红色精神。最终对调研结果进行分析，对红色旅游业的发展提出建议。

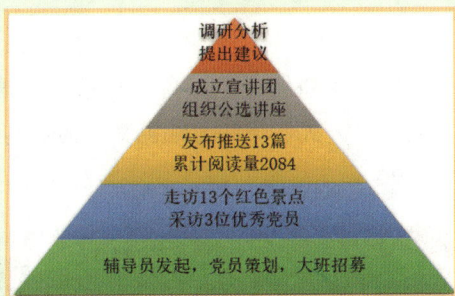

调研分析
提出建议

成立宣讲团
组织公选讲座

发布推送13篇
累计阅读量2084

走访13个红色景点
采访3位优秀党员

辅导员发起，党员策划，大班招募

■ 实践层次

（二）队员收获

通过实践活动，实践队队员对家乡的红色历史更加了解，也在参观、采访等活动中进一步感悟红色精神，上了一堂生动多彩的思政课。

队员杨嘉源表示"通过这次暑期社会实践，我认清了自己的历史使命，明确了自己的责任，坚信中国特色社会主义道路的正确引导。我要在北京航空航天大学这座神圣的学府殿堂，传承红色基因，发扬艰苦奋斗精神，刻苦学习，在祖国的发展中找准自己"空天报国"的定位，在中国革命道路上迈出更加坚实的步伐，为祖国的进一步繁荣昌盛做出自己的贡献。"

队员肖琛表示"看到红色旅游业的蓬勃发展，也能感受到我国近几年对于红色内涵的挖掘与传播卓有成效，随着时间慢慢推进，红色旅游业若也能与时俱进，积淀力量，未来也会成为一代又一代人取之不尽的宝贵财富。"

队员顾爽表示"'侠之大者，为国为民'，革命先烈是人民群众心中的大美英雄，让侠者报国内化成一种国民气质，此生无悔。大江东去，云腾浪卷。时光荡涤尘埃，唯留忠烈英魂于史册间不绝回响，无数的共产党员树立了正确的风向标，带动整个社会'千岩竞秀，万壑争流'，向善向美，让吾辈不驰于空想，不骛于虚声，而是与浩然英雄气概相携相行，无怨无悔书写新时代的华夏传奇，为中华民族的伟大复兴而勇往直前！"

（三）实践展望

1. 深化合作，聚焦红色文化消费

实践队将结合全国各地红色文化消费的发展经验，探究红色消费发展的"公式"，助力红色文化消费的健康、快速发展。

2. 强化宣传，推进宣传实践成果

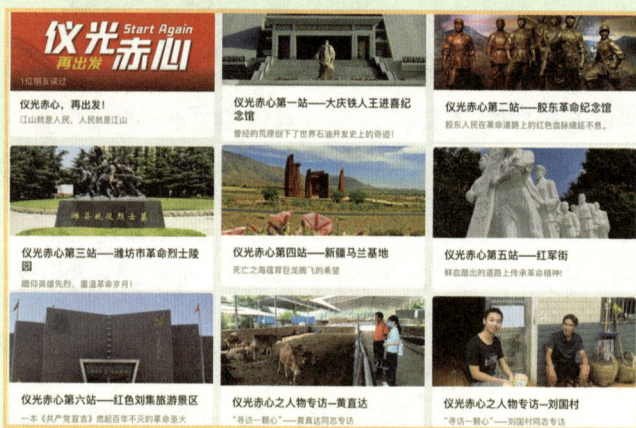

■ 往期推送展示

实践队将继续加强宣传工作，不断优化宣讲团的宣讲内容，同时推进线上、线下宣传工作，充分发挥新媒体优势，引导广大青年厚植爱党、爱国、爱社会主义的情感，让红色基因、革命薪火代代相传，砥砺初心使命，凝聚奋进力量。

3. 青春向党，共建红色育人体系

实践队将用红色主题基因涵养青年学生心灵，引导和帮助青年学生坚定理想信念，培育社会主义核心价值观，为实现中华民族伟大复兴的中国梦提供强有力的精神支持。

深入基层，拨司法治理云雾

——航法丰行实践队

一、启新程·队伍介绍

航法丰行实践队是由北航法学院、人文社会科学高等研究院的17名学生和1名指导老师组成的暑期实践队伍。实践队以"领航·聚焦行业发展"为主题，深入丰台区宛平城地区各社区、北京市丰台区人民法院开展调研，以"社区书记助理"的身份参与基层"沉浸式"社区调研，又以实习生的视角深入基层司法一线调研，在调研中挖掘治理痛点、司法困局，并借助学术研究等方式建言献策，为基层治理工作的完善注入新思路，贡献团队的青年力量。

二、顾来路·实践历程

（一）宛平城地区·社区调研

1. 活动介绍

7月5日至11日，队员们前往宛平城地区开展"沉浸式"社区调研。队员们通过"社区书记助理"实践岗位，在社区工作中察民情访民意，就社区治理难题建言献策，同时也在"红色文化"与"绿色经济"的熏陶中，触摸历史的厚重感，汲取大美丰台的建设智慧。

2. 活动内容

实践之前，实践队在带队老师李游的指导下进行了集体会议，初步确定了社会实践的目标以及预期成果。计划与宛平城街道办相关领导对接，将成员分散到8个街道主要社区、并从各社区管理情况、同行政机关的关系、特色服务等方面入手进行分组调研。

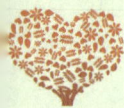

后续几天的实践中，同学们积极与社区书记对接，通过座谈的方式获取了各组相关议题所需资料。并跟随社区志愿者下基层，实地了解各个课题背后的机理，从民众处寻求一手资料。实践队员还与来自清华大学的实践队队员进行了友好交流，互相了解对方的先进经验。最后，实践队同宛平城街道（科级基层政府）相关行政领导人员进行了实践座谈会，队员们就各组的细分议题同相关负责领导进行了深入交流，获得了更翔实的一手实践资料。

实地实践结束后，队员以北航法学院为依托，进行了数轮集体讨论，在充分查找相关资料的前提下，不断完善各组实践报告，并将其统率于基层社区治理这一实践主题下，最终形成了3.6万字的宛平城阶段研究报告，获得了学院的极大认可，并将其加入了纳入教育部首批新文科项目《工科优势高校面向科技融合的法管交叉新文科人才培养理论与实践》建设内容。

实践印记：以实践队第一小组——宛平城社区小组的社会实践为例

两位小组组员在第一天与社区书记接洽后便跟随社区志愿者走街串巷，进行实地走访，问问题、办实事，力求在短时间内了解宛平城社区居民的主要诉求、主要问题以及社区对应的解决方法。在调研过程中，小组发现社区居委会作为基层群众性自治组织进行社区工作的过程中，其具体政策很大程度上受到基层政府的指导，宛平城街道（科级政府）与社区主要工作人员签订合同，社区经费也主要由基层政府划拨。从法理上讲与其定位产生相应的矛盾，小组成员便积极与社区工作人员和社区居民进行交流，围绕前述主题进行调研。并随后在中期会议上向指导老师以及剩余组员进行汇报交流，得到了更确定的实践指导和更精细的计划之后，开展了更为细致的工作。并在与基层政府（宛平城街道）的交流研讨会上向政府的有关领导进行询问，多角度还原了所研究问题的全貌，将其写入了研究报告中。在学校的资料整理阶段，又对该问题进行了细致的学术研究，最终形成了一份研究报告，汇入了全实践队的宛平城阶段研究报告。

（二）北京市丰台区人民法院·专业见习

7月12日至7月30日，队员们于北京市丰台区人民法院开展专业见习。队员们被分至立案庭、执行局、民一、民三、民四庭以及南苑法庭、刑庭、综合庭、政治部等不同的庭室，切身体验法院的日常工作，融入法院系统深入了解理论知识的实

■ 队员于民三庭开展工作

际运用，剖析法院特色一轴多翼"多元调解制度"，收获满满。

法院的每个岗位都像是"流水车间"的一个环节，每位同学在这里面充当着"螺丝钉"的角色，同学们在一线工作的历练中对法院的职能分工、案件的流转处理、以及现实与理论错位的矛盾等都有了更明晰的了解，也在工作与研讨中产生深刻的思考。

实践队的第二阶段实践依托于学院生产实习活动，各小组成员分赴丰台区人民法院进行实地实践研究，作为未来的法律从业者，以专业视角剖析社会基层治理中的法律纠纷。第二阶段（丰台法院阶段）社会实践开始前，实践队在李游老师的带领下进行了集体会议，初步确定了社会实践的大致方向，鉴于法院所处理纠纷的多样性，无法在未开展任何实践活动的情况下制定统一的细分实践课题，故而实践队发扬创新精神，以个人为单位，以各庭为团队，首先独立在实践基础上选定研究课题，随后经过集体讨论，带队老师个别指导以完善第二阶段实践报告，使得第二阶段实践报告最终以高质量社会基层治理论文集的形式呈现，涉及基层司法实务的方方面面，从十四个角度形成十四篇研究文章，共计10.1万余字。

实践过程中，各实践队员作为法官、书记员的助理协助进行法院日常工作，设身处地地为人民解决司法问题，化解纠纷。鉴于法院工作的特殊性，涉及当事人隐私的具体工作内容无法在此详细展开，并且研究报告中所涉及当事人信息都经过模糊化处理，符合要求。

（三）北京航空航天大学校内·法律实务研习

1. 活动介绍

7月31日至8月12日，受疫情影响，实践转为校内开展。队员们就前期基层法院调研中发现的实务问题展开全面的案例研讨，着手案例分析交流、报告撰写，并开展模拟法庭活动。

2. 活动内容

校内实务研习依托前两阶段的实践成果，对其进行沉淀积累，丰富完善，展开多场集体研讨会议，进行社会实践的成果转化，具体包括以下内容。

案例研讨精益求精

为拓展案例研习的深度与广度，丰富案例研习学术内涵，在校内学习期间，航法丰行实践队多次组织案例研讨课，从案例研讨的思路方向、案例的选择与应用等角度展开研讨。在过程中，李游老师结合优秀案例报告范例、学术资料及个人学术论文写作经验，对同学们案例报告的构思及写作有针对性地进行了指导，使同学们在实践接触的鲜活案例的基础上，更有体系地完成案例分析报告，臻于至善。

■ 队员开展案例分析研讨会

模拟法庭尽显风采

在李游老师的指导下，航法丰行实践队依托法源法律实务综合模拟软件开展模拟法庭活动。模拟法庭活动采用线上线下相结合的方式，在庭前准备阶段，队员们在线上按照自己抽签所决定的角色

■ 队员开展模拟法庭竞赛

分配，依据系统流程图的引导，从了解案情、撰写文书等多个角度展开相应的工作。庭前准备工作就绪后，队员们于如心楼模拟法庭厅还原庭审，尽显风采。

三、汇成果·亮点特色

在两个阶段的实践过程中，实践队发扬北航精神，传承北航听党话、跟党走的办学传统中始终传承的红色基因，在实践活动中开展了一系列特色活动，具体内容如下。

（一）传承红色基因，站稳人民立场

百年征程波澜壮阔，百年初心历久弥坚，回首中国共产党的奋斗历程，中国共产党人始终坚守人民立场，与人民休戚与共、生死相依。站在中国共产党建党100周年的伟大节点上，航法丰行实践队坚决响应中国共产党的号召，传承红

■ 队员参观中国人民抗日战争纪念馆

色基因、赓续红色血脉。队员们前往宛平城基层社区开展"沉浸式"调研，倾听群众呼声，回应人民关切，聚焦"物业管理""车棚清理""电动自行车入户"等社区治理的难点痛点进行研究，震撼于从垃圾到创收的"绿色经济"建设智慧，致力于解决当地人民生活的急

■ 队员参观丰台区循环经济产业园，了解渗沥液处理厂工艺

■ 队员参与城南社区"桶战值守"，督促居民落实垃圾分类

难愁盼问题，回应人民日益增长的美好生活需要。除此之外，航法丰行实践队在实践过程中不忘党史学习教育，队员们前往了卢沟桥、抗日战争纪念馆、宛平党群服务中心参观学习，在党史教育中不仅感受到不同时期共产党员在迈进新征程、奋进新时代中的先锋作用与奉献精神，也汲取了"红色基因"的文化力量，提高了团队的思想境界。

（二）聚焦行业前沿，把握时代脉搏

■ 队员采访宛平城东关社区书记关于社区运行机制相关问题

习近平总书记指出："要加强和创新基层社会治理，使每个社会细胞都健康活跃，将矛盾纠纷化解在基层，将和谐稳定创建在基层"。北京市作为新时代社区治理的先行者，始终在推动基层社区焕能赋新。而在社区主体多元、诉求多样、治理体系陈旧的框架下，社区涌现出的纠纷矛盾则成为治理的痛点难点，亟待创新社区治理机制。航法丰行实践队通过调研基层社区，聚焦"业主委员会及其运行机制""基层社区工作机制""社区居委会的定位"等社区治理的难点，通过田野调查、文献分析等方法，为社区治理体系的创新注入新思路，推动社区适应新时代、新需求的发展。

党的十八大以来，以习近平同志为核心的党中央高度重视推进政法领域改革，全面推进司法体制改革，切实推动司法工作高质量发展。针对习近平总书记强调的"把非诉讼纠纷解决机制挺在前面"以及"着力推动人工智能、大数据、区块链、5G等现代信息技术同司法工作的深度融合"等发展要求，航法丰行

■ 队员开展实践研讨会

知行致远
——上好新时代北航青年社会实践必修课

实践队深入基层法院开展行业现状的调研工作，就丰台区人民法院的"一轴多翼"特色多元纠纷解决机制、智慧云法院系统等进行深入了解，并就行业前沿存在的治理难题进行调研分析，为基层法律实务工作的开展贡献青年力量。

（三）承继务实学风，实践硕果累累

通过基层社区、司法一线的调研，队员们针对社区治理、司法治理的痛点难点展开研究，并通过文献研究、采访会谈等方法完成社区调研报告、案例研习报告和实践日志等逾15万字材料，形成了丰富的研究成果。此外，队员们每日及时提交工作照片、上传简报，全面翔实地记录了实践过程中的具体工作内容，真正做到全方位实践聚焦。学生们从此次实践中受益良多，不仅加深了对于法律的认识，还提升了实践能力，真正做到知行合一。

（四）宣传实践成果，记录团队日常

此次的实践活动是同学们从课本走向实践的第一站，更是同学们大学生涯中一同奋斗过的宝贵记忆篇章。为了更好地记录同学们的日常生活，同时也扩大团队实践工作的影响力，"航法丰行实践队"公众号应运而生。在为期39天的实践中，实践队发布了14篇优质推送，阅读量高达4000+，其中多篇推文也被航行者、北航法宝、北京航空航天大学学生会公众号转发，转发阅读量达到1000+，形成了良好的宣传效应。

四、展未来·发展方向

"德才兼备，知行合一"是北航的校训，也是北航人一以贯之的行为准则。实践以来，航法丰行实践队深入宛平城社区开展"沉浸式"工作调研，入户送温暖，桶战值守促"垃圾分类"，倾听百姓诉求，调解底商纠纷；也在法院亲临一线案例，听取民众诉求，真正做到了"绝知此事要躬行"。除此之外，团队共召开了9次研讨会，群策群力分析问题，针对问题建言献策，真正做到了理论与实践相结合，既追求真理、善于学习，又脚踏实地，勇于实践，无愧于"知行合

一"的校训。

　　未来，实践队计划依托法学院平台，拓展西城区人民法院、北京市知识产权法院、河北省廊坊市公安局、北京市第二人民检察院等多个实践点，与多支法学院实践队通力合作，进行跨地域、跨时域的实践调研，不断完善现有研究成果，拓展新兴研究课题，努力实现航法丰行实践队的长远发展目标。

　　在今后的实践工作中，航法丰行实践队将持续聚焦社会基层治理问题，以法学专业学生为主体，整合法学院、高研院两学院优势资源，依托法学专业见习活动，从法学专业视角持续研讨社会治理前沿问题，为祖国发展贡献北航智慧！

知行致远

——上好新时代北航青年社会实践必修课

弘扬战"疫"事迹，体现使命担当

——七五零三实践队

一、实践队介绍

（一）创立初衷

七五零三实践队立项于材料科学与工程学院，吸纳来自四个不同学院的5名队员。实践队以专业分流前队员同在的"7503"班为队名，汇聚五个不同城市成员，在聚集多元的思维方式与思考角度的同时，共同将目光聚焦一座特别的城市——深圳。

深圳作为交通发达、人口众多的高新城市，在武汉暴发疫情的第一时间受到了波及，在全中国落入新冠病毒的阴霾之时，却又率先振作，大幅摆脱疫情负面影响，以自己的雄厚的制造业基础重新运作。这座一直以"时间与效率"之誉被人们所熟知的奇迹之城何以又在第一线启航？本着探索的趣味，交流的快乐，团队一拍即合，实践出发。

队旗与队名"七五零三实践队"相配合，体现实践队成员全部来源于187503小班这一信息。实践队在疫情期间前往深圳探访企业在疫情期间如何转型应对，因此，在队旗中设置了"扬帆起航"的意向，以北航校徽指代扬帆，以扬起的浪花指代启航，暗示了本次实践活动的主旨。

■ 七五零三实践队队旗

（二）实践选题

七五零三实践队的实践方向为"弘扬战'疫'事迹，体现使命担当"。实践活动着眼于深圳先进企业，通过采访、调研四家深圳本地先进企业，获得宝贵的第一手资料，并加以查阅、检索权威媒体报道，深圳各政府部门官方网站提供的公开信息以及以全国两会为主的中央新方针、新思想等作为官方资料辅助分析，了解以深圳地区为代表的先进企业如何在疫情危机中作为，感受危机之中企业的使命担当，分析中国制造业战胜危机的核心竞争力，体会"在危机中育新机，于变局中开新局"的两会精神。

（三）实践背景

实践开展于2020年——受新冠肺炎疫情来势汹汹冲击的首年。一方面，疫情突如其来，在国内外经济停摆、贸易受限的情况下，许多实力不足的企业在疫情经济寒冬前摇摇欲坠。另一方面，为掩盖抗疫无能、经济受挫、失业率大增，时任美国总统特朗普大打中国牌，导致中美脱钩论愈演愈烈，屡遭美国为首的国家技术封禁、资本抽离的中国制造业，遭遇影响更为持久的危机。

深圳，人口众多，交通发达，曾病例激增；亦是中国高新城市的代表，中国制造业供应链系统的龙头；双重危机之下，首当其冲，是进行企业调研的绝佳选择。

■ 深圳夜景——摄于深圳市民中心

二、实践内容

（一）数据调研

官方提供的数据具有较高权威性，可以清晰、直观、真实地反映出2020年疫情严重时期深圳的经济情况，为调研增加科学性和真实性。七五零三实践队通过查询深圳统计局官网，获取了2020年前后深圳的多个经济指标数据，并将其整理为变化折线图。

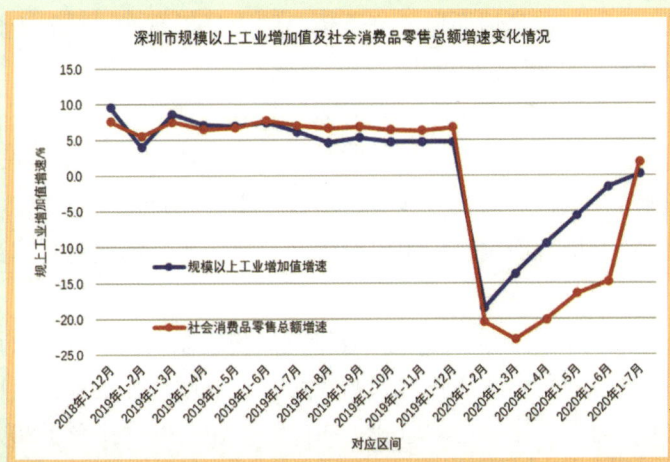

■ 深圳市规模以上工业增加值增速及社会消费品零售总额增速变化情况

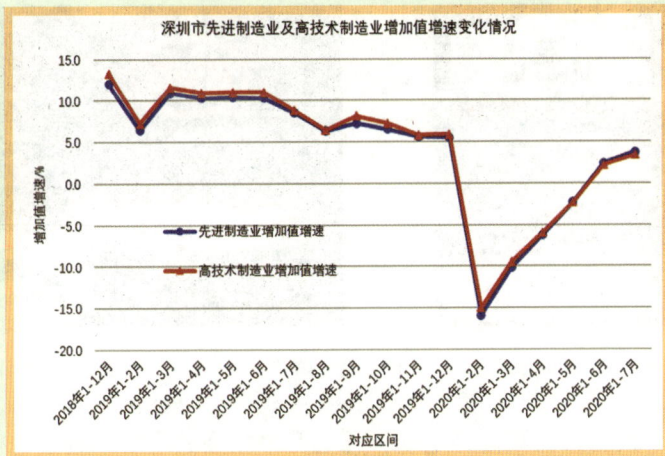

■ 深圳市先进制造业及高技术制造业增加值变化情况

175

清晰可见，在疫情严重的2020年1月—2月，深圳市规模以上工业增加值及社会消费品零售总额增速变化趋势相对一致，工业生产受限，居民生活水平下降。特别地，能代表深圳高新企业特色，亦是本文调研企业所属的高技术制造业及先进制造业也难逃增速下跌。

（二）实地走访

以队长为代表，七五零三实践队先后走访了三家深圳先进制造业企业，通过参观车间、对话企业负责人，深刻直观感受了这些优秀的深圳企业如何在疫情面前屹立不倒，助力复工复产、战胜疫情的同时，为促进经济社会发展做出了卓著贡献。

1. 比亚迪：不转则已，一转惊人

比亚迪股份有限公司，中国著名大型高新技术制造业企业，新能源汽车制造排行世界前列，业务也涵盖至电子及轨道交通等。在疫情期间，比亚迪挺身而出，自主研发生产口罩，并一举成为全球最大口罩量产工厂。

2020年8月14日，实践队踏入比亚迪股份有限公司深圳坪山总部，在讲解员的引导下参观比亚迪的发展及产品展厅，并走进比亚迪汽车组装车间。随后，比亚迪副总裁王杰先生亲切问候并接受了20分钟的采访，讲述比亚迪的抗疫事迹与强劲实力。

■ 参观比亚迪必须佩戴的访客证　　■ 实践队队长在比亚迪展厅前留影

这一大企直面国内外电动车行业竞争激烈的现状，还遭遇疫情寒冬，车市收入下跌40%～50%，却仍要维持不菲的日常运营支出，引用

采访中一句直观的话"我得每月为比亚迪赚来几个亿，才能养活我底下的员工"。

在比亚迪克服困难，勇担社会责任，跨界援产口罩的背后，七五零三实践队看见了其惊人的生产弹性与生产效率的结合统一。经了解，比亚迪从电池、芯片到手机代工均有涉及，生产设备及环境丰富齐备，生产口罩所需要

■ "技术为王，创新为本"——比亚迪的基本信条

的无尘车间已然具备；据采访，对于其专精的汽车生产而言，除了车窗玻璃及汽车轮胎，包括安全气囊在内的所有汽车部件可由比亚迪内部自产，全产业链覆盖力极强，可以理解比亚迪是如何快速调动人力物力自研口罩设备。实践队参观的汽车生产线井然有序、自动化程度极高，有着出色的生产效率，不难想象口罩生产线如何日产一亿只口罩。

2. 视美泰：山重水复，柳暗花明

深圳市视美泰技术股份有限公司，一家专注于智慧显示和机器智能，为智慧商业显示行业提供平台级产品解决方案的国家高新技术企业。发展至今十余年，在同行业竞争激烈、缺乏绝对优势的背景下公司发展平平。疫情期间，抢先推出测温人脸识别设备，销量极佳，一

■ 视美泰总经理张少华与实践队队员合影

■ 视美泰门口用以考勤的自产测温人脸识别闸机

举跃居行业前列，也为抗击疫情，复工复产做出了突出贡献。

2020年8月11日，实践队拜访了位于深圳国实大厦17层的深圳市视美泰技术股份有限公司，参观了用于测试设备性能的高、低、常温三个实验室，亲自体验了戴着口罩仍可快速测温并识别人脸的入口闸机，并采访了视美泰总经理张少华先生，真实感受深圳企业敏锐洞察、敢想敢做的拼搏劲。

据采访，视美泰曾一度面临竞争激烈乏优势，不温不火难发展的困境。视美泰虽坐拥规模大、专业性高、研发能力高的研发团队，集成了物联网、云计算等新兴信息技术，却因其价格不亲民，只与对智能商显需求较高的中高端大型企业有稳定订单往来，对下竞争不过同行业中低端企业，最终净利润寡淡。

其破局在于精准洞察市场，终求得柳暗花明可期。疫情期间，视美泰抢先推出了应用测温人脸识别技术的智能闸机。据介绍，视美泰在去年2月收购了市面上所有可利用的测温模块，并加班加点测试、设计算法，将测温模块顺利加入了公司已经比较成熟的人脸识别技术上，最终率先推出了这一产品。这为疫情期间

■ 视美泰测温人脸识别模组示意图（来自视美泰官网）

的通行管理提供了一个优异的解决方案，来自海内外的可观订单量，使视美泰疫情期间营业额不降反增，企业发展向好，利己更利抗疫。

3. 康磁：任尔东西南北风，拥独立技术不动

深圳市康磁电子有限公司，一家拥有自主专利、国际技术领先的真空镀膜领域高新小型制造业企业，2020年广东省专精特新中小企业之一。康磁主营磁芯金属化的加工工艺，属于电子产品产业上游，企业规模虽小，却是这一高新技术中的佼佼者，足以游刃有余地面对疫情的冲击，克服了复工复产诸多困难的康磁，站在了深圳复工复产的第一起跑线。

2020年8月10日，实践队实地调研了深圳市康磁电子有限公司，参观了康磁自动化水平极高的磁芯加工、检测生产线，并对话康磁总经理朱小东先生，探索深圳企业低调身份背后的惊人实力。

■ 康磁的自动化生产线与磁芯质量检验设备

由于生产技术独特，国内相关企业屈指可数，这导致其相关研究相对缺乏，相关产业链不够完善。康磁在2010年刚创立时就与浙江大学某研究室合作，度过了漫长的研发期以实现大规模生产，并在随后数年中攻坚克难，自主研发了与其核心技术"贴片电感的金属化"相配套的自动设备，比如上料机器、放料治具的设计及生产等，获得了17项专利。凭借高新自主研发工艺技术，其在疫情期间不受影响，乃至将被打垮的部分企业订单收入囊中，逆势发展，为稳定经济运行做出了有力贡献。

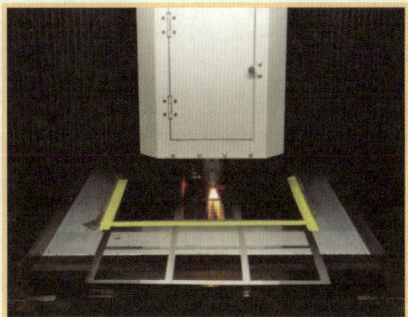

■ 上料机器核心部分特写   ■ 放料治具的制造

三、实践成果

（一）思考总结

七五零三实践队成功联系了比亚迪、视美泰、康磁三家不同规模的深圳先进企业，从实际调研中发现并总结了以深圳企业为代表的中国制造业的三大优势——世界最完整最完善的供应链体系，对中国这一世界规模最大消费市场需求的敏锐理解力，以及强大的技术转化能力及科研攻关能力。在这三大优势面前，深圳企业不仅顺利助力化解突如其来的疫情危机，更在长远的未来持续支持着中国经济的发展，生动讲述着自己的强劲实力与使命担当。

比亚迪能够实现全产业链自产，快速转产口罩，与拥有门类齐全的上游企业提供原料是分不开的，可以说，比亚迪自身所具备的全产业链能力，本身就是一个中国完善供应链体系的一个缩影。中国具有完善的工业生产门类和生产体系，从而形成了全世界最完整、规模最大的工业供应链网络。这个巨大优势，可以让一个专注于效率生产的企业，通过其他上游企业协助，补齐短板，在短期内向生产弹性转化。中国能够成为世界工厂，大规模地承接外包，也是因为中国解决了这个问题。

视美泰能够在疫情期间逆势发展的最大原因，并不在于发展出了独一无二的原创高新技术，而是非常敏锐精准的对市场需求的理解能力。与此同时，中国有包括4亿多中等收入群体在内的14亿人口所形成的超大规模内需市场。当中国企业对消费市场的变化足够敏感，并积极迎合需求时，国内市场便能迅速将企业这一理解能力转化为极大的交易额，产生巨大的效益，促进经济增长。

康磁能够在疫情期间屹立不倒，最大的原因在于其拥有高新自主研发工艺技术。同时具备0到1的原创理论，以及1到N的市场推广，中国制造业强大的技术转化能力和科研攻关能力两手抓。可以说，既具备理论基础，又具备市场转化能力，背靠庞大中国内需市场，中国企业无惧美国封锁。

知行致远

——上好新时代北航青年社会实践必修课

（二）感悟摘录

栾汶林：由于新冠肺炎疫情的影响，这个暑假的社会实践变成了史无前例的线上实践模式。这种坐在书桌前敲敲键盘浏览一下网页就可以完成的实践活动，不免让人掉以轻心。尤其是当我们的实践队将实践主题确定为深圳企业抗疫事迹调研的时候，我一个坐标山东烟台的人，对此更加没有兴趣和参与感了。当然，本次实践大多数工作也的确是位于深圳的队长完成的。但在总结时，我还是能够从本次线上实践的脉络中感受到以深圳企业为代表的中国企业的震撼和荣耀。

对于大企比亚迪的抗疫事迹了解，是我心态发生重大转变的节点。对于比亚迪的了解，曾经的我仅仅知道这是个车的品牌，甚至并不知道它是国产品牌，更不知道它在新能源汽车领域颇有建树。在比亚迪的官网，我竟然并没有找到很多关于抗疫事迹的宣传，只有一个四分钟的短片。我这才知道，在疫情期间，由于口罩供应不足，比亚迪作为大型中国企业站了出来，不计成本、不计回报，真的不像是以牟利为目的的企业能做得出来的。偏偏，比亚迪这样做了，许许多多的中国大中小企业也这样做了。说句实话，在我看这个短片的时候，在我脑海中竟然一闪而过的是北京一号。当时的北航师生，也是如此，一百天的时间，从图纸到零件再到整机组装最后成功试飞。这是一样的忘我付出，即使是中国的企业，都牢记身负使命担当，勇做中流砥柱。其他的中小型企业或许没有比亚迪这样不计成本的实力和资本，但都在自己的位置上承担起力所能及的责任。是这样的震撼和感动，让我正视这次实践的意义所在。

肖潇：沧海横流方显英雄本色。2020年的人类一起经历了前所未有的考验：在同一颗星球上，面对病毒，不同的国家展现出了截然不同的应对措施——一些人在灾难来临时团结一心，勇于实践，在传染病科学的管理与指导下积极抗疫；一些人则在一开始装聋作哑，不闻不问，在发展失控后却反复推卸责任，操纵舆论，视人民的健康和生死如草芥。新冠肺炎疫情让我们看清了世界，也看清了自己：中国人民、中国政府与中国企业的真正竞争力在哪里？在迎难而上，敢于担当；在勇于实践，知错就改；在万众一心，众志成城；在科学指导，民主护航。

新冠肺炎是灾难，也是试金石，试出了文明与野蛮，试出了发达与愚昧，试出了民主与专制，也试出了高尚与卑劣。本次社会实践从企业的采访出发，窥探到后疫情时代中国社会的一角，让身为大学生的我们真正触摸到我们生长的土地上的人们血脉深处的温度，真正见证了我们平稳安乐的生活背后负重的人们，真正意识到整个社会运作起来，团结起来能够释放的力量。而这种力量，也正是我们的国家和民族走向复兴的力量，是我们从过去到未来勇敢追梦的力量。

四、实践启示

结合中国制造业企业的三大核心竞争力，尚待转型发展的中国企业或可从以下几个方面获得启示。

其一，最大程度利用中国完善的工业体系与供应链网络。对于大部分企业而言，专精特长、专注效率，并依托于供应链网络补齐短板，从而完成生产弹性与生产效率的结合统一。

其二，结合自身能力，善察市场变化。能够及时顺应中国市场需求调整自身生产，是企业持续盈利的有效手段之一。但调整生产要建立在对自身能力的清晰认识上，盲目转产则可能导致企业陷入新的危机。

其三，发展创新核心技术，提高科技实力。依靠劳动力优势的代工企业随着优势消失日趋没落，而通过购买进口设备、产品以及技术则会在遭遇封锁时面临灭顶之灾。学习《拜杜法案》的经验，企业与学校实验室相互合作，发挥中国制造业的技术转化能力，促进高校实验室技术的商业化，亦是良策。

传承红色基因，赓续红色血脉

——弦歌一堂实践队

一、实践队简介

"百年征程波澜壮阔，百年初心历久弥坚。"

百年恰是风华正茂！站在百年华诞的重要节点上，弦歌一堂实践队应运而生。实践队生于北京学院学生会，以"传承红色基因，赓续红色血脉"为主题，力求用脚步丈量祖国大地，用眼睛发现中国精神，用耳朵倾听人民呼声，用内心感应时代脉搏，通过亲身实践将与人民同呼吸共命运情感融入学习和生活之中。

■ 团队开展系列红色实践活动

二、实践内容

（一）华北军区烈士陵园祭扫

2021年五四青年节上午，实践队抵达石家庄华北军区烈士陵园进行祭扫，并在革命烈士纪念碑和红军将领董振堂烈士纪念碑前行鞠躬礼。

华北军区烈士陵园是为了纪念抗日战争、解放战争时期牺牲在华北大地的革命烈士而修建。踏入陵园大门，汉白玉石砌成的革命烈士纪念碑上"为国牺牲永垂不朽"八个烫金大字是毛泽东的亲笔题词。通过实地考察，实践队亲身体悟革命烈士在新时代的伟大征程上攻坚克难，奋勇前进的精神。立志接起改革开放的"接力棒"，走上新时代的"长征路"，做新时代"答卷人"，以学习英雄的实际行动，告慰长眠地下的革命英烈。

（二）西柏坡实地考察

下午，实践队前往革命圣地西柏坡。西柏坡是进京赶考的起源，可以说中华人民共和国就是从这里走来，意义非凡。队员们集体参观了西柏坡纪念馆，走过泥砖土坯垒筑的平房，参观中央领导人故居、并穿过防空洞来到中央办公场所旧址和七届二中全会会址，切身感受领袖们简陋的办公和生活环境，深刻感慨以毛主席为首的老一辈无产阶级革命家就是在这样的环境中指挥三大战役，深切感受到了革命先辈的伟大智慧与奋斗精神。

■ 实践队赴西柏坡进行考察学习

（三）香山实地考察

队员们前往当时中央离开西柏坡来北京的驻地——香山。队员们通过亲身参观革命前辈们奋斗过的地方，真切地体会到老一辈革命者在艰苦卓绝中带领中国革命走向全面胜利的革命精神，切实感受革命果实来之不易。更加学会珍惜眼前所拥有的一切，紧随党的步伐，进一步坚定共产主义的理想信念，继续为实现中华民族伟大的复兴而努力。

（四）井冈山实地考察

2021年暑期，弦歌一堂实践队前往井冈山进行实地考察与学习。队员们首先聆听了基地老师贾硕带来的"井冈山斗争与井冈山精神"的专题讲座，贾老师从走进井冈、回望井冈和品味井冈三个部分讲述了井冈山精神的内涵、井冈山的地理

■ 实践队赴井冈山进行考察学习

优势以及我们应该怎样才能更好地弘扬井冈山精神。

井冈山是中国第一块农村革命根据地、是中国革命的摇篮、更是天下第一山。同时，井冈山斗争是农村包围城市的重要起点，井冈山精神是中国共产党的优良革命传统的重要源头，井冈山道路是马克思主义中国化的重要开篇！听完贾老师的讲解后，实践队队员受益匪

■ 实践队在井冈山聆听专题讲座

185

浅，深刻感受到井冈山这片红色的热土承载了太多前辈的光辉事迹；汇聚了无数文人志士的远大抱负；见证了众多革命者的青春。

"'弄潮儿向涛头立，手把红旗旗不湿'，坚定执着理想，在新时代，将井冈山斗争的历史贡献更好地传承、发扬下去！"

——贾老师对队员们的寄语

（五）小井红军医院、小井红军烈士墓、黄洋界实地调研

小井红军烈士墓曾经是一片稻田，是一个避难所，可这里曾经也是一片血流成河的土地。1928年12月，湘赣两省的国民党反动派发动了第三次"会剿"，1月29日反动派在叛徒陈开恩的带领下，窜入了小井村，可是这里还有130多位来不及转移的重伤员，等来的是威逼利诱、严刑拷打。尽管被打得遍体鳞伤、血肉模糊，却没有一人屈服，他们互相搀扶着挺立在刺骨的寒风之中，终于还是在敌人的机枪扫射之中结束了他们的一生，直到生命的最后一刻这些宁死不屈的红军战士们还在呐喊出"红军万岁""中国共产党万岁"。

队员们肃立在墓前聆听赋满深情的现场教学，被此情此景带回至几十年前并深深地为此动容，真切地感受到红军战士们无畏的精神；体会到如今幸福生活的来之不易，感受到信仰那强大无比的力量！

■ 实践队在旧址前合影

"山下旌旗在望，山头鼓角相闻。敌军围困万千重，我自岿然不动。早已森严壁垒，更加众志成城。黄洋界上炮声隆，报道敌军宵遁。"在黄洋界——著名的黄洋界保卫战发生地，当时红军以不足一个营的兵力，打退了敌人四个团的进攻，保卫了井冈山。通往黄洋的两条小道上，布下了"竹钉阵""竹篱笆障碍""滚木礌石"、布满竹钉的壕筑的射击体五道防线。在途中，实践队队员望向延绵不绝的山脉；望向遮天蔽日的密林，在鸟啼和虫鸣中走向纪念碑，伴着耳机中的解读声，重温了当年那段令人心潮澎湃的

历史!

（六）井冈山革命烈士陵园吊唁

弦歌一堂实践队的全体成员在实践活动第三天一起来到了井冈山革命烈士陵园，来祭奠牺牲在井冈山的四万多名英烈们。伴随着低沉的哀乐，大家缓步走上陵园的台阶，在瞻仰大厅向牺牲的烈士敬献花圈。

■ 在烈士陵园开展主题活动之一

接着实践队来到位于二楼的吊唁大厅，见到了15744位烈士的姓名，还有代表着三万多无名英烈的纪念碑，基地的罗文浩老师在纪念碑前给队员们分享了"坚定执着追理想"的课程，罗老师重点讲述了几个典型的革命英烈的故事，在她动情的讲述中，大家都被革命先烈的英雄事迹所感动。最后在纪念碑前重温了入团誓词，在洪亮的

■ 在烈士陵园开展主题活动之二

宣誓声中，将"坚定执着追理想，实事求是闯新路"的井冈山精神牢记于心！

（七）红军"急行军"体验

实践队队员背负着基地配发的地图和红军装备，开始了3.2公里

187

的徒步行军。在途中还进行了定向越野的比赛，也制作了担架、转移伤员。尽管烈日炎炎，道路崎岖难行，大家早已汗流浃背，但仍然保持着乐观的精神，继续坚持前进，一起高唱《团结就是力量》《国际歌》等红色歌曲。大家互相加油鼓劲，在铿锵有力的歌声中，顺利完成了急行军的任务。通过这次任务，队员们切身体验到了红军当年在井冈山生活和战斗的感觉，更加明白了革命道路的曲折艰辛，也能够更好地学习、反思、传承宝贵的红军精神。

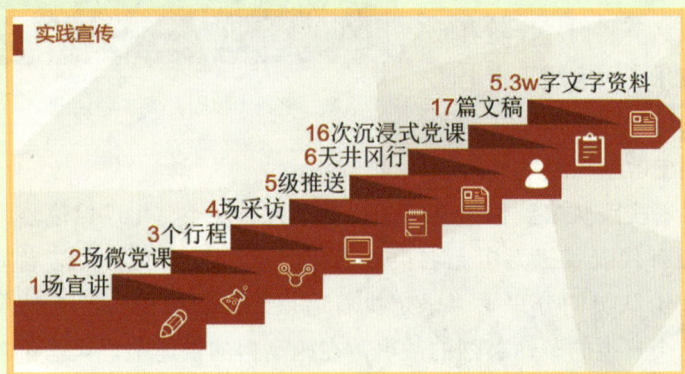

实践宣传

5.3w字文字资料
17篇文稿
16次沉浸式党课
6天井冈行
5级推送
4场采访
3个行程
2场微党课
1场宣讲

■ 实践活动回顾

三、实践总结与展望

弦歌一堂实践队共计完成了一场宣讲、两场微党课、三个行程、四场采访、五级推送、六天井冈行、十六次沉浸式党课、十七篇文稿、5.3万字文字资料。

■ 实践队开展系列实地考察

弦歌一堂实践队主要以建党百年为契机，前往西柏坡、香山、正定、井冈山等多地进行实地考察，队员们在深入学习中了解进京赶考的历史，领略井冈山文化，感悟井冈山精神。让"坚定执着追理想，实事求是闯新路，艰苦奋斗难关，依靠群众求胜利"的井冈山精神在

■　实践队合影

心中扎根、发芽、绽放。实践队将尽最大努力，将井冈山精神传承、发扬。

"不忘初心，砥砺前行"，在经过本次实践后，实践队会牢记党的初心——为人民谋幸福、为民族谋复兴，并且以更加坚定的姿态面对前方的挫折与磨难，真正知行合一，于实践中端正入党动机、坚定入党信念，努力争做能担当民族复兴大任的时代新人！

发扬平凡人的抗疫精神和使命担当

——一心移疫实践队

一、实践队简介

2020年伊始，新冠肺炎疫情突如其来，全国投身于一场"战役"之中。一批批无私奉献的英雄却毫不畏惧地冲在了第一线。面对种种未知，他们毫不退却；身处皑皑白雪，心中燃烧炽烈。正是因为他们的奋不顾身、逆行出征、一往无前，才有了武汉抗疫的胜利，才有了全国抗疫形势的稳定。

为深入学习体会抗击疫情期间习近平总书记系列指示和回信精神，2020年暑假，五位同学组成"一心移疫"实践队，以采访疫情期间高校及社会人员工作情况的形式，深入了解社会各个角色所发挥的

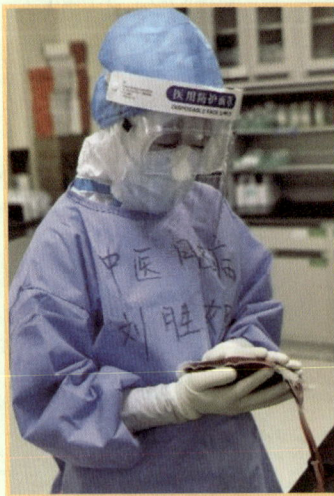

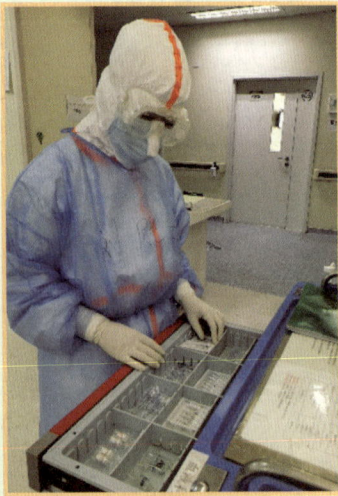

■ 刘护士：实践队采访对象之一

重要作用，进而发扬平凡人的抗疫精神和使命担当。

由于北京地区的疫情防控形势，实践活动主要依托线上采访及事迹刊登等形式。"一心移疫"实践队选择北京航空航天大学第二食堂肖老师、学生8号公寓任老师、安全保卫处王队长、警校学生宋同学、北航教师张玉玺副教授、西安中医脑病医院刘护士、白主任等作为探访对象，从各角度了解这些疫情期间坚守在岗位上、默默奉献着的感人代表。

二、实践活动风采

"一心移疫"实践队的整体实践过程分为研、探、访、结四部分。

（一）研

"研"是指在实践前期，团队逐步确定方向和主旨，围绕"抗疫"这一主题，对社会各界的无私付出进行归纳和总结。实践队员共同搜集自疫情暴发以来数月的新闻，从援鄂医疗队到时刻坚守在一线的医生、警察，再到身边各领域的社会工作者，这些无名英雄事迹给他们内心带来很大震撼。

"一心移疫"实践队不但增进对各个领域抗疫措施的了解，也坚定内心为抗疫献力、为抗疫英雄纪事、传扬抗疫精神的信念。

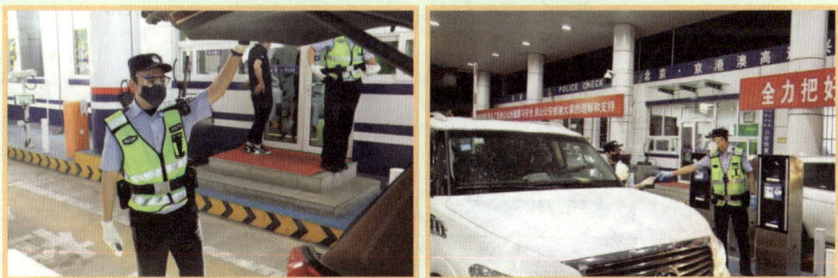

■ 抗疫中的平凡人：交警

（二）探

实践队通过各种途径联系各领域抗疫工作者，初步了解各群体所付出的努力与其背后的故事，预先制定采访大纲等内容。

选择采访对象的过程中，团队不仅关注一线医护工作者，还聚焦身边默默付出的各群体，如学校安保人员、宿管阿姨、食堂师傅等。

■ 抗疫中的平凡人：安保团队

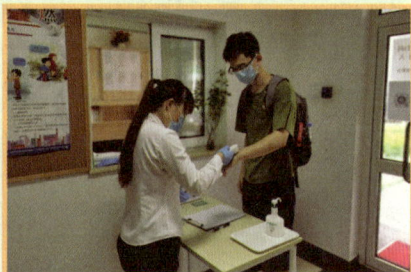

■ 抗疫中的平凡人：公寓后勤保障人员

（三）访

鉴于疫情防控形势，"一心移疫"实践队采取线上视频会议形式进行采访交流，深刻了解各工作者真实想法和工作细节。在交流的过程中，实践队不仅切实地体会到平凡工作者的不易，更了解到每一位英雄背后令人动容的感人故事。

■ 抗疫中的平凡人：食堂后勤保障人员

（四）结

在所有的采访完成后，实践队根据采访记录、录音和个人笔记对内容进行整理，相互交流采访心得感受。在校正文案后将采访内容进行整理排版，在实践队及学院公众号上进行展示、宣传。

■ 实践队组织总结归纳

同时实践队在学院内部开展宣讲会，将所了解到的抗疫工作者事迹总结归纳并分享给更多同学，讲述实践过程中的所得和感受，获得各方一致好评。

"一心移疫"实践队深知作为大学生的社会责任，他们将目光投向整个社会，用平凡伟大的坚守故事为更多人心中注入温暖而坚定的力量。

三、实践成果成效

在实践活动中，"一心移疫"实践队共采访来自社会各界的7位抗疫工作者，深入了解防疫工作、生活细节等幕后故事，切实走近他们的生活，设身处地地感受他们的故事，收获大量实践材料，获得许多特别感触，编织与众不同的实践成果。

■ 实践队开展宣讲活动

"一心移疫"实践队整合实践素材，先后组织两场学院宣讲，通过讲好身边普通人的抗疫故事，号召更多同学积极学习和践行抗疫精神。

在此基础上，实践队不断推广成果宣传覆盖。团队依据采访内容制作多篇推送，分别在实践队、学院、航行者等微信公众平台发布相关文章，分享所听所思和所感所想。同时将采访者工作记录等总量超4.5万字的10篇文稿进行编纂，形成抗疫事迹实录。除此之外，团队还拍摄北航校园抗疫生活系列视频，上传视频网站获得上万播放量。

四、实践感悟心声

在"一心移疫"实践队选取的采访对象中，很多都是身边的平凡岗位，他们坚守岗位、默默奉献的点滴为团队成员留下了深刻印象。

实践队写下的随笔摘录如下：

一次次的采访中，每一位受访者的话语都很朴实。他们用简单的一字一句地介绍着自己的故事，但这一个个简单的故事背后是真挚的情感，能让听众为之震撼、为之动容，能强烈地感受到他们所怀的赤诚之心。随着时间的推移，这些平凡英雄的印迹可能会被岁月冲淡，但当我们返回熟悉的校园，看着这一如既往的平静，一定能记起有无数的人在背后默默支持。

"使命在肩，奋斗有我"，作为大学生，我们可能无法冲在抗疫一线，但可以为社会做出力所能及的贡献，在向这些平凡英雄表达感恩的同时，我们更应该学习并传扬他们的精神力量，并让这份无私奉献的情怀留在更多人的心中。

■ 实践队成员合影

聚焦美育建设，共筑人文北航

——红楼寻梦实践队

一、实践背景与思考

一曲红楼多少梦，一部石头记道尽了作者的心酸之泪，也为我们留下了一本中国封建社会的百科全书，《红楼梦》是我国四大名著之一，是我国传统文化集大成之作，可谓中国古典文学小说艺术之巅峰，毛主席曾经说过"不读《红楼梦》，就不了解封建社会。《红楼梦》不仅要当作小说看，而且要当作历史看。他写的是很细致的、很精细的社会历史。"

在当代大学生学习生活中，完善的知识结构对成长进步十分重要，对于理工科同学而言，人文素养的培养同样不可或缺，《红楼梦》作为封建社会艺术的高峰，不管是艺术性还是思想性，都是学习的绝佳材料。然而由于中小学阶段的学业压力，以及大学阶段专业学习等快节奏生活方式，当下相当部分学生阅读经典习惯缺失，随波逐流，在盲目内卷和无奈躺平两种极端的生活状态中迷失了方向，那么，这样的生活状态，这样的普遍风气是什么导致的，背后是否有更加深刻的原因呢？与当下社会对于以《红楼梦》为代表的经典名著的阅读之缺失又是否有一定关联呢？

怀揣着这样的问题与思考，北京航空航天大学10名热爱《红楼梦》的大学生组成红楼寻梦暑期实践队，愿景是能够在北航浓厚的工科氛围中保留和培育古典文学兴趣和文学素养，希望能借助暑假的时间开展丰富的实践活动，一方面通过实践队成员结成读书小组一同阅读、学习与探讨《红楼梦》文本，参观游览红楼旧景，拜访对红学有研究有深刻见解的老师，与名师交游等诸多方式，增进自身对《红楼梦》这部旷世奇篇的理解，提升自身的美学素养，另一方面则是对上述问题的调查研究与深入思考，通过问卷调查、线下采访等方式，调研同学们乃至更广泛的群体对《红楼梦》的阅读程度和价值认识，探究《红楼梦》对当代社会、当代青年的价值与意义，共同探寻红楼之美，通过课堂宣讲、张贴海报等宣传方式号召大家阅读《红楼梦》，感悟美学，丰富精神生活，培养人文情怀，为建设人文北航贡献出一份青春力量。

■ 实践队与时任北航党委书记曹淑敏合影

队旗：实践队队旗以红色为底色，以金色写出实践核心"梦"字，旨在研读《红楼梦》的过程中，寻找我们的梦，寻找中国传统文化的梦，下注实践队名与校名，整体简约却又不失华丽。

文创：为加深《红楼梦》广泛传播，实践队结合红楼梦中的人物特点与相关判词诗句，设计系列Q版人物的卡通书签，让经典名著得以在日常生活中广泛传播。

二、实践内容

（一）内部学习

实践过程中，为提升队员自身对《红楼梦》的理解与认识和成员美学修养，一方面，团队开展读书讨论会，一起认真品读《红楼梦》，与经典相伴，汲取艺术的滋养与美的感受，激发追求真善美的内驱力。另一方面，调研红楼旧景——曹雪芹纪念馆，在曹公写下旷世奇篇的地方，团队感悟作者心境，调研作者生平，加深关于《红楼梦》创作背景的认识与思考。

1. 读书小组

（1）活动简介

在实践过程中，团队开展了读书讨论会，与经典相伴，汲取艺术的滋养与美的感受，激发追求真善美的内驱力，通过组织学生结成读书小组的形式进行交流讨论，帮助同学们更好地阅读和理解《红楼梦》这部经典名著，深入对书中的美好意象、人情世故、社会背景等重要问题思考。

（2）活动过程

10名实践队成员组成读书小组，组织成员重新精读《红楼梦》文本，提出问题并发表见解，以三天一次的频率展开有主题有策划的读书讨论交流活动，交流分享心得体会以及在实践过程中体悟到的《红楼梦》中的人生道理。

摘录实践实录如下：

7月1日，正式组建《红楼梦》读书小组，确定读书小组的目的意义、所持理念，提出"重读经典，感悟人生"的号召，确立了每次读书讨论活动的流程，将第一次读书小组活动的主要内容定为观看学习王蒙老师讲《红楼梦》的视频，并展开讨论，发表见解。

7月4日，观看《红楼梦》学习视频，展开关于作者曹雪芹的生平经历、人生起伏的分享交流与讨论，为参观游览曹雪芹纪念馆做好准备。

7月7日，阅读《红楼梦》附脂批的版本，了解与作者同时代的脂砚斋对此书的评价，进一步了解作者所处的时代背景与这本书在历史时代中的进步性。

7月10日，总结与曹淑敏老师交流过程中的指导与教诲，总结10天实践活动的收获感悟。

2. 参观游览红楼旧景

（1）活动简介

2021年7月5日，实践队全体队员前往曹雪芹故居即曹雪芹纪念馆参观游览，并对《红楼梦》作者曹雪芹的生平事迹展开调研。

（2）活动过程

7月3日，两名队员施有轩、章俊杰提前前往曹雪芹纪念馆确定参观游览安排及注意事项，并与《红楼梦》主题书店老板交流了有关来往游客对《红楼梦》的了解程度，《红楼梦》相关书籍的销售情况等内容，对《红楼梦》在当代社会的影响力有了更具体的了解，认识到

■ 实践队参观游览红楼旧景

仍然有许多游客十分喜爱《红楼梦》这部著作。

7月5日，实践队全体成员在认真阅读相关安全注意事项后结队前往游览参观曹雪芹故居，游览中实践队队员进一步了解曹雪芹先生在创作《红楼梦》时的日常生活、居住环境等，同时也一定程度上感受到作者在创作《红楼梦》时的心路历程。队员们都感叹《红楼梦》之中诸多热闹非凡、引人入胜的情节竟然就是在这如此清幽的环境下诞生的，曹公的想象力与笔力实在是出神入化。

（二）拜访活动

1. 拜访中国人民大学王燕教授

为做好交流拜访活动，实践队成员详细研读王燕老师发表在《红楼梦学刊》《齐鲁学刊》等上的多篇红楼梦相关文章，并提出包括《红楼梦》在西方的传播及西方人的解读、《红楼梦》的研究对当代青年大学生的影响、现在红学研究的热点方向以及与社会的关联三大方面的交流话题。

7月7日，三名同学前往中国人民大学，为王燕老师送上亲手制作

的滑翔机模型礼物，并进行亲切友好的拜访交流。王燕老师与队员交流了关于《红楼梦》在西方的传播史、《红楼梦》对文化自信的塑造等方面内容，让实践队认识到深厚的文化底蕴在国际交流中的重要意义。特别是，王燕老师谈到《红楼梦》问世五十载、有印本流传不过二十载，便已经翻译到了海外，被视作了解中国文化的教科书，并举了葫芦僧乱判葫芦案的例子，谈到外国对于中国当时以钱赎罪、钱权交易的司法制度的认识等，进一步加深实践队对于《红楼梦》是中国传统文化的百科全书这一看法的理解。

2. 拜访北京语言大学刘奕男老师

为做好交流拜访活动，实践队成员详细研读刘奕男老师关于《红楼梦》叙事情节与季节相关性和人物塑造的论文，并总结交流话题如下：

（1）老师多次提到"黛之影"，那么"黛之影"对于小说的结构、叙事、和思想表达等方面的意义有哪些呢；

（2）《红楼梦》的研究对当代青年大学生的影响；

（3）现在红学研究的热点方向以及与社会的关联；

随后，实践队与刘奕男老师开展线下交流活动。刘奕男老师在《红楼梦》相关领域颇有研究，针对书中叙事情节与季节的关系、"黛之影"的表现均有论文发表，在交流中他同队员分享自己在学生时期研读《红楼梦》的经历，对于大家的阅读方法有很大的启示；同时，刘奕男老师也教授了自身研究方向有关的内容，向队员介绍了《红楼梦》对古代文化发掘的帮助、与当下时代的紧密联系和启示作用，让大家对《红楼梦》一书有了更多的认识。除了与《红楼梦》有

■ 与刘奕男老师开展座谈交流

关的交流，刘老师还详细分享了自己的学习经验、讨论了现在大学生的压力来源等。

3. 开展研读《红楼梦》座谈会

（1）活动简介

2021年暑期，时任北航校党委书记曹淑敏与"红楼寻梦"实践队和学生社团红楼梦学会代表开展《红楼梦》研读座谈会。校党委副书记程波、校团委和士嘉书院相关负责同志参加座谈，校团委书记庄岩主持座谈会。

（2）活动过程

"红楼寻梦"实践队队长施有轩向与会领导老师介绍了实践队概况、主要活动安排和预期实践成果，展示了实践队暑期以来各项活动的开展情况及阶段性收获。随后，实践队成员和红楼梦学会代表围绕喜爱《红楼梦》一书的原因、《红楼梦》书中印象最深刻人物的评价、研读《红楼梦》对于当代大学生的现实意义等问题积极发言，充分阐述了对于《红楼梦》一书的读书心

■ 与时任北航党委书记曹淑敏开展座谈交流

得，也表达了继续认真研读经典名著、带动更多北航同学共同提升人文素养的愿景。

曹淑敏对同学们的发言以及研读《红楼梦》的理解体会给予了充分肯定，她结合同学们就《红楼梦》中的人物和情节所提出的思考逐一进行了耐心细致的交流，并针对实践队的活动规划和组织落实给予了悉心指导。

曹淑敏指出，《红楼梦》一书是中国古典小说的巅峰之作，堪称中国封建社会的百科全书，研读《红楼梦》对于广大北航学子拓展历史视野、提升人文素养、促进全面发展都有着非常积极的意义。她寄语同学们要传承中华优秀传统文化，研读中华文化经典，加深对不同历史发展阶段的理解，汲取经典中的智慧与哲理，同自身的学习生活和成长发展融会贯通，在这一过程中不断坚定"四个自信"，不断增

强做中国人的志气、骨气、底气，为实现中华民族伟大复兴的中国梦贡献青春力量。

座谈会后，实践队同学们向参会老师赠送了自主设计制作的《红楼梦》主题文创产品，并集体合影留念。

（3）队员感受体会

会后，同学们相约将本次拜访交流的感受体会记录下来，现摘选部分同学心得体会如下。

潘心仪同学：在昨天的交流会上，我们交流了很多与红楼相关的问题。对于红楼的人物、情节、诗词等等方面都发表了各自的看法。对于黛玉、凤姐、平儿、探春、刘姥姥等人物的深入讨论，我看到了红楼的真实性，艺术手法的高超，基本每个人都有自己的闪光点，也有自己的不足，其中的为人处世有许多是值得我们深入学习和思考的。曹书记从红楼看政治和社会主义、胡师兄从红楼看建筑等等让我更加深入地看待红楼的博大精深，受益匪浅。在这之后，我会继续精读红楼，提升自己的文学素养，更加全面地提升自己。

程金鹏同学：通过此次与曹书记关于《红楼梦》的交流，我们学到了很多，在发表自己的看法的同时，曹书记对于《红楼梦》的深刻见解也让我们感受到了中华传统文化，经典名著的博大精深，作为北航人，我们要以文化素养为基础，才能更好地发展专业知识，因此我们也要学会用批判的思维看红楼，取其精华，去其糟粕，将其中的美好精神与行为和我们当今的生活联系起来，为祖国发展，为民族复兴贡献出独属于自己的一份力量。

（三）社会调查

实践队社会调查主要分为线上问卷、线下采访两种形式。团队经讨论设计出一份涵盖《红楼梦》文本阅读情况、影视剧了解情况、是否喜爱及原因、《红楼梦》对当代青年当代社会的价值等多维内容的访谈文件，进行发放问卷和展开调查，并依托线下活动开展实地采访。

经过调查和信息分析，团队发现绝大部分人对《红楼梦》都有所了解，特别是长辈大多文学素养深厚、人生阅历丰富，对《红楼梦》的理解也相对深刻，并鼓励年轻人加强对《红楼梦》的阅读和思想体

悟；然而，以当代大学生为主体的年轻人对《红楼梦》的看法则褒贬不一，且存在多数认为其缺乏实际意义。

基于此，实践队分析认为：一方面，《红楼梦》这部书的理解是随着人生阅历的不断丰富而不断加深的；另一方面，现今功利主义横行，学生大多更在意学分、综测等可量化的直接价值指标，忽视个人学习、生活乃至人生过程中的根本追求与动力，这可能也是造成内卷风气的一项重要原因，值得思考和改善。

（四）文体活动

7月5日，实践队成员集体出行游览植物园，以野餐的形式组织团建活动，同时增进队员之间的友谊，让彼此能够更好地了解对方，出游时的氛围愉快放松，大家在野餐时玩了一些小游戏，也聊起了自己的过往经历、接触《红楼梦》的契机等，增进了大家的彼此了解。

同时实践队开展足球等体育运动，培养友谊和协作默契。组织共同观看红色爱国影片《革命者》等，坚定理想信念并加深对《红楼梦》这部书的现实意义体会。

三、思考展望

借助实践调研成果，实践队将以北航红楼梦学会的名义举办系列的特别活动，如：

（1）专题讲座：基于实践过程沟通契机，邀请红学专家学者前来北航举办讲座活动，吸引更多的同学了解并喜欢《红楼梦》。

（2）兴趣研讨会：面向全校学生，围绕《红楼梦》与封建社会、《红楼梦》与爱情、《红楼梦》人物分析三个主题发起征稿活动，由此引发学生讨论思考红学问题的风尚。

（3）《红楼梦》文艺会演：联合了古琴社、笛箫艺术社等艺术社团共同举办《红楼梦》文化会演，组织《红楼梦》组曲，相声、飞花令、猜灯谜等互动活动，帮助大家体味红楼魅力。

四、收获总结

通过这次的实践活动，加深了实践队成员对《红楼梦》的创作背景、创作环境的感悟与体会，对大观园内景点及其中典故的理解，能够锻炼实践队成员的组织、表达以及与人交往沟通的能力。同时号召更多学生阅读《红楼梦》，拓宽视野、感悟美学，丰富精神生活，培养人文情怀，通过开展丰富的实践活动，调查探究《红楼梦》对当代社会、当代青年的价值与意义，共同探寻红楼之美，以丰富精神生活，启迪成长发展。

很多人都说《红楼梦》"一旦入梦，终身不醒"，一旦喜欢上了就越来越喜欢，入之愈深，见之愈奇，欢迎广大想通过《红楼梦》培养起读书兴趣、交流思想、一起成长进步的同学加入读书的行列中来，真正为建设人文北航贡献出自己的一份力量。

第二章

实践中成长　练好真本领

知深行远

对话传承之焰支教团

■ 传承之焰支教团王逸君

采访对象：王逸君，材料科学与工程学院2019级本科生，中共党员。曾获国家奖学金、北京市三好学生、校级优秀学生等多项各级各类荣誉；于2020年暑假加入传承之焰支教团，并在2021年担任队长，三获北航社会实践一等奖第一名，并带领团队获得全国大学生优秀实践队、首都挑战杯二等奖等各类国家级、省部级荣誉10余项。

当初为什么选择加入传承之焰实践队？传承之焰在你眼中是什么样的一支实践队？

当初加入传承之焰是因为我的梦拓学姐在队内，通过学姐的介绍在平日里就了解到了有关传承之焰的点点滴滴的活动与故事，也逐渐

产生了兴趣；后来正好进入暑假招新季，我当时也想寻找一支实践队去历练一下自己，再加上传承之焰是材院的实践队，正好也是我的目标专业方向；所以我就报名加入，成为一名光荣的传火人。

在没加入以前，传承之焰给我的印象主要来源于它取得的各种优异成绩，让我觉得它是一个非常优秀的集体；后来加入并真正投入到工作当中之后，发现其更加打动我的不仅仅是丰硕的成果，更有团队内部的强大凝聚力以及融洽氛围，每个人都可以自由地发挥自己的专长、表达自己的意见，遇到各种问题的时候经验丰富的老队员们也会积极帮忙解决。总之在我眼里，传承之焰不仅仅是一个优秀的队伍，更是一个温暖的大家庭吧！

在大学生活中加入这样一个志同道合的团队一定会收获很多感动。"传承之焰"的名字就有薪火相传的内涵，那么在实践中老队员会为新成员们提供什么样的帮助吗？

帮助还是蛮大的，在我还是一名新队员的时候，承担了英语课的教学任务以及调研部的部分工作；不管什么工作进行的过程中都得到了老队员们非常大的帮助与指导。课程方面，经验丰富的老队员给我们进行了统一培训，并进行了个人实践过程的经验分享，之后还会有试课环节，队员们聚集在一起，每个人对讲课的内容与编排等发表自己的意见，我从这个过程中也受益良多；调研部方面，也是学长学姐亲力亲为，帮忙修改问卷并带着一起去参加实际采访的过程，对于不足之处也及时指出来；这一老带新的过程能够非常有效地帮助新队员们迅速熟悉工作，极大提升了效率；现在也已经算是传承之焰的一项优良传统，一届届传下去吧。

请问是如何确定云支教的主题的？

云支教主题的确定其实主要是来自疫情防控条件的限制吧（捂脸），我刚刚加入传承之焰的时候是2020年暑假，那时候由于疫情影响，所有队伍的线下实践均不能进行，所以就开展了一系列的线上支教；在寒假，依然是因为疫情的限制，不能进行线下的活动，就只能以一种线上的方式再度让寒假活动变得更加丰富。不过在开展的过程中，随着云支教相关经验不断丰富、模式不断成熟，我们也确实发现其存在许多线下支教所难以比拟的优势，比如时空限制小、覆盖范围广等，于是今年暑假我们保留了这种方式，并进一步加入我们的活动当中，来让我们的支教活动体系更加完善。

传承之焰从线下转为线上的过程中，具体做了哪些预备工作来保障顺利的过渡呢？

在开始线上教学之前我们首先和学校以及孩子们确定了教学所使用的设备的状况，沟通好所需要准备的设备以及使用的在线平台，提前做好安装和调试；然后在开课之前，首先有经验丰富的老师将自己的课程搬到了线上，与支教地的孩子们进行了一次短暂的"授课模拟"，再从这一过程中总结出现的问题并进行解决；最后，在课程正式开始之前，对老师们进行统一的培训和经验分享，告知需要注意的地方并提前做好试课，保证正常教学的顺利进行。

当时如何与当地中小学取得联系并合作开展支教计划的？

我接手的时候已经是传承之焰的第七个年头了，在这之前，我们一直与山西和新疆的两所学校保持着比较好的联系，每年会定期前往两所学校开展我们的实践活动，学校方面配合也很积极；不过今年为了进一步进行规模扩大，我们又在学院和知行计划的帮助下联系到了新的学校，来扩大我们的规模。

要想让学校方面更好地配合自己开展支教活动，首先要自己有一套完整的构思，具体需要在哪个地方开展什么样的活动，要有一个大致的规划；然后一定要将自己的规划去与当地学校进行沟通，了解他们开展过程中是不是存在困难、还有什么改进的地方等，不能完全按照自己的想法来，经过多轮沟通后完善自己的支教计划。

云支教的顺利运行离不开与学校的充分交流和协商。我们都知道，网课其实在很大程度上依靠同学们的自制力。那当时你们有考虑过学习效果和课上效率的问题吗？

有考虑到这一问题，众所周知，线上教学的效果相比于线下面对面教学而言总是要打一定折扣的；所以我们想了一些其他的办法加入教学活动当中，来尽最大可能减少这一影响。首先是授课过程，多多加入一些互动性强的部分，避免单纯的说教，最大程度上调动孩子们的积极性、让他们愿意参与到课程当中；再然后，充分利用网络上浩如烟海的资源，在课后寻找一些与课程相关的资料发给孩子们，并且有简单的作业环节，帮助他们巩固课上的知识；最后是每位老师和孩子们都建了一个群，群内孩子们可以对课程的内容进行进一步探讨和提问，老师们也会尽心尽力地解答。通过这几个方面的努力，我们最大程度上减小了线上教学带来的不便，同时也充分利用了网络资源丰富、时效性强的优势，来保证了教学质量。

作为队长，是如何进行组内分工的？以及如何调用大家的实践兴趣和热情？

这个问题其实每年从招新开始就做好准备了，我们每次招新之前都会先确定队内现有成员的情况，看看哪方面的人才已经较为充足、哪方面缺口比较大，然后在招新过程中有侧重地去关注；进入后还会和每一个人确定自己的意向，是否愿意承担相关类型的具体工作，在个人意愿与能力两方面的基础上进一步做好队内的分工。

在调动大家热情的方面，我觉得有两点是比较重要的，一个是尽可能给大家足够的机会去做自己真正想做的、想尝试的事情，在日常工作有序进行的基础之上，给每个成员充分施展自己的兴趣空间，做着自己想做的事情，积极性自然而然就会提升起来；第二点还是就像我们前面提到的，构建一个好的团队氛围，形成强大的凝聚力；队内不像各级组织那样等级森严、纪律严明，大家在保质保量完成任务的基础上，更像是一种朋友之间的相处，氛围好了，热情也就随之调动起来了。

就像你一开始提到的，像是一个"团结的大家庭"。你们当时采取了什么样的宣传路线呢？

宣传路线我们采用的是"平日记录+总结纪实"两方面相互结合的宣传方式，平日里通过队内的公众号、微博等等各种平台记录日常点

滴，既可以作为平日活动的纪实、便于最后的整理，也可以起到对外宣传、扩大活动影响力的作用，一举两得；而总结纪实主要是通过最后将平日活动按照自己活动的框架和出发点进行整理，形成总结性的材料，可以写成详尽的项目报告，也可以整理成言简意赅的新闻稿，向各个具有大影响力的平台投稿，进一步打出自己活动的名声。

除去这一条主线的宣传方式以外，我们还开启了几个"支线副本"，可以更好地给主线服务；比如结合支教日常设计出的文创，以及以孩子们为原型设计的IP等，都可以作为宣传方面的有力补充，更好地丰富宣传途径，也便于进一步提升活动的影响力。

你提到的文创非常有创意，相信孩子们看到也会非常感动。你们当时云支教完成后，有对孩子们进行后续的跟踪采访吗？他们有没有什么感动和收获呢？

有对孩子们进行回访，支教结束之后，孩子们对收到的礼物都表示非常开心和惊喜，对课程的内容和质量也都给出了比较高的评价；支教过程中也有不少老师和孩子们成了朋友，就算是在平时，孩子们也会愿意与老师们分享自己的日常，和老师们时不时说说话。谈谈心，一直保持着联系。我觉得这也能从一方面证明，我们的支教活动真正走进了孩子们的内心吧。

实践过程中印象最深的一件事是什么？

对于我个人来说，实践过程印象最深的一件事就是今年暑假的时候因为南京疫情的突然暴发还波及全国，我们第二批前往山西线下实践的支队不能出行；我记得很清楚的是，我们计划8月2号开始活动，在1号接到了当地不便开展线下活动的消息，事发过于突然，以至于对我们所有人都是迎头一击；说来惭愧，这件事也直接导致了我成为传承之焰六任队长里面唯一一个没有去过线下实践的……

然后当时我们就尽一切可能，将讲台从线下转为线上，结合之前开展线上活动的经验，为了最好地保证活动的效果，选择了线上直播的方式，重新策划活动；最终在所有队员的一起努力下，我们用三天时间完成了课表调整、平台试课以及教具邮寄等等一系列工作，为线上支教做好一切准备，最终在8月5日开始了线上直播课程。整个过程中，也曾经很迷茫和不知所措，但是队员们都表示非常理解和支持，尽自己的力量保证了线上直播课程的高质量，这才是最打动我的地方吧。

可以感受到这次调整真的是非常紧急，也是对实践队的应急调整能力一次很好的考验和锻炼。实践进行完之后，有什么样的感悟和收获呢？

在完成了今年暑期实践的答辩以后，我也正式变为传承之焰的一名"前队长"了，成为一名"退休摸鱼人"；不过在完成这一切之后再返回来看这一路走来的历程，实在是感慨良多，收获也特别多；个人能力获得了全方位的提升，遇到了一群志同道合、共同奋斗的伙伴，感受与孩子们相处的那份纯真的快乐……都是我的大学生活中获得的十分宝贵的财富。

感悟的话，其实最重要的两个字还是"感谢"吧，感谢在这里遇到的所有人，从手把手提携我的学长学姐，到朝夕相伴的队员们，再到一直关心、关注我的导员和老师，他们都带给了我无数温暖和力量，让我能够放心大胆地向前。更要好好感谢一下这一路走来的自己，感谢当时面对如此大的责任依然勇敢地扛起了大旗的自己，感谢从当初的懵懵懂懂到现在能够独当一面，更加自信而清醒的自己，感谢那个当初遇到挫折没有放弃、硬着头皮坚持到底的自己，正是这所有的所有，为我营造了这一年多以来充满美好的独家记忆，谱写了我大学生活浓墨重彩的一笔。

对即将开展寒假实践的同学们有什么建议吗？

其实说实在的，我现在依然清楚地知道自己对于实践活动的理解层次还远远不够，在活动开展的方式上也还是有不少的问题；在这里简单和大家分享一下我感触最深的三点内容吧，如果有所疏漏还请见谅：

第一点在于社会实践要"怀纯粹之心，做纯粹之事"，一定要明白自己参与社会实践的初心是什么，将最根本的落脚点摆在解决社会内部问题、推动社会发展之上，真正瞄准现如今社会发展的历程去开

展实践活动，而不是为了一笔更加光鲜的履历、一个更加具有重量级的荣誉；这是在我看来完成一个好的实践活动的根本。

第二点在于如果有了什么想法，就大胆地去实现它；社会是一个非常广阔的舞台，每一步的探索和前行都会取得意想不到的成效，当脑中有了一个看似可行的新点子，就尽可能寻找切实的方式去实现它、完成它，最终的收获一定会超出你的预期。

第三点在于做一个"善于发现者"，关注到生活中、活动中的每一个小细节，并将其应用到自己的活动中。社会实践的出发点便在于社会内的各种现象，每一个小细节都可能成为推动发展的一个有力的武器，将他们灵活应用到自己的活动中，会让自己的活动变得更加出色和精彩。

最后，社会这一广阔的舞台正等待大家去探索，希望大家都可以在社会实践活动中亲身感受与参与到社会发展的历程中，更好地做到"德才兼备，知行合一"，成为一名更加符合新时代要求的北航学子！

知深行远

对话赤脚红心实践队

■ 赤脚红心实践队王芷婷

采访对象：王芷婷，中共预备党员，生物与医学工程学院医工交叉试验班2019级本科生，曾获北航优秀学生干部、三好学生、国家励志奖学金等荣誉。于2021年担任赤脚红心实践队队长，带领队员于山西吕梁市中阳县开展实地调研，获评北航暑期实践队二等奖，2021年"青年服务国家"首都大中专学生社会实践优秀团队。

当提到社会实践的时候，大部分同学会比较容易想到去做社区服务或者支教类的活动，请问赤脚红心是如何想到行业调研这个方向的呢？

社会调研会有很多方式，社区服务和支教都是非常好的形式，也

知行致远
——上好新时代北航青年社会实践必修课

很容易比较快地产生实实在在的成就感。如果说社会服务和支教更侧重于"实践"，那调研这种方式则更侧重于"社会"这两字，为大家提供了一个观察社会的机会。

赤脚红心建立在乡村振兴的时代背景下，结合本专业特色，将实践队的核心放在乡村医疗卫生事业。2016年，在第九届全球健康促进大会上，李克强总理强调，要加大对基层卫生与健康事业的投入，加大对贫困地区大病保险、医疗救助支持力度，逐步缩小城乡、地区、人群基本卫生健康服务差距。乡村医生属于乡村中不可或缺的一部分，其工作关系着当地百姓的健康，同时也是脱贫攻坚的主力军。因而在建立之初，赤脚红心便希望关注乡村振兴背景下，乡村医生对于病弱群体的帮扶作用，希望能从健康角度，展现我国脱贫攻坚落在普通老百姓身上的变化。

而后我国脱贫攻坚取得全面胜利，"健康中国"的建设逐渐成为工作重心。十四五规划中"全面推进健康中国建设"对基层医疗提出了新要求。而且比较特别的一点是，山西省与浙江省成为全国唯二的紧密型县域医疗卫生共同体建设试点省份。2020年，山西省制定了《山西省保障和促进县域医疗卫生一体化办法》，是全国首部关于紧密型县域医疗卫生共同体建设的地方性法规。于是，在上一阶段主题调研比较完善的情况下，我们将新的调研方向放在了我国医改进程，特别是当地进行的有关县域一体化的推进与成效，了解乡村医生在其中发挥的作用与遇到的困难，有助于为其他地区的医改提供参考。

赤脚红心专注于走访调研乡村医生与基层医疗卫生服务体系，可以结合你们的调研成果谈谈，乡村医疗带给你最大的感受是什么？

感受最深的是乡村医生那种"已识乾坤大，犹怜草木青"的襟抱，其实更准确地说是"落地为兄弟，何必骨肉亲"。山西是典型的乡土社会，村落聚集，乡情浓重；在这片淳朴的土地上，乡村医生和患者的关系，不像我们现代医院里更加地标准化。我们在现代医院里，不同的病看不同的医生，更加专业对口，但由于每次见到的都是不同的医生，加之大城市好的医疗资源短缺，也缺少了一种人文的气息。

而当地不一样，医生对于每个村民都像亲兄弟，儿女不在身边，都是这些人帮忙照顾老人的。他们用自己一点点微小的火苗去照亮温暖整个村庄，展现出的是一种生生不息的、永不熄灭的热忱与真情，一以贯之地努力。

在拜访当地一位位于拆迁安置区的老村医时，有一位老奶奶来看病。在一旁等待的时候，我看到这位老奶奶颤巍巍地拉着村医的手，诉说自己的痛苦；而村医也耐心聆听，不断安慰。Always relieve, often comfort, sometimes cure，我此时才真正理解这句话。这位老村医服务的是安置区的居民，都是一些儿女不在身边的老年人，他对于服务的每个老人的年龄、喜好、性格、身体状况都了如指掌。甚至一些不愿意搬迁住在山上的老人，他也会每周去进行健康检测。村医的作用，远远不止行医这一件事，更重要的是发自内心对人的关怀。

然而，尽管各方面都在努力使得村医的待遇相较之前已经有大幅提升，但仍然难以吸引年轻人从事这一行业。一位三十多岁的乡村医生表示，现在的待遇很难满足全家的日常开销，个人发展前景也不是很好。许多老村医退休后继续回来坚守岗位的重要原因，就是很难找到合适的接班人。可见，乡村医生的改革，仍旧在路上。

你认为走访调研乡村医疗这一实践内容中最大的困难或重点是什么呢？赤脚红心在这一困难或重点上是如何做的呢？

我觉得最大的困难在于如何将调研收集到的信息，以一种可分析的、可量化的形式记录下来。在实践走访的过程中，队员们观察到的、感受到的、收集到的信息都是差异化的，如何将这些信息标准化以进行后续的分析，是一个难题。此外，访谈是最直接有效的方式，但是访谈的内容并不总是能按照计划进行，如何与当地的医生沟通也是我们需要不断调整和改进的。

在实践开始的第一天，我们制定了一份非常全面的家庭医生信息搜集表，初步计划按照上面的信息进行访谈，如果有别的相关信息，也可以予以记录。之后的每天，白天进行访谈之后，晚上大家会聚在一起进行开会反思，集思广益，对调查表和访谈的内容方法进行改进，并对未来的调研计划进行调整，属于是摸着石头过河。最后，再

知行致远
——上好新时代北航青年社会实践必修课

将收集到的信息，进行统计分析，从而得到普遍的结论。

赤脚红心的实践成果中，多次提到中西医结合，特别是在乡镇卫生站的走访中格外关注到了中医方向的诊室建设，可以再具体地分享一下相关的情况吗？

我们走过的都是黄土高坡的乡村，绝大部分乡村医生曾经都是以中医服务为主的赤脚医生，中医技术精湛。国家对于中医药也是大力扶持。有趣的是，走访前，队员们都认为卫生院应该建得不错，而卫生室会很破旧。但实际恰恰相反，乡村卫生室反而承担了绝大部分的医疗服务，建设得非常好。2018年，当地为所有卫生室进行了全面的改造，特别配备了中药柜等设施。卫生院也特别开设"中医堂"，请当地有名望的老中医坐诊，能提供针灸、拔火罐、刮痧等中医药服务。一方面，当地确实有几位杏林春满的老中医，许多外地人都慕名前来治病或则调理身体；当地百姓日常有个头疼脑热、腰酸背痛，或者是肠胃不适的小毛病，也更倾向于选择中药，骨子里也对中药的认可度特别高，也为当地中医发展的顺利奠定了基础。

可以看到，赤脚红心在实践过程中与很多乡村医生进行了深度的对话，这对生物医学工程专业同学的学业和职业生涯发展是否有所启示？

我们常说艺术来源于生活，其实很多科技发明也是扎根于生活的。举个例子，我们在与乡村医生进行访谈的过程中，关于他们对医疗设备的需求进行了一定的了解，如当地配备的血糖仪精确度不够，许多卫生室有急救设备的需求，如洗胃机等，那么如何对相应的设备进行按需的研发或改进，可能会成为部分同学的研究方向，这也是对于我们科研的启发。

事事皆学问，在经历这样一次社会实践中，许多同学都表示是第一次走出象牙塔，第一次亲身体验一些基层工作者的真实工作、生活，对于未来发展方向也有了一定的感悟。我相信不仅是生医学院，其他学院的学生，在经历这样一次社会实践后也一定会对于自己的未来职业生涯发展有一定的思考。我了解到部分同学认为社会实践又苦又累又没有用，还会浪费假期，不如打几把游戏。我觉得这种想法不太好，大学生不应当只拘泥于校园里，社会也是一所大学，如何与人沟通，怎样换位思考，这些都是要在实践中才能更好地实现。读好"社会"这本无字之书，对于个人未来的发展是十分必要的，正所谓"无用之用，方为大用"。

自2016年成立至今，赤脚红心有没有对实践内容、形式等做出一些优化和创新呢？

赤脚红心一直以来的调研方向都是乡村医疗健康卫生事业，但具体的主题会在往年调研成果的基础上，结合国家的政策等大的发展方向进行进一步的明确和调整，旨在基于往年实践成果，从多个角度，层层深入地了解基层医疗的全貌。

同时，在实践的形式方面，我们也在不断改进、不断创新、不断丰富，会结合实践具体情况进行安排：比如2018年我们调研的主题是乡村振兴视角下乡村医生对于因病致贫因病返贫人口的帮扶作用，那么重点就放在了跟随乡村医生入户调研，从病贫人口的身上观察他们的变化。今年的调研主题是县域一体化医疗改革下乡村医生的现状，那么就要求我们对于县域医供体所有层级的人员都进行采访，包括政府部门的相关负责人、县医院院长和医生、卫生院院长和医务工作者、乡村医生以及患者，从多个层次出发看待问题。而今年寒假，我们将调研主题定为了基层药物。尽管由于学校疫情防控安排，实践主要以线上方式进行，但我们组织队员在自己所在家乡展开药店调研，计划对十余个省份的平均药价进行一定的对比，使得原本有限的区域扩展到了全国各地。

相较于其他较为大型的实践队，赤脚红心小而精，也产出了丰富的成果。在队伍建设上，是如何确定当前的团队规模的呢？

客观来讲，社会实践人多一些确实有很多好处：支教类实践队可以服务更多的孩子，调研类社会实践也能获得更多的一首数据，但是我认为调研类社会实践可能确实会对当地的政策产生一些影响，更多的，我希望它是为队员们提供一个锻炼自己、了解社会的契机，为队员

们提供更多的看待世界的角度或方法，充实队员们的头脑与精神世界。

作为赤脚红心的队长，我希望每一位"赤脚红心人"都能有所收获，不光是学会如何采访、如何整理资料、如何进行数据分析，我更希望他们能看到整个社会实践的全貌，不管是主题选取、前期准备，或是后期的宣传、报告纂写等，能够有统筹规划的能力、独立思考的习惯。我希望下次独立组织其他的类似的活动时，赤脚红心的社会实践为他们提供一些经验与借鉴。

而且，坦白来讲，我觉得确实自己能力有限，仅仅不到二十人的团队，我就已经有点自顾不暇了，人员一多，对我来说那可太有挑战性了。

正如你也提到，统筹一个团队对一名实践队队长是一件有挑战性的事情，那么你作为队长是如何调动队员的热情，进行队伍的统筹安排的呢？

统筹安排确实是一件非常困难的事情，因为之前没有组织社会实践的经验，上手后发现：啊，原来组织社会实践需要考量的事情这么多啊。实不相瞒，我在起始阶段，会愁得整夜睡不着觉，担心不能给队员们呈现一个好的社会实践。事在人为。我觉得作为队长，最重要的是统筹所有任务，结合队员擅长部分，将任务分解布置下去；同时不断接受队员们的反馈，把握社会实践进行的总体进度，保证一切有序进行。

关于调动队员热情，首先，大家都是因为热爱才来参加如此艰苦的社会调研。队员的热情与坚持，是我们开展实践最坚实的基础。实践中，大家也都从调研中不断发现问题，在逐步解决问题的过程中进一步认识世界，在实践中体会到了乐趣，自然就会有热情。此外，人少的好处在于大家之间沟通交流比较密切，可以比较及时地关注到队员的状态变化。在团队建立之初，我们举行了丰富多彩的破冰活动，为团队的凝聚力、向心力奠定了很好的基础。

赤脚红心把专业特色和实践方向结合得很好，那么对于想创立跟自己的专业相关实践队的同学们，可以提供一些建议吗？

首先关于主题，我觉得每一个专业都有很多值得深入研究的地方，可以先头脑风暴，把有关专业的各种单位、企业、职业、活动项目、社会组织、先锋人物、科研突破等列一下，再参考国家大的发展背景、发展方向，如政府工作报告、重大新闻事件等，结合时代发展背景，进行主题的选取。建议研究方向可以大一些，但实践主题一定要小一点，精确一点。毕竟社会实践队的规模较小，如果主题过大，可能千头万绪却理不出思路；把研究主题缩小，反而可能见微知著，从小的调研发现重要的结论。

　　其次，对于人员，团队中一定要有人对队伍所有成员都比较了解，关注队员的需求与心理状态，让队员们安全地、有所收获地度过社会实践。

　　最后，关于实践方案的敲定，我建议多阅读一些社会调研相关的论文、参考他人进行社会调研的经验、向经验丰富的老师进行咨询，针对选题确定最可行、最有效的调研方法。在调研的同时，也可以适当组织一些休闲娱乐学习活动，譬如游览当地风景名胜，参观有代表性的龙头企业等，让队员们在社会实践中也能玩得开心。

　　对于实践过程中的安全问题，队伍是怎样进行提前准备和风险防范的呢？

　　线下实践最重要的就是安全。在临行前，一定要制定明确的规章制度和应急预案，为队员们开展安全培训，加强对于如自然灾害、人身安全、财产安全、健康问题等方方面面在内的安全问题的防范意识和应对能力，特别是今年在疫情防控背景下，更要谨慎选择实践开展的方式、时间和地点。同时，在制定每日规划时，将天气、小组分组、交通、饮食安全等因素纳入考虑范围。

　　安全无小事，实践中一切应当以安全为先。

　　作为一名实践队队长，你对于想要参与社会实践的同学有什么寄语吗？

　　祝大家享受社会实践，玩得开心！

知深行远

对话川航e家实践队

■ 川航 e 家实践队夏侯超

采访对象：夏侯超，中共预备党员，宇航学院飞行器设计与工程（航天）专业2018级本科生，现已取得研究生推免资格。曾参与组织8次社会实践，支教类实践团队组织管理经验丰富，曾荣获海淀区三星级志愿者、校十佳志愿者、校优秀学生等荣誉40余项。2021年暑期担任"川航e家"实践队总负责人，带领团队40名队员前往四川两地开展了为期24天的支教调研活动，获评中国大学生农村支教奖、校级暑期实践一等奖等荣誉。

实践队员郭艳、胡峥亦参与问题回答。

川航e家实践队的队伍特色是什么？能给出几个关键词吗？

首先，"传承"是我们队伍最大的特色。"川航e家"实践队，由宇航学院分团委指导，最早源自2008年支援四川抗震救灾的彩虹明天志愿服务队，返校后成立北航彩虹明天公益社，此后我们一直与当地保持联系，矢志志愿公益，为地区发展贡献青年力量。

"热情"是我们队伍的第二个关键词，也是我们坚持13年的理由。从北航到四川，真可谓是千里相会！即使面对疫情重重困难，我们也并未退缩！关于支教，我们采用线上线下相结合的方式，开展了为期15天的暑期夏令营，为230余名彝族和羌族孩子们带去了24门趣味科普及通识课程，筑梦启航，助力当地教育发展；另外，关于调研，结合"百年红色文化""非遗传承保护""乡村教育发展""北川今昔变化"四个主题，深入基层，实地开展调研，体察国情民情，为乡村地区发展提供范例。

"实干"是我们第三个关键词。实践队队员们团结一心，扎实肯干！值得一提的是，今年暑期，我们累计发布45篇公众号原创内容，中国青年网录用10篇稿件，线上线下传播影响人数超4.6万人次，取得师生一致好评，在社会上引起较好的反响。

既然你提到川航e家最大的特色是"传承"，那么对于经营这样一支有传承性的队伍，日常的工作中（非假期实践项目开展阶段，比如学期中）有哪些较为重要的事务呢？

日常工作主要有复盘总结、人员传承、开展志愿等。

首先，及时完成复盘工作，对于队伍传承非常重要。以今年为例，除了完成必要的总结外，我们有幸采访了张凤老师等各位前辈，作为创始人的他们为我们讲述了13年前彩虹明天抗震救灾的故事，坚定了我们做下去的决心与勇气；同时，我们邀请CCTV百家讲坛名师付丽莎老师担任思政导师，与我们一同开展4次主题学习日活动，提炼实践成果，总结实践经验；另外，Lisa老师还对我们的调研活动给出了中肯的建议，对我们的未来发展表示期待，让我们备受鼓舞！

其次，在人员传承方面，我们与指导教师一同完成换届相关工作，以便选出有热情、有能力、信得过、靠得住的同学担任核心骨干，将队伍延续。在日常活动方面，实践队依托北航彩虹明天公益社，对接包括但不限于寒暑期支教学校，开展"声声不息""笔墨守望"书信交流、"小小彩虹梦"故事录音、航空航天科普等日常志愿活动，打造一种长期陪伴的公益教育新模式，将爱心延续。

有什么特殊的因素促使你担任实践队的队长呢？

大家可能会好奇，为什么我都大四了还在带实践队？为什么我们还是选择去北川？没错，这也是我选择做这件事前一直在思考的问题。

习近平总书记曾说："青年要成长为国家栋梁之材，既要读万卷书，又要行万里路。社会实践、社会活动以及校内各类学生社团活动是学生的第二课堂，对拓展学生眼界和能力、充实学生社会体验和丰富学生生活十分有益。"

正如习近平总书记所说，社会实践是我们的第二课堂，这本无字之书往往能带给我们更多的收获。循着总书记的声音，我想我们应该走进社区、走进乡村、走进基层，去做些事情，去悟些道理。非常有幸，北航彩虹明天公益社为我提供了一个很好的平台，让我有机会和大家一起去为"乡村振兴"做些事情。

补充提问：请问你在走进社区、走进乡村、走进基层的过程中都悟出了哪些道理呢？这些道理对你的思想或生活有产生影响吗？

其实在这一过程感触还是很深的，可以说这次社会实践成就了现在的我，让我仍然能够满怀热情地活跃在各个学生工作的岗位中，全心全意为同学们服务。

首先，没有人有义务为你做些什么，这时我们要学会表达。就是说，社会实践过程中怎样对接实践单位、怎样与人沟通，是非常重要的一环。站在我们大学生的角度，做实践能够受教育、长才干、作贡献；但对于对方来说，难免会给别人添麻烦，我们的到来可能就是一种负担，所以说要学会换位思考，学会恰当地表达，多想想能为别人带去些什么，尽量少给别人添麻烦，大家开开心心，实现共赢，才会有长期的合作。

其次，没有什么困难是克服不了的，坚持就是胜利！走出了学校这座"象牙塔"，实践期间遇到困难是很正常的。感觉经历了种种困难的磨砺之后，我的心态放平了很多，不再畏惧各种麻烦事，而是想发设法去解决它们！这一过程恰恰是收获最多的，也是最有成就感的地方！当然，这些成长只有经历后才知道，所以怀着热情多多尝试，收获还是蛮大的！现在，我也愿意继续去尝试，比如做辅导员，指导更多的同学参与社会实践等等。

可以介绍一下川航e家实践队具体的招新时间点和招新流程吗？

今年"川航e家"实践队的招新工作启动较早，2021年4月21日就发出了暑期实践的招募推送，面向全校各学院招募队员，同学们热情高涨，踊跃报名，都非常珍惜疫情后第一次线下实践的机会。但是由于规模的限制，在一轮激烈的面试后，最终组建了40人的团队，录取比例不到30%。

实践队在主题选定、实践地联系等前期工作是如何开展的呢？

在主题选定方面，结合2021年中央一号文件，响应"乡村振兴"国家战略，经过与指导老师的沟通、核心骨干的讨论，我们将主题定为"针对乡村振兴问题的探讨与调研"，献礼建党百年，立项选题为"担当·科技助力振兴"。

在前期联系方面，我们自主联系了长期对接的北川民族中学作为支教学校，现五校合并为北川擂鼓八一中学，并通过北川县团委联系了调研的单位，共计发出18封介绍信。当然，前期的对接并非一帆风顺，我们也遇到了很多很多的困难，非常感谢这一过程中学校和学院老师们给予我们的关心和帮助！

此外，我们收到了来自马边和什邡的邀请，希望我们能去那边学校支教。这也正是今年将队名更改为"川航e家"的原因。既解决了去外地支教时用原名字的"尴尬"，又催生了新的团队文化和实践理念，推陈出新，创新模式。

川航e家实践队的内部组织构成是怎样的，不同的岗位会需要同学具有怎样的技能？

关于组织架构，实践队共设置支教部、调研部、办公室三个部门，各部门的职能如下：

支教部负责支教体系的总体规划，包括课程设计、人员安排、课表整理、授课培训等活动；

调研部负责调研部分的总体策划，包括对接调研地负责人、文献调研、实地采访、报告撰写等工作；

办公室则负责实践队材料的收集、后勤保障及宣传工作，包括实践材料报送、评奖评优材料整理、实践队财务管理、物资购买以及实践队宣传平台的运营，办公室的成员也会参与到支教部/调研部的实践活动中。

关于招募要求，我们希望：

你拥有实践活动经验、对支教和调研有着自己的思考；

你拥有一项才艺，可以在支教中给孩子们带去有趣的课程；

你热爱摄影，可以带着相机体悟不一样的风土人情；

你具有一定的文字功底，有着将实践成果转化为文字的能力；

你有着宣传经验，能写文案、善于排版，熟练运用ps、pr等软件……

当然！最重要的是有一颗奉献的心！热爱公益、有责任心、有耐心，在实践过程中吃苦耐劳、团结同学。

作为队长，是如何在实践过程中合理分配任务、激励大家高效完成任务、营造良好团队氛围的呢？

任务分配因人而异，能让大家开心地做自己擅长的事情是最高效的。这就需要队长、执行队长以及支队长的努力和配合，既需要队长们对任务的整体把握，也需要细致地了解每个人的特点。

实践开展前，指导老师会对我们的实践活动提出要求、给出建议，队长统筹，执行队长具体安排；实践过程中，各支队每日按时召开会议，总结当天活动，安排第二天的日程、分工等，让每一位队员

都有适量的任务去做，让大家在完成任务的过程中得到锻炼，这些便是我们激励大家高效完成任务的方法。

在团队氛围方面，破冰很关键！大家熟悉起来效率自然就提高了！这次调研队做得非常棒，大家的参与度非常高！当然这与调研队队长活泼的性格有关。

既然提到调研组在本次实践中表现得非常棒，那能不能给我们分享一下调研组都取得了哪些方面的调研成果呢？调研队之所以取得了不错的成绩，除了调研队长的积极带动之外，还有没有别的关键点呢？

补充回答：调研队在本次实践中进行了为期十天的线下实地调研，以北川羌族自治县的乡村振兴发展现状为主线，围绕"北川红色文化""北川非遗传承""乡村教育发展""北川今昔发展"四大主题展开，采访了朱红志、景开贵等四川省非遗文化传承人，走访了北川党史研究室、北川卫生局等行政机关，实地参观了汶川特大地震纪念馆与老北川县城遗址，深入到擂鼓镇八一中学、五星村等地进行调研。将调研采访的成果以文字、视频形式记录，发表10余篇推送，形成四万字的学术报告，发布微纪录片5部，将北川地区的发展现状与四川农村地区的发展思路相结合，做到服务乡村振兴，服务国家发展。

调研队之所以能取得一定的成绩与每个队员都是密不可分的，大家怀着同样的信念加入川航e家这样一支实践队，其目的是想要为乡村地区发展贡献一份青年力量，所以调研队的每个队员都能全力以赴，各司其职。大家心往一处想，劲往一处使，凝聚起了"热情、团结、快乐"的氛围，自然也取得了不错的成绩！

实践成果的宣传是社会实践过程中一个非常重要的环节，为此川航e家实践队采取了哪些方式呢？

宣传方面，首先需要明确不能抱有一颗功利心，为了"报道"而"报道"。社会实践是长见识、增阅历、知国情的宝贵机会，作为大学生的我们应当更多地记录实践过程中自身收获与成长，反思不足与教训，传播青春正能量；应当展现当地风土人情，记录脱贫振兴变化，服务国家发展大局。把工作做好、做扎实、做得出彩，宣传报道才更有底蕴、更有意义、更有价值。

今年暑期，我们尝试了实践队、实践地、学校等"三方联动"，公众号、微博、b站等"多元平台"进行宣传，取得了不错的效果。本期实践活动，我们在"北航川航e家实践队"公众号上累计发布8部微纪录片、45篇原创推送，影响人数超4.6万人次，"青春北川""大美北川""大爱北川""绵阳视觉"等实践地媒体平台相继报道团队事迹，实践成果经北航校团委、校学生会、校新闻网等平台报道后，被众多知名媒体、网站转载，达到了良好的宣传效果。

值得一提的是，中国青年网、中国共青团杂志、中国大学生知行计划等大学生实践平台及微博的报道，对我们来说是极大的认可，对鼓舞团队士气、凝聚团队力量起到了积极的作用！这也正是我们"自力更生、排除万难"的真实写照。

实践过程中有什么难以忘怀的事儿吗？

队长—夏侯超：现在回想起来，最难以忘怀的事儿可能就是无数次自闭又重整旗鼓的时刻！带领40人的团队哪有那么容易呢，整个实践的过程中emo的瞬间真是太多了！

最绝望的时刻大概是备好了课程、买好了车票，收拾好行李，即将出发的前一天，却发现因为突如其来的疫情、汛情，不能线下前往实践地的那一瞬间。没错，这样的事情发生了不止一次。大家的心情都十分低落，我也不例外。但我们不能放弃啊，选择的路再艰难也要走下去。在大家的共同努力之下，我们探讨了几种可行的方案，最终线上线下相结合，顺利完成实践活动。

现在仔细一想，真正使我成长起来的恰恰便是这些困难的考验！这次暑期实践过后，我更加坚信，没有什么事情是理所应当的，没有什么事情能难倒充满热情的我们，所有的成果都是一点一滴打拼出来的，所有的经历都成了我们未来人生的一笔财富，我想我们不惧困难、勇往直前的精神都藏在了"自力更生、排除万难"这八个字当中，激励我们不断前行！

支教队队员—郭艳：在我看来，大学时期的支教实践将会是一段很有意义、很难忘的经历。于是，当"川航e家实践队"开始招新的时候，我便毫不犹豫地报名了，并很幸运地去到了马边民主中学进行线下实践。红蓝结合的特色课程、富有趣味的通识课程，给孩子们带去了新奇而有趣的知识；临别时，他们的朋友圈写满了不舍"这5天，将是我这一生中最美的风景"。

在社会上，有很多人对于大学生的短期支教存在偏见，他们认为短短几天并不能为孩子们改变什么，没有太大的意义。的确，短短几天的支教并不能给孩子们带去多少知识上的提高，更多的是一种眼界上的拓宽；如果这些课程能让同学们看到这个世界的更多的精彩、看到了坚持读书之后更大的可能性，那么，一切都是值得的。

调研队队员—胡峥：初到北川羌族自治县前，我就对这个地方充满敬畏，在汶川大地震、洪灾泥石流等一系列天灾之下，它依然顽强焕发，我也想要用自己的力量讲述北川故事，为乡村振兴添砖加瓦。从山区孩子们的天真笑脸中，我看到了他们对梦想的执着追求和对生活的真诚向往；从基层教师的一字一句中，我感叹于乡村人才难留和城乡发展差距。从乡村教育到产业振兴，从非遗传承到文旅融合，一个地区的发展，一个地域的振兴，值得思考和探究。即使是十天的短暂的调研经历，亦对我的人生产生了巨大感悟，有赞美时代发展的伟大，有坚定立志成才的信念。

2022寒假实践在即，对即将进行寒假社会实践的同学有什么建议吗？

简单谈谈我的感悟吧，希望能对同学们有所帮助：

第一，想明白为什么出发。通过社会实践，我们能够接触到社会上的人情世故，了解到很多书本上没有的内容，这就需要我们带着问题、带着思考去实践。实践过程中难免会遇到各种问题，不过不用担心，我建议可以带着一份"自找苦吃"的心态去尝试、去试错、去感悟，这时候苦也就不那么苦，甜起来却格外甜！

第二，及时做好过程记录。实践很短暂，一定要做好过程记录，留下难忘的记忆。支教时孩子们开心的笑脸、老师们投入的眼神、校长对活动的评价，调研采访时有趣的画面、感动的瞬间、精彩的场

景，离别时的些许思考、些许感悟以及最后的合影，都是值得我们去拍照、去录像、去记录的美好回忆。

第三，保持最初的那份热情与期待。相信每一位参与社会实践的同学们都有过那种发自内心的执着与期待，希望大家能够葆有这份热情，大胆地和伙伴们去实现自己的想法，相信实践结束后定会发现收获满满！

用脚步丈量大地，以青春告白祖国，愿大家都能明白为什么要出发，怀着最初的热情与期待，在社会实践中磨砺自我，砥砺前行，让青春绽放在祖国最需要的地方！

知深行远

对话育暖航行实践队

■ 育暖航行实践队姜岚曦

　　采访对象：姜岚曦，仪器科学与光电工程学院2019级本科生，现任校团委志愿者工作部学生干部，仪器科学与光电工程学院团委志愿实践部部长，北航朝阳支教协会副会长；现担任育暖航行实践队及志愿服务项目群负责人，2020年至2022年间曾组织、主持育暖航行团队四次支教实践及三学期志愿服务工作开展。个人曾获首都"青年服务国家"社会实践先进个人，仪器科学与光电工程学院本科生最高荣誉"仪器光电之星"，及北航社会实践及志愿服务校级荣誉十余项。

　　实践队员杨嘉程、胡安敏亦参与问题回答。

育暖航行实践队是一支什么样的实践队呢？队名有什么特别的含义吗？

育暖航行实践队是一支规模大、业务领域广、凝聚力强的校级大学生实践团队，近年来以援助乡村教育振兴为实践主题开展了5次实践，在大学生服务乡村的实践工作上积累了很多经验。育暖航行实践队的"育暖"象征着教育事业的温度，传递爱心与奉献；"航行"则代表团队来自北航，始终以知行合一、务实行动为实践工作开展原则。

实践队队员们对于乡村教育振兴这样一个宏大的主题有什么先前的认知和想法？

首先绝大多数实践成员在进入大学前后都对支教工作有着比较强烈的意愿。一般来说，成员会普遍认为我国是存在很多教育资源匮乏、生活水平较低的地区，并更愿意去这样的地方开展实践工作。总的来说，每个人还是单纯希望能够为社会做些力所能及的事而已。

简要介绍一下实践队的发展历程？

育暖航行实践队自2019年7月起第一次以大学生社会实践团队的身份助力乡村教育振兴事业，如今已是第四年。2020年，在疫情影响下，团队首创并开展以"育暖航行趣味课"短视频录制为主要形式的线上支教实践，录制趣味短视频33节，提供给山西省中阳县的乡镇小学学生，用于其日常学习生活；同步进行"线上支教可行性"调研，提出了基于"互联网+"云平台的创新支教模式。四年来，团队逐步完善了线上课程资源体系建立，至今已有包含科普、德育、文化视野、艺术体育等多个领域的课程300余节；服务范围方面，实践队以山西省中阳县为立足点，逐渐将"育暖航行趣味课"这一公益品牌推向全国需要的地方。2021年暑假，团队再赴山西中阳，联合当地小学面向近百名学生开展了暑期夏令营活动，实践了线上课程资源的线下应用，从所处时代、队员专业特长、服务对象成长背景、团队资源储备几项实际出发，明确了"实事求是"的实践理念。

疫情影响下实践有遇到什么困难吗，大家是如何应对的呢？

在和学生的沟通上有所阻碍，通过和校领导及家长的沟通解决。

线上实践工作开展时沟通上容易出现效率低、传达失真的情况，通过设计更加严密的工作体系、加强实践队管理来解决。

请简要介绍一下"趣味课"的趣味性。

主要体现在课程选题上，育暖航行趣味课从一开始也没有花费过多的时间和力量在小学课标基础教学上。实际上，对于多数学校来说，语数英的基本教学已经较易得到保障，育暖航行趣味课则从日常课堂难以涉及的科普、德育、文化视野、艺术体育等多个领域入手开展教学工作，旨在能够全面提升学生的综合视野，即减小和发达地区同龄人的差距。

300多节课程是如何协调分配制作的呢？

育暖航行趣味课的每一节课有着严密的生产流程，经过长时间多次实践已经基本固定。首先由授课主体即讲师确定授课选题，并将该选题与团队运营管理组进行交流，目的一是避免先前有类似的重复性课程，二是对其大致授课形式及方向给出建议。交流完毕后，讲师根据交流结果撰写课程设计表格，详细计划授课内容及授课步骤，完成后上交团队运营管理组进行二度审核。审核通过后讲师可开始课程录制，录制期间及完毕后将视频交接给团队剪辑组成员，剪辑组成员会为其添加片头片尾、字幕，并进行各类调试。视觉传达组则根据讲师该节课的授课内容，利用各类海报设计软件为其制作专属课程封面。完成后由剪辑组将视频及封面传至B站平台。宣传推送组根据课程内容制作推送将课程进行宣传。

对口小学的反馈如何呢？

育暖航行趣味课在山西省、云南省、黑龙江省的几所小学的认可度很高，在2021年暑期实地支教过程中，育暖航行趣味课对各年龄段的孩子们也表现出了相当大程度的吸引力。

知行致远

——上好新时代北航青年社会实践必修课

实践队是如何确定实践主题、实践地点、实践内容的呢？

实践队需要综合考虑团队成员意愿、时代需要、相关工作经验及预期确定实践主题。实践地点以实践工作能够得到安全开展为首要前提，其次则考虑与实践主题的契合度。实践内容上，我们会结合国家、时代、社会需要，在参考相同领域其他实践团队的工作内容之余，寻求创新。除此之外，还需结合校团委关于社会实践工作开展的要求及指导老师的相关意见开展实践工作。

有注意到育暖航行实践队之前联合几支来自不同高校的实践队进行了线上交流会，当时是如何策划和开展的呢？有怎么样的收获呢？

在2021年暑假的实践工作中，育暖航行团队发现在大学生支教这一实践领域，各实践队的实践工作存在较为明显的同质性。2021年11月，育暖航行运营团队确定"秉爱而行，青春奉献"的首届大学生支教实践论坛工作计划，于当月开始论坛外联工作。

本次论坛活动于2022年1月21日成功举行，活动旨在强调青年大学生在支教过程中服务社会、奉献青春的使命担当。论坛邀请北京航空航天大学、北京师范大学、首都医科大学、北京外国语大学的相关同学参与，受到广泛关注。北航传承之焰支教团、蓝天之梯支教队、柠檬汽水实践队、育暖航行实践队和北京师范大学的支教实践工作者在会上进行了精彩发言与热烈探讨。

各实践队负责人及各学校相关领域工作者针对短期支教与长期支教比较、线上线下支教模式互通等问题上进行了交流，相互分享经验、借鉴交流、取长补短，各团队争取在未来的实践工作中能在体现更多特色之余、形成长期合作关系，共同取得更有实质性的实践成果。

实践期间正值北京2022冬奥会和冬残奥会，有结合这方面做相关实践内容吗？

2022年北京冬奥会开幕式于2022年2月4日召开。为了使2022北京冬奥会及冬残奥会这一世界瞩目的盛会能够让无法体验冰雪运动的孩子们观赏到，育暖航行团队推出"相约冬奥"专题课程，拉近团队服务对象与世界盛会的距离。育暖航行实践团队的部分队员开展以"相

约冬奥"为主题的系列线上课程录制工作，通过北京2022年冬奥会及冬残奥会的实时进展、中国参与奥林匹克冰雪运动历史、冬季奥林匹克运动会精神内涵等角度开展教学工作。另外，团队内共有北京2022年冬奥志愿者十余名，团队组织其在各自岗位分享赛事进展及呈现志愿服务风采。

众所周知，2022年北京冬奥会以"一起向未来"（Together For a Shared Future）为宣传语，这象征着本届冬奥会向世人传递着与时俱进、直面挑战、携手并进、希望满怀的价值观；我们认为对这一价值观的弘扬对团队服务对象而言具有重要积极意义。

另一方面，弘扬奥林匹克运动蕴含的坚持与拼搏精神对于每一个青少年的心理健康发展而言是必修的一课。

在历届奥林匹克运动会中，中国健儿一次次地刷新纪录、创造历史，让世界为中国喝彩。每逢国歌奏响在颁奖仪式上，身披国旗的我国运动健儿接过奖牌，随着五星红旗在赛场升起，自豪感在我们心中油然而生。以此为题，可向服务对象讲授爱国情怀、提升其民族自豪感。

冰雪运动的一大特点是往往需要特殊的地理、气候环境，运动时需要特殊场地及设施，甚至需要专业指导；这将导致冰雪运动的普及受到约束，资源匮乏地区的孩子们很难接触到这样的运动。所以，有必要开展一系列关联性强且兼具趣味性的课程，帮助团队服务对象建立对冰雪运动的初步认识。

通过实践有什么难忘的事情/收获？

姜岚曦，育暖航行实践队总负责人：首先，社会实践让我走出课堂、走出校园、走进社会、走进时代，体会到社会的不同侧面。另一方面，社会实践让我结识了一群优秀的前辈和同伴，感谢他们为我在学习、生活、工作、个人成长等提供了很多帮助。三年的社会实践工作让我认识到，我之所学、我之身份，旨在服务国家——青年力量应当绽放在祖国、时代需要的地方。

杨嘉程，育暖航行实践队运营主管：在中阳县的短短十天是我最难忘的日子，我永远不会忘记与北街小学的孩子们有欢笑，有泪水，有"气愤"，有惊喜的时光。从一路奔波抵达中阳到刚见到孩子们时的滑铁卢，再到后面渐入佳境，与孩子们感情升温，再到完结撒花，依依不舍。这几天既感觉自己又回到了童年，又感觉自己已经成长，不再懵懂年少。虽然孩子们性格各异，但相同的，他们都是那样的天真无邪，都对未来怀有希望。"微光会吸引微光，微光会照亮微光，然后一起发光，这种光才能把压榨的阴霾照亮。"我们的支教工作不只是传递知识，也是与孩子们产生情感联结；不只是教授知识，更是唤醒灵魂；孩子们收获了陪伴与爱，我们也收获了希望与期盼！

胡安敏，育暖航行实践队教学主管：对我来说，最大的收获是线下支教过程中得到孩子们的信任与喜爱。刚开始的时候由于经验不足，我们设计的课程不能激发起孩子们的兴趣，因此我们重新修改了课程设计，加强在课堂上与孩子们的交流互动。最终我们的付出也有了反馈，最令我印象深刻的是一节音乐课上，每一位孩子都在认真地跟着音乐打节奏、做动作，这让我感受到了付出被认同的成就感。离别之时，不少孩子抢着来要我们的联系方式，还有孩子因为不舍而大哭，他们对我们的喜爱是对我们工作的肯定，令我十分感动。我感受到的不只是孩子们的真挚情谊与纯真童心，还有真切帮扶到需要的人、亲身参与到乡村振兴伟大事业的青年担当与责任！

对刚开始做社会实践的同学们有什么建议？

实践选题方面，多组织与学生自身专业密切相关的实践，多组织能够服务国家社会社会需要的实践，多组织能够体现青年大学生风貌、体现北航学子风采的实践。

实践方法方面，从创新业务、广泛外联、凝聚内建和积极宣传四个层面把握实践工作脉络，四者缺一不可。

知深行远

对话嘉士远航实践队

■ 嘉士远航实践队张楚乐

采访对象：张楚乐，机械工程及自动化学院2020级本科生，中共预备党员。现任2007大班长，士嘉书院社区教育中心执行主任，机械学院学代会常任代表，士嘉书院学代会常任代表，曾获北航优秀学生干部、优秀团员、社会实践先进个人、士嘉榜样等荣誉。2021年暑期担任"嘉士远航"实践队队长，荣获校级暑期社会实践二等奖。

嘉士远航实践队的实践主题是如何确定的？

我们实践队的主题是"聚焦书院建设改革，探索人才培养模式"，这源于我们注意到了国家对于新型工科人才培养的要求（具有创新、

实践、融合等素养）。在北航大类培养背景下的书院制发展中，我们也看到了无数可能（初入书院时我们自然联想到《哈利·波特》里的格兰芬多、拉文克劳、赫奇帕奇与斯莱特林，好奇内地书院制与欧美住宿制之间的联系与区别）。此外，我们这些队员作为书院培养出来的大学生，也自然有着对未来发展的困惑（在书院制的培养下我们会成为什么样的人）。

实践队的组织构成是怎样的，不同的岗位会需要同学具有怎样的技能？

由于我们嘉士远航实践队还是刚刚建立，目前的实践安排不需要太大的人员规模。刻意地扩大实践队规模一方面会降低执行效率、增加统筹管理负担，另一方面也会影响队员在实践中的参与感和获得感。目前嘉士远航3.0成员仍为10人，实践队作为一个整体进行行动，但是队员们的分工相对自由，依阶段分工而不划分具体部门（十人的团队需要课题、调研、外联、宣传、摄影等工种，分部门不切实际也没有必要），但是我们扩大了实践队招新范围，覆盖北航知行、致真、士谔、传源、冯如、士嘉、守锷七大书院，计划各一人，除此以外定向招具有较强宣传能力（能写文案、善于排版、熟练运用ps、pr等软件）的同学，计划一人。

在我的理解里，社会实践尤其是调研类实践真正需要的是志同道合！毕竟能力都可以提升，大家都会成长，我们最需要的是对书院制有想法、有问题，对社会实践有责任心、有耐心，能够在实践过程中吃苦耐劳、团结同学的同学。

在实践过程中遇到过哪些问题，又是怎样解决的呢？

在暑假一开始，我们考虑了很多因素，把实践地点定在香港中文大学深圳校区，但是当时深圳发生疫情，我们不得不把实践时间一拖再拖，甚至考虑过"Plan B"。在疫情散去之后，我们立即赶往深圳，赶在港中深放假之前完成了实地调研。值得一提的是，在大家从全国各地赶往深圳时，江浙两地遇到台风，航班受阻，其中两位同学克服重重困难才来到深圳。在此我要感谢队员们的配合与支持，正是大家的共同努力才有了实践队今日的成就。

作为实地调研访谈类实践，你认为怎样能够把调研做得更深入呢？

作为实地调研类实践项目，我认为首先就是要深入了解访谈对象的背景，以便结合实际，找到更好的调研切入点，提出更加合适有意义的调研方向；其次就是要有足够强的针对性，不能把访谈浮于表面。比如说，我们在对港中深逸夫书院进行访谈之前，就对实践的问题进行了充分准备，把问题方向细化成几个方面，对提问方式、提问技巧等都做了讨论，才在访谈时与对方深入沟通，从而得到我们真正想要的答案。

刚才提到在实验前首先要了解访谈对象，可以具体讲讲你们的做法吗？

在去往港中深进行访谈调研之前，我们一方面通过书院的官网等渠道了解书院的制度、管理体系、文化氛围、硬件设施等；另一方面对之前寒假的线上访谈资料进行整合，充分挖掘其中可深入调研、有借鉴意义的切入点，从而为调研做好准备。

这次实地调研实践之后，调研成果是如何转化的呢？

在我看来，调研成果的转化不能流于形式，而应该从多角度入手，让调研成果真正回馈于社会，形成闭合回路。以我们为例，我们在进行线上线下调研后，一方面结合自己的思考撰写了四个方向的课题论文，一方面与士嘉书院多次交流，推动成立了士嘉书院社区教育中心，制定了部门安排及工作规划，又设计了沙河西区一站式活动空间的装饰提案。可以说，我们没有将成果仅仅停留在理论阶段，而是真正落实到书院的建设改革中，我觉得这才是实践的意义所在吧。

其中哪个方向给你们的启发最大呢？

应该是社区教育中心的成立吧。因为在进行前期调研时，我们看到了很多其他高校在书院制建设上的闪光点，也学习到了很多可以借鉴的idea，也知道北航的书院制改革任重而道远。这次士嘉书院社区教育中心的成立可以说是我们对调研成果进行转化的一个开端，从部

门安排与工作计划的制订中，我们发现我们真的可以为北航做出一些积极的改变，这让我们得到了很大的获得感和成就感。

实践过程中有什么难以忘怀的事情吗？

还记得正式进行调研访谈的前一天，我们坐在酒店的床上准备第二天采访时的问题，大家各抒己见，发表自己的看法。我们还就采访的过程进行了模拟，从现场分工、提问方式、应对突发情况等各方面都做了极其周全的准备，才确保了第二天的万无一失。没有什么成就的取得是理所应当的，正是这些周密的准备和一点一滴的付出才让我们实践队走得更远更稳健。

还记得在港中深进行实地调研时，逸夫书院的老师和学姐们带领我们参观校园和书院设施。我们能感受到那种扑面而来的人文气息，能深深地感受到港中深与北航乃至内地高校在文化氛围上的巨大差异。在逸夫书院的宿舍楼内，从自主管理使用的厨房到学生自由涂鸦的电梯间，都带给我们一种震撼。这种书院文化的打造也引发我们的思考，从而更加坚定了我们投身高等教育改革探索，真正为北航书院做出贡献的决心。

实践队是如何确定调研单位、并通过什么渠道联系调研单位的呢？

我们实践队经过大量前期调研，了解了国内高校书院制与欧美高校住宿制的区别，内地高校书院制与港澳高校书院制的区别，然后确定几所具有代表性的高校书院，例如清华大学五大强基书院、香港中文大学（深圳）逸夫书院、思廷书院，华东师范大学孟宪承书院，计划开展实践调研。但在调研前期，我们偶然了解到清华大学有一支实践队与我们调研方向不谋而合，于是我们提出合作，联合开展了社会实践。

1.0时期受疫情影响，我们实践以线上座谈会的方式进行，以邮件形式向对接书院单位发送正式邀请函，随后建立双方工作交流群确定会议具体时间，会议流程，参会人数等，在朋辈交流的分会场我们也与对面高校书院同学加了好友以便日后持续性交流。

2.0时期我们前往香港中文大学（深圳）前，通过与逸夫书院宿生

会以及事务老师的联系（1.0时期已经建有一定的联系基础，2.0时期外联工作轻松很多，这就是传承所带来的便利），确保做好疫情防控的前提下，前往港中深开展实地调研。

不同的调研方向联系渠道是不同的，书院制调研过程中，我们一方面在官网上搜索书院邮箱，发送正式邀请函；另一方面从初高中同学处了解更为精确的一些信息（如果有考入该校的同学，他们可以代我们问一下，一下子缩短很多距离）。

2022寒假实践在即，对即将进行寒假社会实践的同学有什么建议吗？

作为一名2020级本科生，我自知对于社会实践的理解是远远不够的，以下的一些建议愿共勉。

第一点，敢做敢当。社会实践有很多种类：调研类、支教类、志愿类等，在自己感兴趣的方向投入青春力量，要敢于去尝试，要敢于去挑起大担。

第二点，保持热情。在实践过程中可能会遇到很多困难，突发情况打乱节奏，实践成果不符预期等，一定要坚持信念，保持热情，团结合作，力克万难。

第三点，充分准备。机会、成果都是留给有准备的人的，充分的准备能够建立强大的底气，同时对外社会实践你所代表的不仅仅是你个人，也是广大北航学子的形象。

专业学习是大学生的基频，而要成为完整的、饱满的、个性的自我离不开社会实践这些中高频的存在，希望大家都能在社会实践中有所收获，有所成长，磨砺自我，寻找自我！

知行致远

——上好新时代北航青年社会实践必修课

知深行远

对话北航红会随爱行支教队

■ 北航红会随爱行实践队王云昊

采访对象：王云昊，电子信息工程学院2019级本科生。曾荣获校级优秀干部、学习优秀奖学金等多项荣誉奖项；于2021年加入北航红十字会外联部，担任北航红会随爱行支教队总队长，带队前往湖南省进行支教，带队荣获北航暑期社会实践一等奖。

实践队队员杨海昕亦参与问题回答。

请问在你心中北航红会随爱行支教队是一支怎样的实践队，在全校各种各样的优秀实践队伍中有着怎样的特点呢？

在我的心里，北航红会随爱行支教队是一支非常有凝聚力的队伍，大家能够在各种困难的情况下，拧成一根绳子克服困难，完成实践活动，给孩子们带来我们的希望，实践队里的大家都是非常棒的，而且友爱的。

队伍比较突出的一个特点，就是我们的队伍规模非常大，同时前往了三所小学进行支教，向外界展示北航同学、当代大学生的风采。

在实践的开展中，北航红会随爱行支教队是如何结合队伍自身特点打造特色支教活动呢？

在暑期支教的过程中，河南遭遇罕见暴雨，而当时支教的小学正开展防溺水的专题教育，我们根据红会特色策划了很多关于防溺水、防洪防涝、尊重生命的课程，让孩子们感受红十字会的"人道、博爱、奉献"精神以及保护人的生命和健康的重要性。

请问北航红会随爱行支教队是如何做好前期的招新与组织筹划工作呢？

关于前期的组织招募，随爱行支教队最开始是自2021年5月18日开始进行筹备工作，在6月1日发出的2021年暑期支教志愿者招募推送，面向对象是全校同学，大家非常热情，踊跃报名。但是因为队伍规模的限制，从100多人找出了40多人一起参加支教活动，前前后后共经过了4天的面试，也是能看出大家对支教活动非常有热情。最后，全队共60人，满足大家支教意愿，分为了三个支队，分别前往河南省、湖北省和湖南省。

在面试新成员的时候，北航红会随爱行支教队更注重考虑成员什么样的能力？

因为支教队作为一个Team，肯定是要有团队合作的，为此在面试新成员的时候，实践队更加看重成员们的团队精神以及合作精神，这个是最基本的要求；此外我们还看重成员们的个人基本的技能，包括文案撰写、摄影、视频剪辑、推送制作、教学经验、访谈经验等。

在实践活动的开展过程中，北航红会随爱行支教队如何形成合理、高效的任务分配机制？

　　整个队伍分为四个部门：教学组、宣传组、机动组、走访组，主要负责对应的工作，同时每个部门在支教过程中都是能参与教学活动的。在支教过程中，每天晚上各分队队内都会开组会，对当天的工作进行总结以及对第二天的工作进行分工等；开完组会后，三个分队的负责人会通过线上会议进行组会，主要交流近期遇到的困难与改进措施、负责人对未来几天的独特的想法等，提高了活动进行的效率。

　　你能谈谈在实践中遇到了哪些困难吗？你们又是怎样解决这些困难的呢？

　　我带湖南队，也是三个支队的总负责人，工作中最大的困难是三个支队的教学任务的推进以及任务进度的相互协调配合；为此，我们三个分队的负责人，每天晚上8:30到9:30会进行线上腾讯会议，每个负责人会叙述当天教学进度以及所遇到的困难，还有一些创新性的想法并讨论解决办法。

　　在对成果的宣传与总结中，北航红会随爱行支教队是如何准备材料、汇聚成果来提高实践活动的产出和影响力呢？

　　在支教过程中我们每天都会发推送，一方面是扩大社会影响力，另一方面孩子们的家长也可以从推送上面了解到孩子们一天都做了什么，学到了什么，可以在公众号上面看到孩子们的表现；此外，我们也想把实地支教队员们的感受以及当地儿童教育的影响力传播到外界，于是我们联系到了当地的宣传委、宣传部、报刊，对随爱行支教活动进行总结，将走访记录汇总成报告，投稿到湖北省《恩施日报》、湖南省《怀化日报》，从而扩大了社会的影响力。我们也在b站、抖音、微信视频号不断上传视频以及同学们回到家后的录课视频，便于孩子们可以在活动结束后，仍然能从b站等网络平台上继续学习。

　　我们最终也获得了不错的实践成果，我们的教学实现了对当地小学1年级至6年级的全覆盖，三个队伍共60个教师，共同制作了3000+页教学文件，累计400+教学课时，100+网络课程，10万字的教案准备，最后在微言航语、航行者、北京航空航天大学学生会、北航红十字会、北航MrE、北航红会随爱行支教队等多个公众号，共推出41篇推送，平均每天约3篇推送。在抖音、b站、微信视频号等视频平台上传超过70个视频，推送总阅读量超过2.2万次，视频播放量12000+。

实践过程中，印象最深的一件事是什么呢？

实践队队员杨海昕：我想就是最后一天的结营仪式了，那一天真的超级不舍，也让我更加珍视支教的这段美好时光。人和人之间的缘分就是这么奇妙，我的真心付出能够收获如此多的灿烂笑容和如此真挚的情谊，我想我一定会记一辈子的。

受疫情影响，我们接到小学校长通知要求停掉最后两天的课，立即结束此次夏令营活动。所以我们将原本安排在第二天的结营仪式安排在了头一天的上午。孩子们清晨早早地来到学校的时候，一个个圆圆的小脸蛋扑过来，问我们今天上什么课？是否还有某某老师的课……疫情的影响让我们不得不告诉他们一会儿就会举办结营仪式，各个年级班主任也开始组织孩子们开始教室大扫除。孩子们都超级听话，特有干劲，相互帮忙搞卫生，没有一个是偷懒的，让我这个不怎么干家务的大姐姐都自愧不如。之后，我们组织孩子们有序地来到阶梯教室准备结营仪式，他们都特别乖，安安静静地坐在位置上。我们准备了提问抢答环节来考察他们两周学到的知识，还有个人真情流露和合唱环节。可以说是无心之举，负责音乐课的两位同学在前期备课时，就一拍即合说要在第一堂课教孩子们唱《送别》，互相打趣道这样就可以在结营仪式的时候让孩子们唱给我们听了。之前听孩子们唱了很多遍都没有太深的感触，直到那天队员们拿着话筒走到台下和孩子们一起合唱，"长亭外，古道边，芳草碧连天……"天真烂漫的童声萦绕在整个阶梯教室，沁人心脾，发自肺腑，句句扣人心弦。结束后，一起合照，给他们送明信片、航模飞机等小礼物，听着他们天真无邪的话语"老师你别走了，你就住在这里，我们家都给你准备好了住的房间……"那时候，我多么希望时间能够走慢一点，就停留在这一刻的美好里。送走了孩子们，我们开始收拾办公室和宿舍，准备回

程，收到许多家长的微信"老师，你们今天就要走了吗，我家孩子回去的路上哭了，嚷着老师们要走了，我家小孩会想你们的……"，不过我想，我们终究会再见面的，说不定我们明年又回去支教了。

通过一次实践，能从哪些方面获得哪些收获呢？

从随爱行队伍的组织招募，到最后的总结答辩，确实能够提升一个人的个人能力。从沟通能力、组织能力到活动策划能力都是一次锻炼。支教的活动，让我们真真正正走出校园，深入社会，开阔了大学生的视野，锻炼了大家的耐性；进入当地支教小学，十几个同学担任起"校长"的职责，运营起整个小学，让活动能够顺利进行，从不同角度磨炼自己，实践成才。

在半个月的支教过程中，我们能够体会那里的生活是平淡的，平淡却不失乏味，不失真实。课后，我们与孩子们聊天玩耍，"老师"们相互鼓励、相互帮助，从交流中寻找到快乐，一起度过这些特殊的时光，增进感情，增加凝聚力。

支教肯定会伴随着艰苦的时光，但是我们艰苦并快乐着，平淡并享受着，付出并收获着，随爱行支教队的这次支教生活，对我来说是一次磨炼，更是一种宝贵的人生经历，一段不一样的暑假时光。

对即将进行寒假社会实践的同学有哪些建议？

自己对实践的认识还比较浅，建议可能提不上，倒不如说说自己的一些想法：

第一，对于自己的社会实践要有一个明确的定位。去进行寒假社会实践，一定要有明确的目的和方向，要明白自己为什么要去参加社会实践，要弄清楚自己通过社会实践想要解决什么问题。如果仅仅是为了完成任务或追风赶潮、获得荣誉，我想这样就违背了自己进行社会实践的本心，肯定很难有实质性的收获。所以，希望大家在进行社会实践之前，寻找正确思想方向，明确实践目的与实践主题，完成一次有意义有收获的寒假社会实践。

第二，保持热情与信心。我们应该时刻保持信心与热情，在实践过程中，我们会遇上很多小挫折、遇上一些突发情况，我们要有信心去解决问题，这也正是一次锻炼自己、认识自我的机会。对生活以及实践保持热情心态，真真正正地将身心投入社会实践中，以热情带动队员们，让队伍充满动力、充满活力，为共同的目标而奋斗，留下一段宝贵的时光。

知深行远

对话星源流明实践队

■ 星源流明实践队王广琛

　　采访对象：王广琛，交通科学与工程学院2019级本科生，中共党员。现任校学生会主席团成员、交通学院学生会主席团成员，曾获北航优秀团干部、优秀学生干部、十佳梦拓、优秀志愿者、社会实践先进个人等荣誉。于2021年创立"星源流明"实践队，荣获中国大学生在线"乡村振兴"十佳社会实践团队、北航暑期社会实践一等奖等荣誉。

　　一些大一同学选择独自建立实践队，可能经验尚浅，在立项、筹备、开展活动再到最后的总结整个过程中您有什么注意事项要着重提醒下新队长呢？

　　我觉得建立新实践队最重要的就是选好主题，最好就是能积极主动和思政指导老师联系，请他们帮忙把关，找好具有时代意义的选题，不要"为了实践而实践"。在大主题下找好小切口，一定要抓主要矛盾、把一个问题做精，不要把主题太过分散、蜻蜓点水。

在筹备过程中，队长们的作用非常关键。需要合理考虑来"招兵买马"，根据主题考虑是否要找不同年级、不同专业、不同地区的队员，也要根据队员能力和爱好不同考虑之后的分工。社会实践需要较强的主观能动性，尽量让大家都积极参与、乐在其中。

开展活动过程中一定要注意平时资料的收集和整理。千万不要等最后总结的时候才开始整理。实践过程中做好文字、图片、影像材料的留存，也建议每天都写写实践日记。

最后总结和呈现的时候要注重方式方法，从破题、思路、历程、成果等多方面入手，有条理地呈现，可以考虑创新形式等。

您刚才提到了"大主题下找好小切口"，您是否可以详细地讲讲对这一方式的具体理解，或者星源流明实践队是如何践行这一理念的呢？

刚刚也提到了选有时代意义的选题，这就是大主题。而找准做实践的落脚点，就是小切口。比如我们实践队做的共同富裕，乍一听这个很宏大很难下手，但是我们就把暑期实践的落脚点放在了南浔区共同富裕的经验，就是去调研南浔区政府、村干部、老百姓在这个时代背景下生活的变化，是不是就有眉目了。我们计划在未来的实践中，从南浔区上升到湖州市，再到浙江省，再到全国，每次上升一点点，做好忠实的见证者、记录者、讲述者、贡献者，久久为功，做好这个实践。

星源流明实践队能评为一等奖实践队，作为实践队的队长，您觉得最大的亮点在哪里呢？

应该是我们实践形式的创新。我们将文献研究与实践调研、志愿服务相结合。深入研读了国务院、浙江省和南浔区三级政策文件，及时跟踪当地的媒体报道，并开展了长期的学习日活动，提升队员思想，关注基层创新，把握实践重点。我们还先后在沙河校区咏曼剧场、学院路校区晨兴音乐厅、南浔大剧院进行了《百年守锷》话剧演出，以最生动的方式讲述屠守锷先生的故事。实践队还受邀前往北京科技馆参加"科学时光趴"活动，再次把屠老故事搬到台上，线上线下累计观看人数破1000万。

星源流明实践队边学习边实践，紧贴时代脉搏，以话剧的形式弘扬爱国精神，这种实践形式确实非常新颖，这样别出心裁的方式是如何被提出来的呢？

其实话剧这个点不是我们提出来的，而是我们实践队伴随书院的话剧应运而生，实践队与话剧团联系密切、不分彼此、相互助力。有这种极其新颖的形式也是我们的一种运气。而边学习边实践，把学习日开到平时的学期之中，则是因为我们是新生的实践队、要做共同富裕的实践队。现在国家也在探路摸索建设共同富裕示范区，没有正确的答案。这就要求我们必须时刻跟进国家的步调，时常学、时常新。

您可以聊聊正式实践前需要做的工作以及其必要性吗？

细致规划和准备。以我们实践队为例，每次开展采访之前都会给被采访的对象写邀请函、附上采访提纲，并查阅大量资料对采访对象有充分的了解；前往南浔区开展实践之前，我们做了大量的准备工作，通过媒体报道把握方向，选定需要去实地调研的村庄或企业，并和政府对接，提供翔实的计划。寒假期间大家线下实践之前也一定要考虑好疫情的影响，做好翔实的防疫应急规划和B计划等。

可以看出，每一次进行实践活动，都需要做足准备，才能从容地面对各种突发情况。如此详细全面的准备，相信也是您多次经验总结所得，您是否可以给大家举个例子，说明一下各种细节准备的意义呢？

举一个好的和一个坏的吧。先说坏的，就是在我们前期筹备过程中，本来把计划做好了，但是在执行的过程中灵光一闪，想到了一个新的方向，而且怎么想怎么好，然后我们就按新的想法来了。但是在执行过程中，我们发现了许多之前没考虑到的问题，又陷入了进一步的讨论，最终放弃了新想法做回原本的想法。这个过程很大程度消磨了热情，新想法固然有可能好，但是灵光一闪的想法肯定有许多不成熟的地方，所以一定要按计划走，除非是特别特别好、考虑得也比较完善的新想法，否则不要轻易推翻原计划。

好的就是我们在去采访政府工作人员的时候，提前做足了一系列准备工作，不仅收集了关于当地发展的许多背景资料，还对采访对象的信息做了一定的了解，在采访中相谈甚欢。

机会总是留给有准备的人的，实践也是如此。

完成一次优秀的暑期社会实践，您是如何对团队成员进行分工的，需要哪些方面有突出能力的同学呢？

其实我们实践队因为刚刚成立和其他老牌实践队不太相同，除了宣传组之外没有特别明确的定编定岗。我们是根据实践目标项目化进行分组，比如之后有一次采访、一次调研，那我就把除了负责宣传的同学分为采访组和调研组，大家负责的工作都会有所交叉，可能也比较有助于不同能力的锻炼。但是之后是否需要定编定岗我们也在积极探索。

能力方面需要宣传技术强的同学！这是硬本事，其他的我个人认为只要你愿意投入精力认真负责，工作都能够胜任。

在进行社会实践时，团队的协调配合工作是非常重要的，作为一名优秀的实践队队长，您是如何让这支庞大的实践队相互配合，产生凝聚力的呢？

我们实践队所有人都和我关系很好。有我自己同级的朋友、有我在学生会工作带的学弟学妹，所以其实本身凝聚力就比较强，这可能也是我们刚刚建立就能拿到一等奖的一个小原因吧。

但是在提升凝聚力方面，首先有让他们能有一个"聚"的方向，在决策和制定实践队宏观方向的时候，队长要站出来做好"主心骨"。另外，经常一起无隔阂地讨论及项目化分工合作让实践队每个人都融入进来，亲如一家。

队长作为团队的主心骨，在哪些关键时刻要承担哪些责任呢？

最关键的一点是坚持。在实践过程中，尤其是新实践队很容易出

现各种问题，队员偷懒、对队长的不服气、团队开会大家都没时间只能改时间、去联系采访人家不接受、想去线下实践碰上疫情取消……这些情况太常见了。作为队长来说，一定要坚持，这些谁都经历过，行百里者半九十，觉得烦了累了难了放弃很简单，坚持很难。我希望队长们坚持下来，用自己的魅力感染带动大家，平安、开心、圆满地完成实践。

星源流明实践队在实地寻访过程中是否曾遭遇过一些意料之外的困难？面对这类突发状况，您是如何解决问题的呢？

是有的。今年8月，我们正在准备出发线下实践，突然疫情变得严重起来，防控政策收紧，人心惶惶。我们临时制定了科学的防疫方案，将能参与线下实践的同学限制在低风险地区、不经过中高风险地区、已完成两针疫苗接种、家长签署知情同意书等各种条件下进行，虽然人员锐减、行程减少，但是总归配合国家、当地政府和学校防疫政策平安顺利地完成实践。虽然有很多同学当时有遗憾、有烦闷、有忧虑，但是每逢大事有静气，只要踏踏实实做完不放弃，总会有收获。

知深行远

对话蓝天之梯实践队

■ 蓝天之梯实践队王帅博

采访对象：王帅博，自动化科学与电气工程学院2019级本科生，中共预备党员。曾获首都"青年服务国家"社会实践先进个人，校级社会实践先进工作者、先进个人，校级优秀学生干部等多项荣誉；于2021年暑期担任北航蓝天之梯支教队队长，带领团队获得大学生知行计划"索尼梦想教室"全国优秀实践队，首都"青年服务国家"社会实践优秀团队，北航社会实践二等奖，北航优秀志愿项目等荣誉。

蓝天之梯在你眼中是一支怎样的队伍呢？在全校优秀实践队伍中有怎样的特点？

蓝天之梯支教队成立于2019年，也是咱们学校一支新兴的正在发展中的大学生支教队伍，至今已开展三年支教活动，正渐渐成长为一支有才干、有体系、有信仰的支教实践队伍。

今年，蓝天之梯支教队将调研融入支教，探索支教建设新方向。

每到一个支教地，我们在想让孩子们看到外面世界的同时，也能不忘本，将来成为建设家乡的接班人。在今年支教的过程中，在聊到孩子们对家乡的了解时，很多孩子说不上来家乡的特色特产，为了建立与深化孩子们对家乡的爱与责任感，我们实地对中阳县当地的传统文化进行了走访调研，其中我们将最具代表性的国家非物质文化遗产——中阳剪纸进行学习与整理，既形成了对当地文化保护的建言献策，又将剪纸文化带进课堂，让孩子们亲自体验这一家乡文化。

未来，实践队同时也要继续深入调研，在我看来，作为支教性的实践队伍，我们做调研与调研性实践队伍的区别在于我们的目的，希望能通过对落后地区多领域的调研，将其转化为成果带进课堂，进而培养一批能够建设家乡的社会主义建设者，让他们有着远大梦想的同时，也能心系家乡发展，将来投身家乡建设中，这也是我们支教的更深层次目标。

在支教活动的开展中，蓝天之梯是如何打造特色支教课程的呢？

教育的本质是唤醒，一万次的灌输，不如一次真正的唤醒，这句话是我们支教过程中北街小学校长对我们的支教活动进行的总结与评价。

在选题过程中，更要牢牢把握支教的本质，我将其归结为要将时代内涵、梦想内涵与爱国内涵融入我们所带给孩子们的课程中。

我们的八大主题课程，在拓展孩子们视野的同时，每一门都涵盖着对孩子们世界观的培养与建成，从社会、世界中的多角度，多领域唤醒孩子们对美好未来的向往与追求，建立远大理想，此外我们还开设特色课程，培养孩子们的劳动意识，实干精神。时代精神的培养，要结合时事，在建党100周年与喜迎冬奥的节点，相关主题日的举办是对孩子们爱国精神与时代精神的培养。

作为队长是如何安排分工合作的？又是如何调动大家积极性的？

队伍的不断建设与发展在于所有队员们拧成一股绳，力往一处使，在这个过程中，就要保证所有队员都在"使劲"。

不同的同学擅长的工作不同，很难对工作进行量化，对工作投入时间的量化是大多数情况下一种可取的方式。线下的实践活动，最好让大家在共同的时间都保持工作状态或待工作状态，使大家的工作能保持交流的同时透明化。线上活动也要尽量多地以分享、学习赞扬的方式与队员们分享工作日常。

对开展寒假支教的队伍与同学们有什么建议吗？

实践过程中重要的一点要做到因地制宜，因材施教。

因为我们支教所去的都是相对落后的地区，这些地区有的刚刚脱贫，有的相对偏远闭塞，因此有着不同的教育文化水平，那么我们支教的过程中，就要考虑到不同地区孩子所存在的教育文化水平的差异，进而对我们的上课内容、方式进行对应的调整，就以我们所到的中阳县北街小学为例来讲可以归纳为三个结合：

（1）结合当地孩子的教育文化水平。首先要结合当地孩子们的教育文化水平，北街小学是当地的一所教学硬件设施较完备的学校，通过与学校教职工以及孩子们的沟通我们也了解到，在现在的信息化时代下，当地的孩子们可能并不缺少了解世界、探索世界的途径，相对而言，他们缺少的是对信息对知识的筛选以及判别，他们无法筛选出真正对他们有益的信息，很容易被现在社会上一些歪风邪气带偏了成长的方向，例如那里的孩子们很多都在刷抖音和快手等短视频，我们也充分认识到判别筛选信息这一环节对于一个孩子成长的重要性，因此课程与内容的设置上，我们在每一节课中都渗透着社会主义核心价值观的建立，并更多地通过实例分析，让孩子们能够建立健康的价值观、人生观、世界观。

（2）结合当地家长的教育思想理念。其次要结合家长的教育思想理念，要让家长觉得把孩子送过来是有意义的，在我们招生的过程中，也遇到了本来报名参加的孩子，最后因为报补习机构补习课内知识而放弃了的情况，也有很多家长犹豫不决，纠结怎么选，让孩子们第一节课来试试看看情况，这个过程中，互动很重要，一是要加强

和孩子们的互动，课上要积极地与他们交流回答，课下也要与他们谈心沟通，拉近距离，这样孩子们回到家父母问起时能够实实在在地讲出他在这节课学到了什么，家长看到了孩子们的收获，也自然会加强对我们的信任。二是要加强与家长的交流沟通，在这个过程中，我们一定要始终明确自己的身份，我们不是给孩子们补课，而是给落后地区孩子们搭建梦想之梯，既要展现出我们的决心与信仰，也要时刻保持着超高的综合素质。

（3）结合当地的发展振兴之路。最后要结合当地的发展振兴之路，这一点在我们选择支教地的时候就该明确我们为什么去这里支教，当地的发展背景是怎样的。我们所去的中阳县，是北航定点帮扶的脱贫县，在这样的背景和联系下，我们更多地希望搭建北航与中阳地区发展的纽带，从教育上入手，把孩子们故乡发展的故事讲给他们听，树立远大理想。

知深行远

对话心起点实践队

▼

■ 心起点实践队王源鹤

采访对象：王源鹤，能源与动力工程学院2019级本科生，中共党员，能源与动力工程学院社会实践辅导员。曾获评"知行计划"全国优秀大学生、校级社会实践先进个人等，于2021年担任心起点实践队队长，带领实践队获校级寒假社会实践一等奖、二等奖，文馨基金社会公益专项奖学金，校级暑期社会实践二等奖、三等奖，于2021年创立心起点实践社并获评"知行计划"榜样100全国最佳大学生社团。

实践队在招新时考虑同学哪方面的能力？在实践的过程中如何组织成员、分配任务？

心起点实践队分为课题组、宣传组等各类工作组，不同工作组所需的能力有所不同，比如课题组主要需要问题分析与处理、论文写作等能力，面试时我们会根据同学报名的组别定向考察对应的能力。实践开始时会划分组别、明确各组工作内容及工作纪律并设立工作组长，接下来由队长和组长商讨确定工作计划，并由各组组长进行具体任务的分配。

实践队如何确立主题？在确立主题之后实践队如何与相关部门、企业等对象联系并获得调研的许可？

通过上一期社会实践调研发现的新问题以及文献调研进行主题的初步确立，之后与指导老师讨论进行主题的细化。

实践队主要通过网站查找联系方式、与上一届负责人取得联系并得到企业联系方式以及学院帮助等方式联系的相关部门。

实践过程中遇到的最大的挑战？

主要是联系实践单位吧，暑假时很多企业会放高温假，并且是高校生产实习的高峰期，联系起来相对困难。

对于实践过程中的安全问题，队伍是怎样进行提前准备和风险防范的呢？

队伍在开始前为每位队员购买了保险并进行了行前培训，实践过程中实行每日报备制度，线下实践时备好了常用的药物。

实践结束的体悟与感触？

通过一个假期的调研类社会实践，我对行业的发展现状、发展前景等都有了更加客观、全面的了解；团队的凝聚力和团结让我很受感动，我的各项能力也得到了很大提升；此外，我也认识到了团队结构、工作方法方面存在的问题，并在之后的实践队交接以及其他学生工作中努力规避。

实践队有没有必要做实践反馈？如果做应该以怎样的形式？

我觉得是非常有必要的，在实践过程中，我们一方面及时与实践单位和指导老师交流建议，另一方面与队员们密切沟通，我比较认可这种反馈方式。

实践队应该怎样组织宣传与成果总结使得实践工作圆满完成？

我觉得主要分为形式与范围两部分。形式上要多元化，比如除了常规的推送、新闻稿，也可以做一些海报、vlog、总结视频；范围上一定要广泛，除了要在队内平台宣传推广，也要尽力在院级、校级、省级甚至国家级的知名媒体上进行宣传。

对正在或即将开展社会实践的同学有哪些建议？

（1）提前半个月联系指导教师与实践单位为宜，联系时注意礼貌和确定时间节点。

（2）队员招募时要合理划分工作组，确定各项工作安排方式。

（3）预调研可通过知网、中央文件、相关公众号等平台进行，同时要注重小组讨论。

第三章

实践中思考　上好大思政

对话指导教师 | 但行前路，莫存顺逆

——付丽莎

■ 马克思主义学院付丽莎

采访对象：付丽莎，北京航空航天大学马克思主义学院副教授，硕士生导师，《百家讲坛》主讲人，获北京高校教书育人"最美课堂"一等奖。北京大学经济学学士、金融学硕士，清华大学心理学博士。研究方向为思想政治教育、社会心理学，主持省部级课题4项，出版专著1部，发表论文多篇。2019—2021，连续3年4次受邀于央视《百家讲坛》讲授《中国精神》系列之《"两弹一星"精神》、《载人航天精神》、《探月精神》和《追梦太空》系列节目。

每年指导数十支学生社会实践队，使学生在社会实践练兵场上，亲身体会党的理论创新成果。2021年指导学生获校级一等奖2项、国家级三等奖1项；指导学生参加第五届"全国高校大学生讲思政课公开课"，获北京市特等奖1项、一等奖3项；因在指导社会实践工作中的突出成绩，获评2021年"青年服务国家首都大中专学生社会实践先进工作者"。

您在学生时代有参与过社会实践活动吗？具体是什么主题和内容？可以请您分享一下当年的情况吗？

我自己在本科、硕士和博士期间都参与过一些社会实践活动，但我印象最深刻的是在本科期间。当时是在大一的暑假，我们组了一个队去河南的南街村。南街村是一个很特别的村庄，它最特别的地方就在于它现在还在沿承毛泽东思想中的集体主义，他们的目标是要建设共产主义小社会。所以南街村的发展模式、分配方法还有生活方式，基本都是参照共产主义小社区为特色发展的。比如说他们的村民都在村营的企业上班，他们每月固定工资很少，但是村民会享受免费的粮食和一些日常用品的供给，连住宿、教育、医疗等这些也不收费。

我们的实践主题就是探访南街村的发展模式，以共产主义小社区为特色。实践过程中也有让我印象深刻的趣事。

第一个是在南街村有东方红广场，广场上树立起了马克思、恩格斯、列宁、毛泽东等伟人的雕像，也就是说它很明显地参照早期集体主义理念，想要以设计并发展成为共产主义社会作为目标。

第二个比较印象深刻的是我们参观生产巧克力棒的企业。这家企业发展得比较好，当时我们参观了他们的车间、流水线、厂房等，总

■ 2007 年，在河南南街村参与暑期社会实践

体管理比较完善，设备也很先进。不过我觉得南街村的发展中，一定会遇到很多的瓶颈。因为当地适龄儿童虽然可以接受免费教育，但是当地教育质量其实不够好，所以在河南这样的高考大省，这些学生实际上还是要去外地上学，留下来的年轻人不是很多。再者，当地很多老年人可以享受免费医疗等优惠政策，但事实上我们知道整个村子的运营也可能会入不敷出。由于现在我们不大了解这些村子的近况，所

知行致远
——上好新时代北航青年社会实践必修课

以对它的了解基本仍停留在当时社会实践所考察到的这些内容上。如果同学们感兴趣，也可以去再去探访。

您觉得大学期间的社会实践经历对自己各方面有改变和提升吗？对您后续的职业生涯规划有什么影响？

以南街村的社会实践为例，我个人感觉参与社会实践对一个大学生的影响不只停留在社会实践的主题或者内容上，而是对大学生视野的变化和提升。习近平总书记对于大学生搞社会实践的一些寄语中提到一个词叫作"无字之书"，劝勉同学们要读有字之书，更要多读无字之书。而这个无字之书就是说社会实践。在社会实践中，我们能把自己日常生活中学习到的理论知识同实际生活、社会现实相联系，可以辨别理论和现实之间的区别，了解理论与现实之间的鸿沟为什么存在，怎样存在，如何应对。我觉得这个对于大学生未来工作、研究都是有帮助的。

此外，社会实践不单纯在寒暑假范围内开展，同学们参与的学生工作、担任的学生干部，以及家教、兼职、实习等，我认为这些都属于社会实践。我自己参加过学生会、社团，做过报社的记者编辑，同时兼职做过团委学生干部，还有我在本硕期间进行的一些企事业单位的实习和实践。所有这些实践经历对我的影响都是最根本的，让我从象牙塔走向社会，真正去尝试完成从学生到社会人的过渡。而走向工作岗位前的过渡需要同学们不断积累经验，认识到自己所学到的知识和社会现实的区别，也认识到自己在学校所锻炼的能力在未来生活中的运用，这就是实践的意义所在。我觉得这些是大学期间社会实践对一个学生最重要的影响。

您曾在央企工作，而最终选择"跨界"来到北航教思政，在我们看来也是一个特别勇敢的决定，想必也是极具挑战性。您出于哪些考虑做出这个选择？在学校授课过程中，是否也让您对当代大学生开展社会实践工作有新的体会？

我来北航做教师其实是一个美丽的意外。

我在本科、硕士和博士读的专业都不太一样。本科阶段我获得了北京大学经济学院经济学学士学位，同时我也修读了心理学双学士学位。这是因为我在上大学之后发现，相比于我的主修学科，我更喜欢和人打交道，而不是和数字打交道，所以我在本科就积累了比较浓厚的心理学的兴趣。但是自己不太舍得放弃本科的专业，所以继续在经济学院保研修学了金融学风险管理方向。

硕士毕业以后到央企工作的这两年，做的是和我硕士专业方向相关的岗位，叫市场风险管理，主要负责管理当时中海油旗下一些原油、成品油等的套期保值、期货等等，分析其市场风险，同时对世界原油成品油价格进行分析，基本上是一个中台部门。

工作两年之后，我又回高校读了博士，在清华读的心理学专业。因为我更想在20多岁的时候再去做一些自己真正感兴趣的事情，否则我可能会在60岁的时候后悔，所以读了4年的心理学博士。就读期间是想要尝试在毕业之后从事心理咨询，也就是心理学的临床心理方向。

而在找工作期间，意外遇到了北航马克思主义学院。学院老师和领导和我进行了多轮沟通和交流。第一点我非常喜欢理工类高校，很喜欢北航，第二点我对马克思主义学院的发展很看好，第三是对我所教的思修课程中大家会学到的人生、理想、信念、价值观等内容，我感觉我的心理学专业能够有用武之地，而最重要的一点是我非常喜欢和同学们打交道，很享受在课堂上和同学们交流的感觉。所以我在想，心理学中我们当时讲助人自助，那么如果只从事心理咨询，它局限在心理咨询师这样很小的一个范围中。如果我做一个大学的老师来教课，也许我在课堂上能够帮助到的学生要更多。所以出于这一点考虑，我来北航给同学们上思政课。

当然来到北航之后，发现情况比我想象中的要更难。我在上课的第一学期读了几十本书，甚至比我在博士期间读的书都要多。因为在博士期间理科心理学属于理科，它的专业性质要求我做实验，在实验室待的时间非常长，而不是阅读很多大部头的著作。我为了积累更多的理论知识，能够在课堂上站得住脚，只能在第一学期恶补。也经历了一些挑战，克服了一些困难。

■ 开展专题思政课堂

　　谈到授课过程中，对同学们开展社会实践工作的心得体会，我想说的是，今天的大学生实践活动相比较于我的大学期间开展的社会实践其实是更有想法的，这些想法很多元。主题上来看，我们可以考虑乡村振兴、冬奥精神、民族文化等等。而且同学们社会实践的兴趣也比我们当年要高很多，每到假期都会有很多同学来找我做指导教师，我可以看到大家在大学期间更想去体会真实的社会是什么样子的。但是实践活动经常存在落地困难的问题。什么叫作落地困难呢？就是想法很丰满，但现实很骨感。可能是调研对象找不到，或者对接机构不及时等原因，最终做出来的是完全不一样内容或者与预期存在较大差距。那怎么应对这些差距？我想在老师指导同学们社会实践的时候，会更注重帮助同学们找到一个既有创新点，同时又能落地的方向。并指导同学们找什么样的资源、对接什么样的人可能会拿到一手的素材和资料。这是

■ 参与学生思辨论坛讨论

我自己做学生和做老师不一样的心态，希望能帮助同学们少走一些弯路，和大家一起在探索。

您多次走上央视《百家讲坛》讲述中国航天精神，是广受学生喜欢且专业能力极强的"网红"老师，能跟我们分享一下上《百家讲坛》的经历吗？您觉得作为新时代北航学生，在实践中应该如何发扬中国航天精神？

关于百家讲坛，我的初衷其实很简单，就是想要把航天故事、航天历史、航天人物从课堂带到更大的讲坛上。

北航是一所历史悠久的院校，而且北航的校史就是中华人民共和国发展史一个很重要的缩影。它代表了国家工业发展，尤其是航空航天工业发展的一个标志。所以北航有很多优秀的校史资源，也有很丰富的校友资源。很多的校友都是在航天以及航空系统中从事重要岗位的工程师或者专家学者，每一次重要的航天发射任务当中都有很多北航人的身影。所以我上百家讲坛讲述航天精神是有私心的，我希望把我们北航以往不便透露或者没有宣传的一些人物榜样、历史和精神讲给全国的观众，希望能够把高高在上的航天讲得更接地气，能够受观众喜爱，能够被大家所喜欢。这样百家讲坛的观众当中，也许就会有一些中小学生因为听了我的课而真正热爱上了航空航天事业来到北

■ 2020 年 10 月，在《百家讲坛》讲述载人航天精神

航。我觉得这是我最希望看到的结果。

我收到过一封很珍贵的观众来信，这些年我从来没有再见到过手写的纸质信件，而且那封信寄到了我们学校的挂号室，辗转了好几位老师才送到我这里，来信的是一位80多岁的老人家，他认认真真地写了一封信给我，表达了他听了我的百家讲坛之后的感受。他不是航空航天工作者，但是因为听了我的几次课，感受到国家对航天事业的强大自豪感，他非常有感触，于是就写了一封信给我。

信件很短，但是表达的意思很清楚，感情很浓厚。第一是感谢我把这些航天故事带到中央电视台，让更多的观众听到，他知道了很多幕后的故事。第二是他为我们国家这些年的发展感到自豪和骄傲。作为一个多年参与中国建设事业的人，他很高兴能够看到今天我们的中国屹立于世界民族之林。第三是希望我能够继续讲述更多的历史人物和故事，我觉得这是对我最大的激励。就像我在看到同学们提到网红老师的时候，其实没有什么感觉，但当同学们在课堂上给我反馈说，在思政课上想写其他科目的作业，但每一次上完付老师的课，发现作业都没有打开的时候一样。我希望最重要的是不要浪费同学们的时间，以及被同学们认可，这也是我上百家讲坛的初衷所在。

关于新时代北航学生在实践中如何发扬中国航天精神这个问题，

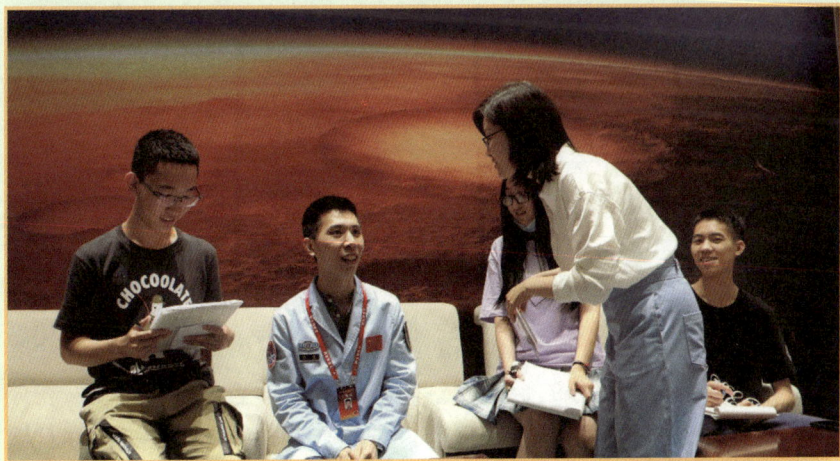

■ 2021 年 7 月北京航天城实践活动中，采访"北京明白"（航天飞行控制中心载人飞船任务北京总调度）高健

有一些同学会问，发扬航天精神，或者来到北航，是不是必须要去国防系统才算发扬了航天精神。我想说：第一点，北航每一年的毕业生都有近一半去了国防军工企业，这是我们的专业必然。因此北航承担着培养新时代航空航天领域领军人才的重要使命。很多同学未来就是要从事这样的岗位的，所以发扬航天精神的第一步就是热爱自己的专业，并且钻研自己的专业，能够在自己的专业领域有所建树。第二点，还有很多同学也许不会从事航空航天事业，也许不会进入到国防军工企业，那么如何发扬航天精神？我所理解的发扬航天精神、中国精神，最重要的就是爱国情。只要有了爱国这颗种子，无论同学们从事哪一项工作，哪一个岗位，未来从事什么行业，都会让这颗种子生根发芽，都会对我们国家的建设有所贡献。

您指导了非常多的实践队，像红会随爱行、川航e家、通心远航实践队都是非常优秀的队伍，针对不同的主题，您会侧重在哪些方面给出指导意见？

我这里想到的是不同的实践主题，我的指导基本相同。在此前我需要说明一点，就是我每年指导实践队的过程中，出现的优秀实践队更多还是靠同学们自己的努力争取而来。因为绝大部分的实践工作，同学们寻求的指导并不多，我所指导的部分主要是实践前期工作，所以我会侧重从以下方面给同学们意见。

第一点是实践选题。社会实践听起来容易，做起来难。每年我们有大批的同学去做社会实践，坦白讲实践内容同质化很强。这样的实践结束后同学们也不会有很深入的了解；大家做得都差不多，就会仿照其他队伍蜻蜓点水，所以我会指导实践队选择一个好的主题。这个主题是在支教、乡村振兴这种同类的大主题之下选取的切入角度有所创新的小选题。

第二点是实践视角。这个同创新选题一脉相承。同学们做社会实践之前，一定要做充分的资料准备，不能临时起意。出发前做好充分的调研考察、访谈，了解当地状况，选择一个大家都感兴趣，并且独特的视角。

第三点我更关注团队成员关系。在指导团队社会实践过程中，我发现同学们有时候组队很随意，之前也许没有充分的了解，所以我会鼓励大家先进行一些团队的建设，大家先熟悉起来，尤其是领导社会实践的团队管理者、队长、副队长一定要对队员有充分的了解。团队内部需要有大致分工，这样才能在社会实践的过程中真正提高效率。结合这三点，大家的实践活动会更有针对性，效率会更高。

在您指导过程中，对哪支或哪几支实践队印象最为深刻？有没有发生过印象特别深刻的故事？

印象最深的是在去年7月份指导的红会随爱行实践队。这个实践队有一支队伍是去河南支教，但大家知道当时河南有非常严重的暴雨灾害。所以我和另一位指导老师在实践队的群里一直关注着同学们，防止出现人身财产伤害，尤其是安全问题。让我最感动的一点是他们同当地政府已经对接好，一定要信守承诺，一定要去。同时他们还进行了非常充分的急救物资、药品的准备。在这一点上，我对我们同学们的专业素质刮目相看。最终我们的实践效果也非常好，同学们也平安回家，这是让我最欣慰的。

我印象最深刻的一个故事，它并不是我亲身经历的事情，来自我的一个学生。

2020年暑假他在分享朋友圈的时候，我看到我们有一个实践队去了北航的定点扶贫县山西吕梁中阳县的中学去支教。当时因为新冠肺炎疫情，所以每一个支教队都只能线上支教。当时为大家线上支教，只是给同学们上上网课，做做科普，讲讲人生，聊聊理想。但是后来我发现这个学生在分享的公众号里面非常认真地教这些中小学生做科创。从怎么发现科学问题，到怎么做实验，到怎么团队协作，再到怎么出成果，整个过程环环相扣，非常认真细致。让我感触最深的是当地的中小学生非常认真，甚至比大学生还要认真。当地条件不好，很多的实验可能做不出好的效果，他们就来安慰老师，说老师你别担心，我们再去试，总会成功的。

让我最感动的一个点是我在公众号上看到了一张照片，这张照片上是两个男孩穿着校服，我一开始不知道他们坐在那里干什么，后来发现他们因为家里条件差，没有智能手机和电脑，不能上网课，于是就跑到学校机房里面去听课，机房条件也不好，电脑也不够，所以他们两个人共用一个耳机，一台电脑，非常认真地听网课。我看到后很感触，想到习近平总书记说过的一句话，扶贫必扶智。想想看，在十年或者二十年之后，这些挤在一台电脑前面，共用一个耳机听课的孩子，会从我们今天支教的大学生手里接过下一个时代的接力棒。没有什么比对未来的展望让我感觉更有希望和更感动的了。这才是同学们去支教、去做社会实践真正的意义所在。

每年都有很多实践队队长找您指导，请问您一般会如何选择指导的队伍呢？您认为一支好的实践队应该有哪些标准呢？

坦白讲，我一般不拒绝同学，因为我感觉同学们做社会实践很不容易，同学们来找我也是对我充分的信任，我很感激。所以只要同学来找，一般我都会同意做同学的指导老师或者思政导师。但是由于一般不拒绝，我名下的社会实践队确实很多，因此我在指导的时候会有针对性地指导几支队伍。其他队伍来找我咨询，我肯定也会回答，但能够观察到的细节不太够。我认为一支好的实践队应该有下面三点标准。

第一是有一支成长型的队伍，这也是我谈到的，我对人很关注。所以同学们做社会实践，做什么主题，怎么来做，应该要问我们要组织一个什么样的队伍。由于社会实践机制的限制，开始实践的同学们之前是不认识的，但是不妨碍同学们在实践之前组织一些团队建设的活动。什么叫作成长型的队伍？就是大家虽然不熟悉，但是有相互熟悉的愿望，同时大家都有一个共同的目标，就是要把这个社会实践做好。不管什么主题，什么方式，我们几个人都希望能够协调配合，大家愿意去努力，每一个人都愿意去承担。现在也许没有一个成型的想法，但是我们都愿意去尝试新的东西，这叫作成长型的队伍。

第二是一类可以开发的脑洞。一类可以开发的脑洞，就是同学们社会实践，要确定一个大的主题，而且在这个主题之下，你有几个小的想法。我称之为脑洞，是因为从脑洞到真正的想法是方向，但最后做出成果还有很长的距离。所以脑洞的意思，首先要有创新的点，和其他队伍不一样。同时要可以开发，大家有这样一个想法和思路，也许还不完善，但是可以继续深入挖掘，将疑问探索下去，最终形成更深入的疑问或者更惊喜的成果。

第三是一种脚踏实地的心态。我们某些时候参与社会实践的初衷会有一定的功利性，可能是满足大家奖项荣誉的要求，希望在简历上增添一笔。但不管是什么样的初衷，我想大家既然要做，就要有一种脚踏实地的心态，而不单纯是"混一混"社会实践。

您觉得新时代背景下，新时代青年参加社会实践的意义是什么？对他们有哪些寄语和建议？

还是借用习近平总书记的那句话，参加社会实践的意义就是习近平总书记说的无字之书，我们大家在象牙塔下学习，在校园里生活时间久了，就会不可避免同社会的脱节。它不单纯是脱节，而是和社会实际、群众生活产生很远的距离。所以实践的真正意义就是去触摸真实的社会，找寻个体的定位，就是熟读习近平总书记所说的无字之书。有什么建议呢？还是一句话吧，塌下心来做事，沉下心来感受。但行前路，莫存顺逆。

对话指导教师 | 广阔天地，大有作为

——贾子超

■ 自动化科学与电气工程学院贾子超

采访对象：贾子超，北京航空航天大学自动化科学与电气工程学院党委副书记，带领所在学院连续获评北京航空航天大学"知行杯"社会实践工作先进单位，本人连续获评"首都高校社会实践优秀指导教师"称号等。

近年来自动化学院连续获评"知行杯"社会实践工作先进单位，作为学院党委副书记，您在学院社会实践工作中一定有自己独特的心得。请问您觉得学院的社会实践工作建设中有哪些值得分享的经验？

从学院社会实践工作开展角度，首先还是要高度重视，社会实践工作具体组织开展的指导主体在学院层面往往是学院团委，具体组织开展的负责主体在学院层面往往是学院学生会。但从社会实践工作是思想政治工作的重要组成部分这个角度，学院党委要对学生社会实践工作高度重视，要加强引导和大力支持。其次要注重进行社会实践工作相关的组织建设、队伍建设、机制建设和文化建设，要从形成长效

机制的角度来考虑社会实践工作组织开展。此外还需要进行具体的思想引导、工作指导和宣传教育，从学生特点出发、加强保障条件，形成良性循环。

在学院的思想政治教育工作中，您怎么看待社会实践与大学生思想政治教育之间的联系？

习近平总书记在全国高校思想政治工作会议上指出，做好高校思想政治工作，要因事而化、因时而进、因势而新；要广泛开展各类社会实践。习近平总书记在今年青年节前夕到中国人民大学考察调研时又强调：立足新时代新征程，中国青年的奋斗目标和前行方向归结到一点，就是坚定不移听党话、跟党走，努力成长为堪当民族复兴重任的时代新人。希望广大青年用脚步丈量祖国大地，用眼睛发现中国精神，用耳朵倾听人民呼声，用内心感应时代脉搏，把对祖国血浓于水、与人民同呼吸共命运的情感贯穿学业全过程、融汇在事业追求中。我个人认为，社会实践工作是高校思想政治工作的重要组成环节，是一门知行合一的立体思政课，是另一种形式的"翻转课堂"，能够有效促进同学们自己把道理讲深、讲透、讲活，进而更进一步点燃投身民族复兴大业的激情。

作为多次优秀社会实践实践的指导老师，在您的指导经历中，有哪些印象深刻、表现出色的实践队伍和实践经历？您认为，评判一支实践队优秀与否的衡量标准是怎样的？

确实指导了很多支优秀的队伍，还有的队伍如蓝天之梯实践队从建队伊始就一直获得各种奖项，此外我也参加过很多次各个单位、层次的社会实践评委，在我看来，每一支社会实践队都非常优秀。给我印象深刻的就是同学们的青春活力、责任担当、探索求知、宽容共情。如果说提一个更高的要求，那么希望每一支实践队都能够注重积累，形成长效机制和文化传承，做出更大的贡献、取得更大的收获。

您认为，参加社会实践活动，对于身在北航的学生们有着哪些独特的意义？对于指导社会实践的指导老师又是怎样的一次经历？

参加社会实践活动意义非凡而丰富，不同的活动有不同的意义，

■ 指导蓝天之梯实践队

最大的意义在于走出去、亲手做、亲身感受，不是纸上谈兵，是实地指点江山。对于指导老师而言，真的也是一种教学相长，也是开阔了视野、了解了社情，时时有一种"革命人永远是年轻"的感觉，最重要的是对本职工作的重要性会有更深刻的认识。

关于如何做好一次社会实践活动，对新时代、新形势背景下的社会实践选题和实践活动开展，您有什么建议？

如何做到尽善尽美可能得出一本教材了，我认为最难的是启动工作、要去做，最重要的是高度重视，世上怕就怕认真二字。

关于新时代、新形势背景下的社会实践选题和实践活动开展，我个人认为关键词是"广泛"，一是从选题、实践地、实践内容要更广泛地去开展，新时代、新背景下每一个领域都有全新的面貌，令人振奋人心；二是更广泛地动员同学们去参加，全覆盖、多轮次地去参加。

对更多热衷参与社会实践活动的大学生们，您有哪些寄语和建议？

广阔天地，大有作为。

对话指导教师 | 走出去就会有收获

——王海宇

■ 马克思主义学院王海宇

采访对象：王海宇，北京航空航天大学马克思主义学院讲师，硕士生导师，清华大学社会学系博士。主要关注领域为基层治理现代化、社区营造、乡村振兴、城乡规划、文化保护等。曾在北京前门大栅栏居住两年，进行胡同参与式观察研究；并赴全国十余个省市自治区开展社会状况综合调查（Chinese Social Survey）。发表相关论文十余篇，主持省部级课题2项。面向本科社会实践开设多门相关通识课程。

多年悉心指导学生社会实践，从实践选题、文献阅读、研究设计、项目执行以及报告撰写等方面全过程开展指导。指导的学生社会实践分别获2021年第十一届"挑战杯"首都大学生课外学术科技作品竞赛"红色实践"专项赛，二等奖、三等奖，2019—2022年北京航空航天大学学生寒暑期社会实践一、二等奖多次；个人荣获2021年"青年服务国家"首都大中专学生社会实践先进工作者称号。

您博士就读于清华大学社会学系，目前也是民政部中国社区发展协会专家组成员，想请问从您的视角来说，如何去看待社会实践这项大学生的"选修课"？

我认为，大学生社会实践是国家在人才培养过程中的一个战略转型。在解释我这个观点之前，我想先聊一下历史。中国共产党能够取得战争胜利，一个很重要的原因是他们最早期进行了广泛的社会调查。他们在农村调查老百姓需要什么东西，以此团结老百姓建设统一战线。因此，有人认为中国共产党的胜利是"老百姓用小推车推出来的胜利"。农村田野调查是农村土地革命和改革的来由，这些调查为战争胜利提供了支撑。中国共产党有各种使命，而由使命变成实际行动的最重要一环就是调查和实践。共产党人走入一线，了解社会，接触社会，这意义重大。他们通过调查获得了老百姓支持，获得一手信息，建设统一战线，实现革命的成功。

新时代则和过去不同，既是因为现在是一个变化很快的时代，也因为科学积累导致一个人需要在学校里积累很多知识，才能成为一个完整的社会人。这也很好理解，以前人类知识库较小，不需要在学校那么长的时间。长时间待在学校学习的好处是我们能够得到更多的知识，但坏处是，大学生长时间脱离了社会现实。事实上，不管学什么知识，我们最终都会落到现实的社会经验上。没有实践，我们在理解社会现象、人生挫折、反思自我时会有欠缺。

因此，社会实践从历史和现在来说都是很重要的一点。

许多同学参加社会实践的时候在选题方面都遇到了一定的困难和挑战，聚焦新时代、新形势背景下的社会实践选题和实践活动开展，您有什么建议？

我认为任何一个题目都很有意义。今天，很多人想追热点。这固然是一个不错的方式，但如果所有人都去的话，热点之外的问题怎么办？热点之外的问题就不重要了吗？显然不是的。因此我们需要有限度地追热点。也有同学问，是否应该根据自己的兴趣选题？但感兴趣的内容不一定是有价值的内容，因此单有兴趣不足以成为一个很好的选题。

因此我建议，找一个更容易接触到素材的田野，也就是研究对象，且这个地方更容易挖掘更深层次材料的素材。这和实验很像。科研的时候，有很好的实验室和数据才能发出好论文。社会科学也是类似，拿到更好的数据才能做出更好的调查。

例如毛主席有一篇著名的报告《湖南农民运动考察报告》。毛主席为什么在湖南做调查？因为毛主席是湖南人。在湖南，他更容易获取信息，得到数据，从而写出报告。因此，我们要选择更容易出数据，挖数据的实验室，也就是研究对象。

很多同学也问过我，为什么我去做实践，别人不理我，不接待我？但扪心自问，有人来找你回答问题，问你各种情况，你很乐意直接告诉别人么？因此，选题不是追热点，不是看心情，而是找一个自己最能获得材料的话题。拿别人拿不到的数据和材料，才能做出好的报告。

■ 带领学生社会实践队成员调研

一直以来，支教是当下大学生实践的一个热点，目前有很多优秀的支教实践队，也有很多同学建立新的支教实践队，您是怎么看支教的？

总体而言，我比较支持支教。曾经有一段时间我对于支教是非常反感的，因为自己参加过支教，我在河南一个县城待了两个月，走的时候孩子们哭得稀里哗啦的，我感觉好像打扰了别人的生活。但后来我的想法改变了，快速变化的社会下，支教就像一次干预研究，它有利有弊，与其畏首畏尾，不如大大方方去交流。

支教有很多好处。但去那里最重要的是什么？是教孩子基本的技能？是让孩子开阔眼界？其实这些都不是最重要的，更重要的是大学生站到那里，举手投足本身。这是对孩子们很重要的影响。孩子们看到的是一个大学生，一个接受高等教育的青年学子的言谈举止是什么样的。就像父母和朋友的言谈举止会对我们有各种影响一样，文化的

影响及身体力行的影响，这是抽象的影响。大学生去支教，给乡村的孩子带去的就是这些无形的影响。

我自己高中的时候就比较缺乏和大学生沟通的经历，高中的时候我的学习成绩一直是年级第一，但没有人和我好好聊过。我觉得，哪怕有一个大学生来同我沟通分享与交流，可能都能让我更好。因为大学生是一个载体，在这个载体上有知识、有眼界、有技术，但更重要的是作为一个高素质学生所带去的影响。

当下实践尤其是支教实践，立项趋于同质化，对于这个问题您有什么新的建议？实践队怎么能够做得不一样？

我觉得这个需要灵感。我也做不到现在立刻迸发出一个灵感提供给大家。但我觉得同质化一定程度上是无法避免的，因为大家的成长环境、学习环境相似，接触的东西都相似，很难做出不一样的东西。但我对于同学们有两个建议：

（一）突出北航的空天报国精神。我希望未来的支教过程中同学们强调技术的硬核。在各种素拓和文体娱乐内容之外，希望大家坚守硬核的东西，减少花里胡哨的内容。

（二）融合自身的经历和感受进入课程。每个人有不一样的生活经历、家庭环境和人生感悟，会让每个人的课程设计完全不一样。发挥自己的想象力，融合个人的特色去做，大家就能做出不一样的东西。实践的内容不要只靠队长决定，队长应该调动所有同学激发灵感。当然了，这与队长的工作方法相关，毕竟一个团队总是积极的少数和沉默的大多数。如

■ 组织参观前门大栅栏胡同

何去调动积极的同学参与进来，是队长需要下点功夫去思考的问题。

在您的指导经历中，有没有什么印象特别深刻的实践队？

之前印象深刻的是蓝天之梯，因为他们和自己大学的支教活动相关联，我们有共情，聊得多。

今年和我接触比较多的是赤脚红心。我觉得他们很有想法。靳凯哲，赤脚红心的队长，他来办公室找我，进门直接就问我，老师，你觉得社会实践的意义是什么？我一听就愣住了。在这里，我也向所有同学提出这个问题，大家自己觉得社会实践的意义是什么。上次聊的时候，他们给了我很多启发。他们最近打算做三个领域的拓展：

（一）医疗制度的发展。基层医疗制度目前在我国只是在实践层面实施了，比如现在疫情就是一个基层医疗的体系，但在制度层面我们还没有太多的东西，在基层化治理过程中，如何进行基层医疗制度的建设也是一个问题。

（二）和"互联网+"结合，做医疗方面新业态的研究。我有一个朋友是电视台的，之前和他聊天，他和我介绍了现在医生建号的营销方式和获利方式，这比较新型，但自媒体时代下医疗如何发展，是很重要但还在摸索阶段的一个内容。

（三）和医疗社会组织相关的内容。社会科学领域中，我们通常都会用国家、市场、社会三分法。社会承担了很多国家和市场没法解决的问题，比如少数群体权益、特殊群体照顾等。社会扶助是很重要的一个领域。我们说治理，这是多元的载体，社会就是很重要的一个部分，尤其是民间的社会组织和慈善非营利机构。前段时间外交部也提出了，需要提升中国社会组织在一带一路中的作用。

我能感觉到这些社团和队伍，是在真实地为了推进实践而努力，也就是我们说的不忘初心，不是在"社会评奖"，单单做一些表面的东西。

毕业生要到党和人民最需要的地方去，"受教育、长才干、做贡献"，在您看来实践究竟是受什么样的教育、长什么样的才干呢？我

■ 带队赴福建省古田会议旧址调研

们做了什么贡献？又能够做出怎样的贡献呢？

首先，我们要明确，通过一次社会实践写出很厉害的报告，产生特别好的理论，获评很厉害的奖项等等，这些都不是社会实践能够带来的东西。社会实践的收获并不是能够很笼统地概括出来的东西。

以我们之前去鹰潭调查为例。可能同学们看到的是：我们去了很多地方，看到了很多没见过的东西，发现在这样一个四五线小城市也有高新技术。而我看到的则是基层人们的生活方式与风土人情，在鹰潭，人们为什么活得乐观而豁达。

社会调查有很多形式，座谈会、长期调查、走马观花，等等，这些对同学们都有益处，因此大家不必被某个科学的方法所制约，"走出去就会有收获"。这个收获或早或晚，但一定会有。

说到做贡献，如果一个人整天就待在图书馆和实验室，他真的很容易成为精致的利己主义者。只有看到社会的发展与千姿百态，才会明白人生还有其他选择，看到社会的多样性与多元性，才会成为更加自信、有大局观、能更好地服务社会的大学生。我们平时看书，了解的东西，看的东西都是别的学者的视角和笔触下的内容，只有自己看到的，才是自己的东西。

您能否分享一下自己带队的经历与经验，并给想要参与实践活动的同学们提一些建议呢？

社会调查的破冰和接触是最初的过程，但很重要。破冰和接触成功，则调查基本成功了一半。就我的经验来看，建立信任的过程很需要天赋，而且女生普遍比男生有天赋，一般人会更愿意信任女生一些。

我之前和一个朋友出去做调查，他是个矮矮的胖子，我是个高高的瘦子，我俩在一起就是典型的诈骗组合形象，所以屡屡碰壁。但不用难过或者觉得特别受打击。因为90%以上的人是不愿意接受调查的。可能退休的大爷大妈比较愿意和你聊一聊，但这也会导致一些统计意义上的数据偏差。

我之前在耀武胡同的入户排查，一开始是居委会的人带着我一家家走，后来他们烦了就把我丢给当地的一个片长，那是个80多岁的老奶奶，两天之后我觉得也不行，因为老奶奶带我去每一家的过程也是在消耗她的威信和人情。所以我就和学生自己去胡同里，然后看见了一个王大爷，我们正好之前做调查就遇到过，我就去和他闲聊，早上居民买完菜看我们聊得欢，也纷纷围观，和我们一起聊。这样就初步构建起了我们之间的信任。聊着聊着，人都会诉苦，就直接有居民说我家过得不容易呀，都漏水，你上我那看看去，这样我们就直接完成了入户调查。所以后来我们做这种调查都依从这套模式，先聊天吸引注意力，从而建立信任，最后完成入户调查。

还有一次我们抽样调查，在怀柔一个社区有20户，当时去了之后保安不让进。我们就采取一些"贿赂"，包括和他说我们是大学生，以后能帮助他家小孩解答各种英语或者其他科目学习上的问题，大概花了一个小时，让他对我们有了信任，于是这个保安就同意

■ 带队在江西省鹰潭市"智慧城市大脑"决策指挥中心调研

了，但他拿出了一个本子，问我，"你们找哪一家？"我就跟他说是哪家，然后他直接翻出那家的联系方式，打电话问在不在家，在的话一会儿有大学生去调查，配合一下。所以结果是当天，我们组最早完成了调查任务。这样一来，通过我们的工作，我们使得调查的阻止者变成了帮助者。

有时候，工科生做实践会出现缺乏理论知识的情况，您认为有必要开展理论知识补充吗？如果有的话最好怎么开展呢？

所谓社会科学研究方法，都是建立在前人的方法总结与梳理的基础上。作为刚开始的同学，不太建议用框架式的东西把自己框死。

社会科学按照目的可以分为描述性研究、解释性研究、预测性研究、干预式研究，但还可以加上探索性研究。社会实践时间短，比较小，都属于探索性研究。探索、选题和方法可以不拘一格，通过探索形成对这个领域的了解就够了。

另外，前期积累确实很重要。所有研究都是基于一定假设的前提下在现实中进行证明或证伪。比如访谈一位老同志之前，我们会有预设，包括他的思维方式、说话方式等。到现场了解到这个人之后，我们会有和预设的对比。通过这个对比就可以产生灵感和议题。有一个假设或者想象，实践过程中会产生不一致，成为进一步研究琢磨的东西。

怎么形成假设？假设中有一些是本来就知道的，另一些则是进行前期采访和调查，去搜寻基本信息。搜集信息的方式是不一定的，可以是网上搜资料、打电话聊天、访问，等等，什么都行。那做到什么程度才够呢？我有一个建议，做到能够写一篇公众号并发出去有人看的水平，这就够了。当你调研之后，再基于现实情况改一改公众号，这基本上就可以是你的调查报告了。

除此之外想要和同学们推荐两门选修课：分别是"当代中国"和"想象力"。"当代中国"是讲方法，讨论用什么方法了解世界；"想象力"则是介绍不同分支的相关理论，获得更多的视角，介绍各个领域多维度理解同样一个社会现实，我感觉一个偏重操作，一个偏重现实。另外推荐几部电影：《切尔诺贝利》、《美国工厂》和《放牛班的春天》。

对话指导教师 | 担负使命，点亮未来

——魏茜

■ 化学学院魏茜

采访对象：魏茜，北京航空航天大学专职辅导员、化学学院团委书记。

主持"Soft landing"辅导员工作室，打造"学习圈"学风建设闭环体系精准助力2000余学生学业发展和科创提升，受邀在全球学业协会NACADA会议作报告，作为带队教师带领学生获得全国"挑战杯"特等奖、首都挑战杯一等奖等多项荣誉。

在建党百年、北京冬奥、乡村振兴重大服务保障中上好"大思政课"。闭环服务70天为428名冬奥志愿者全程做好保障，事迹得到新华社、北京卫视等媒体多次采访报道。连续4年带队服务乡村振兴一线开展科创教育，实践队获全国最佳实践团队（全国十个）等省部级奖励6项。

坚持学生工作科学化，主持北京高校思想政治工作研究课题等5项，连续4年教授学业、生涯类课程超300学时。曾获全国高校思想政治工作优秀案例一等奖（2021），北京高校辅导员素质能力大赛

一等奖（2022），全国辅导员素质能力提升骨干训练营优秀风采奖（2022），全国大学生百强暑期实践队最佳实践带队教师（2021）等荣誉。

您曾在校多年担任学生专职辅导员，曾获2021年度全国高校思想政治工作优秀案例一等奖，北京高校辅导员素质能力大赛一等奖等荣誉，您认为辅导员工作经历和思考对您指导社会实践起到哪些作用呢？

从2013年起，至今我已经担任兼职辅导员4年、专职辅导员5年。特别是专职这5年来，我一直都在思考一个问题，辅导员的角色定位是什么？我们要做什么样的辅导员。教育部43号令中写得很明确，辅导员应当努力成为学生成长成才的人生导师和健康生活的知心朋友。那么我们怎样在做好"辅"的同时努力去做"导"？怎样在做好"知心朋友"的同时努力去做"人生导师"？而这5年来的实践，我对这个问题的答案就是，在帮助学生解决一个个具体问题中做好思想引领。我们能不能不仅是解决学生的实际问题，更是启发他们思想认识的升华？能不能成为榜样，用自己的奋斗去激扬学生的成长？

我一直都觉得自己特别幸运，入职北航就认识了王惠文老师并且能够在王老师的指导下开展工作。王老师永远把学生放在第一位，她用真挚的爱点亮了孩子们，孩子们都亲切地叫她"王妈妈"。于我而言，那些无数次被王妈妈深深打动和点亮的时刻，都成了我飞速成长的巨大的能量。王妈妈说，所有的创新来源于问题。而永远都以研究的角度发现问题—分析问题—解决问题，深刻地影响着我们，王妈妈带着我们破解了书院建设的一个个难题，在新生入学的关键节点一步一步建立"归属感、认同感、使命感、责任感"，到目前书院"家文化、好学风、正气旋"已经深入人心。而我也一直在很努力地将"用研究的思路解决问题，在解决问题中做好思想引领"内化为自己的思考和工作方式。我想这点，应该就是我们一步步推进实践队工作最为核心和关键的点。

知行致远
——上好新时代北航青年社会实践必修课

■ 获第八届北京高校专职辅导员素质能力大赛一等奖

　　2018年，北航大学生科技志愿服务队成立，这是北京航空航天大学定点帮扶计划的重要部分，也是首都高校科技志愿服务总队首批成员。作为指导教师，您可否介绍一下团队成立之初的选题背景、实践思考、发展目标等？在此之前，做过哪些试验和探索？

　　北航大学生科技志愿服务队发起人王惠文老师经常跟我们说："所有的创新来源于问题"。志愿服务队的成立，其实就是源于大学生在开展支教过程中遇到的问题。2018年暑假，致真书院首届（2017级）学生开启了他们的第一次大学暑期社会实践，当他们满怀热忱希望能够为偏远地区的中小学生带来帮助，但却遇到了很多的困难和问题：在组织保障上，大学生自发组织，找实践基地难，安全保障弱，延续性不足；在教学内容上，缺乏系统规范的教学计划和进度安排，同时因为缺少科普技能和教学方法的培训，存在教学不适宜当地中小学生学情的问题；在教师指导方面，大学教师很难深度参与指导，同学们在志愿服务思想认识、教学技能等方面很难开展系统学习和充分准备，服务中教学质量难以得到切实保障，"获得感"受到影响。

　　同时，2018年正是脱贫攻坚的关键时期。习近平总书记强调，扶贫先扶智。教育是脱贫致富的重要途径，振兴乡村教育在乡村振兴中具有基础性和先导性作用。青少年作为祖国和民族未来科技创新的希望，科学素养是青少年全面发展的核心素养之一。但由于区域发展

的局限性，在一些山区中小学的科学教育中，科创教育理念还相对滞后，科学课程还主要以基础知识传授为主，创新精神的培育以及科创能力培养成为科学教育中的薄弱环节。

正是基于这样的背景，北航大学生科技志愿服务队建立之初，我们就提出了"点亮科学梦想，培养爱国情怀，增长知识才干，担负时代使命"的口号，我们期望能够为破解乡村中小学科学教育缺乏科创实践环节、科创教育的质量和延续性难以保障等痛点问题书写我们的答案。

而"面向乡村中小学的科创教育如何开展、科技志愿服务的队伍如何组织"是摆在我们面前最紧要的问题。2018年起，我们做周密的调研工作：与致真书院同学座谈细致地梳理了大学生支教过程中的问题；前往山西省中阳县、临县，亲历课堂观察中小学生的学习状态和需求，与老师、家长、学生座谈，细致了解中小学生的成长需求；前往中国科技馆、中国科协、北航附中、北航附小以及现代科技企业易方科技等调研科创教育的实施现状。在经历多轮次的分析、整合、迭代后，初步构建了科创实践教育课程体系。而同时，我们也调研研究现状、挖掘理论依据，受到著名教育家杜威的"从做中学"以及"服务学习"理念启发，我们提出了开展有组织、有主题、有准备、学生全方位自主的"学习型社会实践"的理念。

北航大学生科技志愿服务队成立至今，已经建立了一套较为完善的课程和教学体系，并创新性提出"学习型社会实践"理念，请您具体介绍一下队伍的这套特色体系和理念。

北航大学生科技志愿服务队面向乡村中小学的科创课程体系是以"发现问题—提出问题—分析问题—解决问题"的科学思维培养路径为主线，以科学素养的技能培训为辅线，主要包括《创意设计思维》、《数据分析思维》、《趣味科学实验》、《信息素养通识》和《生涯规划启蒙》5个模块，旨在培养学生发现问题、分析问题和解决问题的能力。所有的志愿服务队队员也都会从一开始就加入不同模块的课程组，全程参与到课程备课中。

为了让大学生能够胜任开展科创教育的老师的角色，在王惠文老师的带领下，我们将科技志愿服务构建成一门实践课程"大学生社会实践：面向乡村中小学的科创教育"。课程包括24学时理论教学和80学时实践教学。理论教学环节：任课教师带着课程小组，在课堂授课之前就进行充分的培训和打

■ 王惠文老师为团队开展培训指导

磨，经历针对中小学生不同年级的备课、试讲、打磨多个阶段后，课程小组成员入脑入心，才能在教室正式上台，呈现面向乡村中小学的课堂，同时培训其他课程组成员，做到全部出队大学生对课程体系有所掌握。实践教学环节也就是正式出队，大学生能够把最精彩的科创课堂带给中小学生，同时在真正学以致用中收获全方位成长。

有组织、有主题、有准备、学生全方位自主的"学习型社会实践"，就是为了让大学生和中小学生在这个过程中，都能收获成长。

有组织是指形成了政府、社会、学校协同育人的组织格局，构建了长期稳定的实践基地。"北航大学生科技志愿服务队"得到中国科协和当地政府大力支持。北航将课程志愿服务环节列入了对口扶贫计划，并与阳坡塔学校合作建立"青少年科创教育实践基地"。当地"科学课"老师深度参与，师生科创意识与能力得到明显提升。

■ 参与团队行前培训等活动

有主题是指注重课程内涵建设，课程内容坚持与时代同行。以科创为主线，选题包括：人工智能+创意设计（2019）、常态化疫情防控中的科学问题（2020）、乡村教育振兴的科技创意（2021）、智慧养老中的创意设计

（2022）等。与时俱进的主题内容，提升了大学生的社会责任感，使科创训练真正成为乡村科学教育有效补充。

有准备是指理论学习内容直接服务于出队实践。设置24学时校内理论学习，搭建课程主体框架，形成规范的教学方案。通过严谨培训，创建了一支具有共同愿景和创造性张力的学习型团队；培养大学生们掌握与科普、科创教育专业理论及配套技术；了解山区学校的学情，掌握实地教学技能与教学管理方法。

学习型是指通过志愿服务点亮科学梦想，通过社会实践增长知识才干，通过矩阵式反思构建自我超越的学习型组织。2019年—2022年四次出队实践，覆盖山西省吕梁市3所中小学，出队队员231人次，覆盖山区中小学生491人次，通过高质量的科创训练营活动，激发了山区孩子们极强的探索精神，创作出许多极具想象力的创意作品。大学生深度参访吕梁红色基地，在中阳扶贫办、工信局、教育局等地开展脱贫攻坚调研，发挥专业优秀助力当地农产品推广、解决当地企业技术需求问题，获得知识和能力的飞跃提升。志愿队在实践中提出的"矩阵式反思制度"，从课程优化和班级管理两个维度，通过思想碰撞、互解疑难，构建了自我超越的学习型组织。

您也曾深度参与实践活动，与队员一起完成科创训练营课程讲授等。这过程中有哪些令您印象深刻的故事，可否分享一些？

印象深刻的事情太多，每一年的课程和出队都是特别美好的体验，因为这个过程中，我们实实在在地看到了"大孩子"和"小孩子"们的爆发式的成长、爆发式地长大。

首先说说大孩子们，每一年大孩子们的辛勤努力和卓越工作都让我们为之动容。每一次出队我们都面临

■ 停电时的团队备课照片

知行致远——上好新时代北航青年社会实践必修课

着很多挑战，可是无论面对怎样的辛劳和压力，他们都始终保持着欢歌笑语、保持着高昂的斗志！我到现在都还深刻地记得，他们面对中小学生课堂上的不同情况，群策群力做好课堂管理。深刻地记得因为学生的学情在发生变化，即使已经经历了历时半年的细致准备，他们仍然为了给学生做好最好的呈现，备课到凌晨才休息。深刻地记得有一天晚上突然停电，同学们仍然保持欢歌笑语，用手机打灯对第二天的课程做好部署，拍摄下那张永远代表这支团队昂扬向上精神的照片。

再说说小孩子们，他们飞跃式的进步，带给我们很多很多的惊喜！他们特别聪明、有悟性、爱学习，而且创新能力都特别强！在科创训练营，我们看到了他们在"发现问题—提出问题—分析问题—解决问题"中的好奇、努力、探索和坚持，看到了他们为了目标坚定的投入和积极的行动，看到了他们不断突破、实现一个个目标时的兴奋和喜悦，让我们发自内心地觉得，这就是"学习的意义"所在。小孩子们与大孩子们建立了深厚的友谊，他们写给大孩子们信中的那句话："谢谢你们让我看到，自己也可以是一颗发光的星"是对我们最大的肯定。

对于北航大学生科技志愿服务队新阶段的发展定位和目标方向，您有哪些考虑和打算？它将如何引领和带动更多学生投身科创实践活动、做出新的贡献？

我们这支昂扬向上的队伍，4年来一直保持了"点亮科学梦想，培养爱国情怀，增长知识才干，担负时代使命"的初心，一直坚定地去做不为了什么的事。目前我们已经编写完成了《点亮科学梦想》系列科创教育丛书，包含《创意设计思维》、《数据分析思维》、《趣味科学实验》、《信息素养通识》和《生涯规划启蒙》五本，我们特别希望，通过该系列读物的编写和出版，能够让更多大学生看到你们身上所具有的科技志愿服务的力量，让这支队伍源源不断、后继有人，在服务国家需求、助力乡村振兴中做出更大的贡献。也真诚希望通过学习这套丛书，可以点亮孩子们心中的科学梦想，能够让你们带着好奇心，主动去探索、去思考、去行动，期待每一个孩子都会惊奇地发现："自己也可以是一颗发光的星！"

对于北航大学生科技志愿服务队的参与成员们，您有哪些话想说？对于更多在校大学生，您有哪些寄语和期待？

我最最亲爱的所有北航大学生科技志愿服务队的同学们，从"小访德"到"小网虫"，从"小碗团"到"小雨滴"，4年来，我们一起成长，我们看到了你们在传递知识、奉献爱心的过程中的不断探索、真诚反思、锻炼能力、增长才干。

而你们曾经说："在我做科创营志愿者帮助孩子们提升科创思维的时候，发现自己的所学正在慢慢与国家需要结合在一起。自己的所做是有价值的，是在服务大众的。我正在收获纯粹的愉悦感和成就感，至于该如何实现价值，我想将个人理想与国家需要、民族前途紧密结合在一起，把论文写在祖国的大地上已经给了我答案。""我相信，那颗由我在孩子们心底种下的种子，终有一天会发芽生根，绽放异彩。这是一场以坚持磨炼意志的旅程，也是一段以热情追求教学相长的机遇，更是一段以爱心换取真心的经历！""碗团的团魂是迎难而上，一遍遍推翻重演课程，一项项根据孩子们实际更改的班规，一次次反思会上的思想碰撞、互解疑难。碗团的团魂更是一种凝聚、乐观和积极，再多再多的疲惫，都在大家的齐唱声中随风抹去。沉浸在这样的氛围中，这样的团队精神、团队灵魂令人折服，我体会到在高昂的共同目标引领下的群体力量。"

和你们一起奋斗、一起工作，带给我太多的感动和感悟！4年来一直被你们点亮，也让我坚定地相信，一定要成为能够点亮更多学生的辅导员，并且一直执著地努力向前。而我和所有老师们也满怀期待，希望你们能够在科技志愿服务中立初心、动真情、悟真理、行使命，收获发自内心的成长和感悟。希望"点亮科学梦想，培养爱国情怀，增长知识才干，担负时代使命"能够成为内化于你们心中的精神力量，也希望在更加长远的个人发展中，你们能够将个人理想追求融入

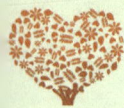

国家和民族事业。

　　点亮科学梦想，培养爱国情怀，增长知识才干，担负时代使命。我们相信，今天的创意会走进明天的生活，今天的梦想会点亮民族的未来。